U0452804

本书出版得到了西安文理学院博士科研启动经费项目资助

汉语言文学省级专业综合改革试点项目经费资助

倾听拔节的声音

初中初任语文教师专业成长的叙事研究

李莉 著

中国社会科学出版社

图书在版编目（CIP）数据

倾听拔节的声音 / 李莉著. —北京：中国社会科学出版社，2015.10
ISBN 978-7-5161-6986-5

Ⅰ.①倾… Ⅱ.①李… Ⅲ.①中学-师资培养-研究 Ⅳ.①G635.12

中国版本图书馆 CIP 数据核字（2015）第 251172 号

出 版 人	赵剑英
责任编辑	曲弘梅
责任校对	王　斐
责任印制	戴　宽

出　　版	中国社会科学出版社
社　　址	北京鼓楼西大街甲 158 号
邮　　编	100720
网　　址	http：//www.csspw.cn
发 行 部	010-84083685
门 市 部	010-84029450
经　　销	新华书店及其他书店
印　　刷	北京君升印刷有限公司
装　　订	廊坊市广阳区广增装订厂
版　　次	2015 年 10 月第 1 版
印　　次	2015 年 10 月第 1 次印刷
开　　本	710×1000　1/16
印　　张	17.75
插　　页	2
字　　数	283 千字
定　　价	66.00 元

凡购买中国社会科学出版社图书，如有质量问题请与本社营销中心联系调换
电话：010-84083683
版权所有　侵权必究

序

  生平第一次为别人的书写序，收获着信任，也有些许惶恐。好在本书的作者是我的博士，写序，不仅因为不好推托而从命，更是在于我对她的欣赏。作者大学本科毕业之后，有过一段不短的做中学语文教师的经历之后，成为了一名教师教育者，着力于语文教师的职前培养，她在行进中不断地思考和进取，在专业发展的道路上持续前行。书中三位初任语文教师的故事，既是初任者的成长经历，又有作者的思考和追问，从中我们能够洞悉学者型教师前行的脚步和留下的深深的印痕。

一

  教师专业发展是影响教学效能的核心要素，也是教师自我身份认同的重要表征，还是教师角色社会认可和期待的使命和责任的沉重肩负。自20世纪80年代以来，在世界范围内，人们将教师专业发展水平与教育改革特别是课程改革的成败相勾连，它们之间的关系成为众多研究的关注点而经久不衰。

  作为一个特殊的群体，初任教师的发展对于其整个职业生涯而言具有奠基性意义，也对教学目标的实现和效能的发挥具有重要影响，对整个教师队伍的建设和教育事业而言具有深远影响。获得为师的资格未必有从教的资质，初任者投身到他们不实践便根本无法了解的未知领域，意味着他们是一个发生在实践领域中的学习者。对于他们来说，在实际的教学中，如何把自己所知清晰讲出来让学生也知；如何把握所教的度控制在学生可理解的程度内；如何教一个由自己本来就了解不够的学生组成的群体进行有效而和谐的互动，处理好个体与群体的关系；究竟和学生建立一种什么样的关系才能更好地激发和帮助学生的学习，如何及在什么样的时候提出什么样的问题才能够唤起学生的求知欲望……这些都是急需初教者即时处理的问题。关于教师的专业发展过程，有学者根据教学的效度将其分为门外汉、入门者、胜任教师、能干教师和专家教师五个阶段，阶段的提升意味着教学效能的相应提高。

二

近年来，对初任教师专业发展的研究已有不少的成果发表出来。纵观这些成果，第一，从研究的内容来看，针对具体从事某个学科、某个学段教学的教师而言，其专业发展的逻辑如何，似乎不多见。但这却是我们不得不面对和回答的更为"现实"的问题。"现实"的问题也就是当下要解决的具有时效性和实效性的问题。"现"即时间的当下性，"实"即内容的务实性。内容决定形式。由不同的学科、不同的学段所组成的内容预示着教师发展形式的多样性。客观地看，学科的差异，语文难教；学生成长的年龄特征，教初中生不易；初任初中语文教师，自身教职的"新手型"所具有的诸多不足、盲点和问题，如经验欠缺、技巧不熟练、对教学意义的理解即情感认同较初级、自我定位不稳定等，决定了要面对艰难的职场挑战。学科、学段和初任，构成了初任语文教师专业发展中非常具体、特殊的三角关系。如何处理好这三者之间的关系并推动事业和职业的双重进步与发展，正是作者尝试回应的关键问题，并给出了可以信赖的研究结论。

第二，从研究的方式看，已有的研究，或者从教学理论及学习理论演绎出应该怎么教的原则体系，这是逻辑推演的路径；或者从大量初任教师的行为表现，通过观察和统计分析得出统一的、标准化的关于怎么教的经验性指标，这是实验验证的路径；或者对实践中初任教师"教得不当"的批判中得到初任教师应该避免一系列"不能"，这是批判的路径……概而言之，尽管研究的方式或范式体现了多元性，但大多都将研究的旨趣定位在发现和获得教师成长的规律，从而成为初任教师严格遵循的行动准则。其实，教师发展并非线性推进，因为个体差异的存在，表现出成长节奏、状态、方面和方式上的诸多不同。每个教师都有不同于他者的成长故事。通过这些故事能够真切地反映具体人的成长经历。如本书作者所说的"采用教育叙事研究的方法，注重在真实情境中探寻初中初任语文教师专业成长的历程。倾听故事，思考探究，以解释性理解的方式呈现实践视野中教师发展的真实意涵和价值。""用'展示'的方式呈现了27个成长故事，用'讲述'的方式展开了对这些故事的理性思考。故事不同，带来的感悟也不同。书中三位合作教师都是独立的个体，每个人的成长历程不具备可迁移性和可复制性，但一定具备可探索性和可思考性，这些故事可以唤起读者的思考和共鸣，而读者的参与和解读也会使故事的启示更为丰富。"这些表述很是中肯，也是很有洞见的。的确，随着解释学、建构主义及语言学、符号学研究对教育研究的渗透和广泛运用，叙事的研究方式成为能够细致入微地发掘教育事件中的意义的方法而得到推崇。对于初任教师的专业发展而言，叙事的生动性、意义揭示的深刻性是本书的一大特色，是解释学教育研究在教师发展这一领域中的具体运用。

三

教学不仅是一种知识的传播过程，更是一项知识创造的学术性事业；教学不是年复一年、日复一日的简单劳作，而是充满风险和智慧的"作为"。"作为"可以细分为"为何""何为"和"何以"，其中"为何"是教师教的价值论的讨论，"何为"是教师教的认识论的范畴；"何以"是教师教的实践论的问题，并且这三者之间相互勾连、密切相关。

对于初任教师而言，对这些方面知识和能力的了解和掌握更多地来自他们在教师教育机构中的理论性学习。对于在教育场域中实践操作的初任教师来说，由于经验欠缺、意义的理解和情感认同较为初级等，都会在"为何""何为"和"何以"这几个方面表现出欠缺，对于这几个方面的理解和运用往往具有照搬的意味。初任教师从学生到教师的转变，要经历一个角色的转换过程，这一过程是他或她作为一个特殊的学习者的成长过程。即在"教别人学"的同时更需要"教自己学"，在这一过程中形成"自己教"即自己独特的"作为"和风格。在李莉的这本专著中，她将这三个方面通过对生动的故事的诠释来获得。在阐发这些集实践性与理论性于一体的知识结构时，引入了两个维度的实践探索：批判维度的个体自我反思和社会性维度的群体交互建构。通过这样两个维度的关照和探讨，我们能够看到，作为一种叙事建构的主体，教师在四个方面获得了相应的发展而成为具有一定实践智慧的教者：掌握了教的知识和技能——我怎样教；理解和领悟了教的意义——我为何要这样教；能把握和定位"在教"的自我——我是怎样和期望成为怎样的形象；自我专业发展的独特逻辑——我何以进步和成就自我的风格。

同时，书中还通过这些成长的故事反观初任语文教师的职前培养，对于教师教育机构职前培养会有借鉴价值和意义。对于刚刚进入教职的初任教师，正如作者所言，邀请读者参与到故事之中，倾听他们的成长故事，了解他们的所思所想，关注他们的日常生活和内心世界，再现他们的行为习惯和意义建构，探寻他们在教育生活中经历的具有"流动性"的事件所蕴含的情境化的教育意义。带给读者一些"心灵的颤动"，使他们有所感悟有所收获。

张立昌

2014 年 10 月于陕西师范大学田家炳书院

目 录

第一章 导论 ·· (1)
  一 问题聚焦 ··· (1)
    (一) 选题的主观缘由 ··· (1)
    (二) 选题的客观缘由 ··· (3)
  二 方法选择 ··· (7)
    (一) 选择教育叙事研究 ····································· (7)
    (二) 构建教育叙事研究思路 ······························· (10)
    (三) 亲历教育叙事研究 ····································· (11)

第二章 初中初任语文教师教育叙事一：A老师 ················ (18)
  一 素描：关于A老师和A学校 ······························· (18)
  二 起点：入职考核和岗前培训 ································ (19)
    (一) 入职：考核是这样展开的 ···························· (19)
    (二) 岗前培训：培训是这样进行的 ····················· (23)
  三 行程：这一年，这些点点滴滴 ···························· (26)
    (一) 从"我的时间不见了"谈起 ·························· (26)
    (二) 行进中的那些重要点滴 ······························ (29)
    (三) 别人眼中的A老师 ···································· (43)
  四 探寻：成长背后的思考 ······································ (46)
    (一) A老师的专业成长状态分析 ························· (46)
    (二) A老师的专业成长带来的启示 ····················· (47)

第三章 初中初任语文教师教育叙事二：B老师 ················ (51)
  一 素描：关于B老师和B学校 ······························· (51)
  二 回望：第一年，走得有点艰难 ···························· (51)

（一）招教入职 …………………………………………… (51)
　　（二）遭遇瓶颈 …………………………………………… (56)
　三　行程：第二年，且行且思 ………………………………… (62)
　　（一）我的语文课 ………………………………………… (62)
　　（二）我和学生们 ………………………………………… (71)
　四　探寻：成长背后的思考 …………………………………… (79)
　　（一）B老师的专业成长状态分析 ……………………… (79)
　　（二）B老师的专业成长带来的启示 …………………… (81)

第四章　初中初任语文教师教育叙事三：C老师 ……………… (86)
　一　素描：关于C老师和C学校 ……………………………… (86)
　二　回望：前两年，那些深刻记忆 …………………………… (87)
　　（一）入职，我有我的主张 ……………………………… (87)
　　（二）在摸索中前行 ……………………………………… (93)
　三　行程：这一年，经历课改，走过中考 …………………… (107)
　　（一）初三的那些日子 …………………………………… (107)
　　（二）这样告别 …………………………………………… (114)
　四　探寻：成长背后的思考 …………………………………… (117)
　　（一）C老师的专业成长状态分析 ……………………… (117)
　　（二）C老师的专业成长带来的启示 …………………… (119)

第五章　初中初任语文教师教育叙事四：老师们 ……………… (123)
　一　勾勒：老师们 ……………………………………………… (124)
　二　历程："言语事件"的展开 ………………………………… (125)
　三　倾听：成长的述说与评说 ………………………………… (126)
　　（一）选择与发展：专业意识 …………………………… (126)
　　（二）目标与信念：专业理念 …………………………… (137)
　　（三）间接经验与直接经验：专业知识 ………………… (144)
　　（四）实施与探究：专业能力 …………………………… (152)
　　（五）帮助与引领：校方支持 …………………………… (160)
　四　体悟：成长现状认识与成长关键点分析 ………………… (169)
　　（一）专业意识现状认识及成长关键点分析 …………… (169)
　　（二）专业理念现状认识及成长关键点分析 …………… (172)

（三）专业知识现状认识及成长关键点分析 ……………（175）
　　（四）专业能力现状认识及成长关键点分析 ……………（177）
第六章　叙事背后的思考：回望与面对 ……………………（180）
　一　回望：对职前培养的思考 …………………………………（181）
　　（一）思考一：关注成长意愿——幸福感的养成 …………（182）
　　（二）思考二：给予成长动力——成长能力的养成 ………（190）
　　（三）思考三：完善知识结构——实践性知识的生成 ……（204）
　　（四）思考四：提升实践质量——反思能力的生成 ………（214）
　二　面对：对职后成长的审视 …………………………………（221）
　　（一）思考一：主动规划成长——构建电子档案袋 ………（221）
　　（二）思考二：结合语文特点——学做教育叙事研究 ……（232）
　　（三）思考三：聚焦语文课堂——提高教学生成能力 ……（239）
　　（四）思考四：提供有效支持——构建多元指导体系 ……（250）
结语 ………………………………………………………………（262）
参考文献 …………………………………………………………（267）
后记 ………………………………………………………………（272）

第一章

导　论

一　问题聚焦

随着时代的发展和社会的进步，教育的作用日益提升，提高教育质量，培养高素质的人才是世界各国赋予教育的重大使命。教育目标的具体实现取决于广大教师的教育教学活动，教师是所有教育教学改革的关键力量。为了培养高素质的教师，世界各国对教师专业成长研究都非常关注。我国于1998年在北京召开的"面向21世纪师范教育国际研讨会"中明确指出，当前教师教育改革的核心是教师专业化问题。1999年，教育部在《面向21世纪教育振兴行动计划》中提出要实施"跨世纪园丁工程"，大力提高教师的整体素质，这意味着我国教师教育的重点开始转向教师内在素质的提高。2010年5月，国务院审议并通过的《国家中长期教育改革和发展规划纲要（2010—2020年）》中明确指出要"严格教师资质，提升教师素质，努力造就一支师德高尚、业务精湛、结构合理、充满活力的高素质专业化教师队伍"。[1] 由此，"注重教师内在素质提高、尊重教师专业发展规律性的意识和努力已初见端倪，并将成为今后一个可预测的发展趋势"。[2]

（一）选题的主观缘由

我从师范院校毕业，曾经做过九年中学语文教师，亲身经历了从初任阶段开始的语文教师专业成长过程，对初任阶段的专业成长有着切身

---

[1] 教育部：《国家中长期教育改革和发展规划纲要（2010—2020年）》，人民教育出版社2010年版，第51页。

[2] 叶澜等：《教师角色与教师发展新探》，教育科学出版社2002年版，第207页。

的体会。自己亲历的初任阶段的专业成长过程更多的是一个自我摸索，观察试误，积累经验的过程：靠对职业的内心认同来感性地安排未来发展，缺乏理性的自我规划；靠经验的累积逐渐熟悉教育教学的流程，缺乏针对性的能力提升；靠教学中感受到的知识不足去寻找补充，缺乏体系性的认知学习……自我的成长指向并不明晰。同时，我周围的一些初任语文教师们，也经历了这样一个过程。其中有通过时间的磨砺和自身的努力取得了一定的成绩，走向成熟教师，成为骨干教师的；有经历了初任阶段以后获得了一定的教学经验，但却一直状态平平，没有获得进一步发展的；也有在入职后不久就开始想办法离开这个职业，放弃作为语文教师的专业成长的。为什么会出现这样的变化？获得成长、停滞不前、选择离弃这些不同状态背后隐含的原因是什么？初任阶段的语文教师如何能更理性更有效的成长，这些问题是我一直以来期望去探索追问的。

现在，我在师范院校担任教师教育类课程的教学工作也有十多年了，主要担任语文教学论及与之相关的理论课程与实践课程的教学工作，在教学过程中我和师范生们一起研究探讨，指导他们学习如何成为一名合格的中学语文教师。我希望学生们在职前学习阶段有所收获，能够顺利通过教师求职的种种考核，成为一名语文教师；也希望他们在职后成长中少一些挫折，多一些进步。为此，我做了许多尝试，也和学生们有着较为紧密的联系。所以，不少学生在成为一名语文教师之后，会乐意和我分享他们在初任成长过程中的心路历程，尤其是遇到困难的时候会和我交流，倾诉他们的迷茫和困惑，征求我的意见和建议。在倾听和交流中，我分明体会到他们虽然是同一所学校毕业的学生，但在工作后的成长状态和成长速度却不尽相同。从自身的初任经历到现今师范生的入职经历来看，目前初任语文教师仍然面临着诸多的成长困惑。初任教师在经历了一段时间的入职适应后，往往容易流于对日常重复性、事务性工作的习惯，成长的有效性并不显著。随着基础教育课程改革不断深入，近年来我国对教师专业发展的研究也越来越关注，可是为什么问题依旧存在？怎样才能使语文教师在初任阶段获得有效的成长？在和学生们的交往过程中，这些问题也是我一直以来力图探寻追问的。

（二）选题的客观缘由

1. 教师专业成长研究是当代教学论持续关注的热点问题

教学论是研究一般教学问题的科学，教学论的使命是帮助人们进行教学价值的思考，揭示教学规律、优化教学技艺。① 教学论所关注的教学设计、教学组织、教学实施等都离不开每个教师具体的教育教学活动，与教师这一行为主体息息相关。随着社会发展对人才的要求不断提升，世界范围内的教育水平也在不断提高，教师的质量得到了进一步强调和重视。教师专业成长不仅是一线教师关心的实际问题，也是教育研究界所面临的一个重要的理论问题，是当代教学论密切关注的重点问题。许多国家把教师的专业成长列为长远的教育战略。英国教育学者柯克（Gordon Kirk）曾经指出"教育的质量取决于教师的质量。所有试图改进教育质量或使学校工作更具活力的努力，都必须完全立足于教师能力的提高"。② 1996 年，由雅克·德洛尔任主席的国际 21 世纪教育委员会在向联合国教科文组织提交的报告《教育——财富蕴藏其中》也指出，学习型社会的到来意味着"我们对教师的期待更高，要求更严……在教育青年不仅满怀信心去迎接未来，而且以坚定和负责任的方式亲自建设未来方面，教师的贡献是至关重要的"。③

教师是教育教学的主要实施者，任何教育的革新都要通过教师的教育教学活动来完成。从专业成长的角度看，教师是可以持续发展的个体，每位教师都需要持续成长，在生理上趋近成熟的教师，在心智上仍然存在无限发展的空间。其成长过程是一个长期、复杂、动态的发展过程，成长的各个阶段有着一脉相承的共性和各阶段不同的个性。教师的初任阶段属于教师专业成长的起始阶段，被看做是职业生涯发展过程中最具有可塑性的阶段，是教师专业成长的"内在关键期"。相较其他生涯阶段而言，初任阶段是教师真正投入教学实践的起点，教师在这一阶

---

① 裴娣娜主编：《教学论》，教育科学出版社 2007 年版，第 21 页。
② Kirk G., Glaister R., *Teacher Education and Professional Developmen*, Scotland：Scottish Academic Press, 1988, p.1.
③ 联合国教科文组织总部中文科译：《教育——财富蕴藏其中》，教育科学出版社 2004 年版，第 134 页。

段的成长历程将对其以后的职业生涯产生极为深远的影响。当他们从学生角色走向教师角色,从学习生涯迈进职业生涯,曾经作为学习场所的校园变成了职业场所,成为自己的教学工作领地,初任教师会面临许许多多的挑战。许多研究发现,与教师整个职业生涯的其他阶段相比,教师在初任阶段面临的挑战更为艰难,获得的挫折经验也相对要多一些。[①] 尤为重要的是,此阶段(特别是最初三年)的教学经验,会深刻地影响其后的专业发展品质,并在很大程度上决定着他们的去留。[②] 1996年9月30日至10月5日在日内瓦召开的第45届国际教育会议在最后形成的建议中指出"应对刚走上教学岗位的教师给予特别关注,因为他们最初担任的职位和从事的工作将对其以后的培训和职业生涯产生决定性影响。应在他们任教初期就实行监护制度与专业指导"。[③] 为此,对初任阶段教师专业成长的研究是对教师专业成长的阶段性关注,符合目前深化教师专业成长研究的需要。

2. 初任教师专业成长研究是我国课程改革的迫切需要

从2001年9月开始,我国在全国范围内掀起新一轮的基础教育课程改革,这是教育领域的一场深刻变革,集中体现了顺应国际化竞争、适应信息社会以及知识经济发展要求的教育观念,给教育带来了重大的影响。改革是否一定能促进教育的进步,是否利于为学生们缔造幸福的未来,不仅要看改革的总体设计是否恰当,更重要的是要看改革的具体实施过程如何。任何一项课程改革的具体实施都是在教师的教学实际中展开的,因此教师在课程改革中起着至关重要的作用,是"进行教育变革的关键活动者"。[④] 课程改革对教师的思想观念、职业角色、专业素养等都带来了全新的期待,也为教师的专业成长带来了前所未有的挑战。这是每一位教师都不能忽视的问题。每一年进入教师行业的初任教师们,作为教师队伍中的新生力量,如何在职业生涯的初期获得有效成

[①] 陈美玉:《生活史分析在新任教师专业发展上意义之探讨》,2011年6月,http//study.naer.edu.tw/UploadFilePath//dissertation/l017_02_0761.htm。

[②] Olsen D., "Work satisfaction and Stress In The First And Third Year Of Academic Appointment", *Journal of Higher Education*, 1993, 64 (4), pp. 453–471.

[③] 赵中建:《国际教育大会第45届会议的建议》,《外国教育资料》1997年第6期。

[④] 赵中建:《全球教育发展的历史轨迹:国际教育大会60年建议书》,教育科学出版社1999年版,第522页。

长，顺应基础教育课程改革对教师的高要求，成为课程改革的探索者和实践者，甚至成为引领者，从而更有效地促进学生全面、健康、富有个性、和谐的发展，这是我国基础教育中面临的一个亟待解决的问题。

从目前的实际看，我国的基础教育课程改革已经取得了一定的成绩，但也存在一些实际问题。由于课程改革的理念和实际教学现状还存在着一定的差距，学生的课业负担和学习压力较重，应试教育的情况还没有得到应有的改变，许多教育理念在实际教学中不能得以有效实施。初任教师处于教师职业生涯的初期阶段，在进入工作岗位以后，会面临理想与现实的反差、自我期待值和实际教学效果的反差等，这种反差形成一种撕扯的力量，使他们感受到不少压力和困惑。如何在其中寻求一种合适的张力，使他们既适应实际工作的要求，又保持不断成长的动力，这是值得研究关注的。

在教师成长的不同阶段，由于时间、地点、具体场境的不同，教师所遇见的问题不同，自我的感受不同，相关部门和机构应该有针对性地提供不同的支持和相应的帮助。而从我国的教师教育实践分析，对初任教师来说"往往有着自然成熟的倾向……新教师这种自发、不自觉的成长过程，可能需要几年、十几年甚至更长的时间才能完成"，[①] 目前虽然相关的教育部门和学校大都为初任教师提供一定的培训，如专家培训、经验传授等，但针对性和指向性仍然不够明确，对初任教师的成长帮助甚微。如果在教师走上工作岗位的初任阶段，就有意识地关注他们的专业成长，唤醒他们自我专业成长的意识，并为他们提供利于其专业成长的相关支持，那么对我国的基础教育改革无疑是大有裨益的。

3. 初任语文教师承担的责任与面临的社会期望使其专业成长研究尤为重要

初任教师作为教师中的一员，虽然处于职业生涯的初期阶段，但是他们所承担的社会使命、教育责任和所有的在职教师都是一样的。基础教育阶段的学生处于心理发展和知识能力获得的重要时期，不应该也绝对不能成为教师成长的试验品，初任教师的成长不能建立在对一届或几届学生试误的基础上。目前，许多学校不愿意招聘刚刚毕业的师范生而

[①] 林沛生：《关于促进青年教师职业成熟的思考》，《天津师范大学学报》1993年第1期。

希望聘任有经验的教师，师范生在求职过程中所面临的尴尬局面在很大程度上与之有密切的关系。可是，教师队伍的新老更替和社会发展的需求要求教师队伍中不断补充新的师资力量。据人力资源和社会保障部统计，从2003年至2014年，我国普通高校毕业生人数从212万人增长至727万人，目前整体上增长趋缓。① 据教育部教育统计年报的统计数据表明，我国师范生人数2010年为52.1万人，2012年为65.7万人，②整体呈上升趋势。而且随着教师资格证书制度的实施，不少非师范院校本科毕业生和研究生也把目光转向教师职业。初任教师进入学校承担教育教学工作是社会发展的必然趋势，必须要正视这一问题。此外，任何有经验的教师都是要经历初任阶段的成长才有可能步入有经验的教师、骨干教师甚至专家教师的行列，初任阶段是教师必经的成长阶段，因此，这样的矛盾呼唤着对初任教师成长有效性的深入探究。在信息化时代成长起来的初任教师们有着和以往教师不同的一些特点，曾有的教师专业成长的一些路径是否适合他们，有没有更好的成长路径可供选择，也是一个值得思考的问题。

初任语文教师承担着母语教学的任务，工具性与人文性相结合的语文学科的双重性质决定了语文教师所承担责任的重要性。语文教师在传授语文知识、提升学生语文能力的同时，还必须责无旁贷地承担起"给学生打精神的底子"的使命③。提高语文教学的有效性一直是广大语文教师奋斗的目标，也是他们在实践中不断探索的艰难课题。可是目前语文教学的高耗低效问题并没有从根本上得以解决，语文教学面临着种种指责，语文教师也有不少困惑。如何激发学生的语文学习兴趣，如何提高语文教学的有效性，这些问题对经验丰富的语文教师也是一种挑战，更何况是初任语文教师呢？加之在基础教育阶段，语文教师不仅仅承担教学工作，还常常要担任班主任工作，因此他们对中学生的影响更为广

---

① 全国高校毕业生人数统计：2013年9月，http://wenku.baidu.com/view/7ace2ab0f121dd36a32d82ff.html，2014年9月，http://wenku.baidu.com/view/f4c8ee6643323968011c9293.html。

② 教育部统计年报：2013年9月，http://www.moe.edu.cn/publicfiles/business/htmlfiles/moe/s7567/201308/156605.html。

③ 李秀：《语文教育要以"立人"为中心——浅谈钱理群的语文教育观》，《基础教育》2012年第3期。

泛和深远。为此，初任语文教师的专业成长研究更显示出必要性和迫切性。

二　方法选择

（一）选择教育叙事研究

叙事就是叙述事情，也就是用口头的或者书面的方式讲故事。它是人类古老的一种表达、交流方式，源于人类种族经验延续的需要。叙事运用于文学领域，成为比较常见的一种表达手法，与抒情、议论并列，在诗歌、散文、小说、戏剧等文学作品中广为使用。1969年，法国当代结构主义符号学家、文艺理论家茨维坦·托多罗夫提出了叙事学理论，对叙事文本如神话、小说、民间故事等进行技术分析和研究，专门探究文艺创作中叙事的规律。叙事研究作为一种研究方法被运用于教育领域，起源于北美国家。1968年杰克逊（Jackson, P. W.）最早使用叙事方法对学校现场活动进行研究。1980年，伯克（Berk, L.）提出了自传是教育研究的首要方法。北美著名研究"狐火方案"就曾经运用了口述史的方法。[①] 教育叙事研究作为一种科学的教育研究方法，其标志在于克兰迪宁和康纳利20世纪90年代以来先后发表的《经验的故事和叙事研究》（1990）以及《叙事探究——质的研究中的经验和故事》（2000）等系列研究成果。20世纪90年代末，教育叙事研究在我国兴起，我国出现了教育研究的叙事转向。不少学者和教师对教育叙事研究进行了理论探讨和实践探索，教育叙事研究成为教育研究领域中的一个重要的研究方法。

教育学本身是具有实践性特征的，教育研究应该建立在每个个体发展的基础之上。随着对教师专业成长的探索从外显的行为标准探究逐渐转向对内在的专业自主成长探究，在真实情境中探寻教师的专业成长越来越成为一种趋势。教育叙事研究是研究者通过描述个体教育生活，收集和讲述个体教育故事，在解构和重构教育叙事材料过程中对个体行为

---

① 杨小微：《教育研究的原理与方法》，华东师范大学出版社2010年版，第263页。

和经验建构获得解释性理解的一种活动。① 教师专业成长历程具有的丰富性与原生性恰好与教育叙事研究的方法适切,可以"从教育研究的自身特征出发,主张将主观经验世界推向前台,通过经验事实的深度描述和深度诠释,呈现实践视野中的教育意义"。② 因此,对教师的专业成长这一问题展开研究,选择教育叙事研究的方法是切合研究的实际需要的。初任教师是在日常的教育教学生活之中不断历练成长起来的,他们的日常生活是与叙事交织在一起的,故事是他们的生存方式和成长方式,把自己对故事的理解、判断和思考叙说出来,进行交流,是教师专业成长的一种主观诉求。而这些大量的丰富鲜活的教育生活故事,恰好为研究者进行教育叙事研究提供了展开深入研究的第一手材料。研究者走进教师的教育生活世界,聆听教师的声音,也是教育理论与教育实践走向融合的一种内在需求,是教育研究向纵深发展的新趋势。

本研究采用合作型叙事研究的方法,聚焦初中初任语文教师个体在日常教育生活中的经历和体验,并对其行为和经验的建构进行解释性理解。首先通过对三位合作的初中初任语文教师为期一年的跟踪研究,在实践视野中对初任语文教师的专业成长进行探寻。研究借鉴英国人类学家、功能学派的创立者马林诺夫斯基所提出的"在这里""到过那里""回到家里"的三阶段研究。③ 首先,"在这里"阶段,进行研究的前期准备,通过学习掌握从事教育叙事研究的主要方法,通过文献阅读、资料分析,了解目前该研究的研究现状以及存在问题,确定进行叙事研究的具体方法;然后"去那里",走进研究现场,建立与初中初任语文教师的合作关系,进行合作研究,通过观察、访谈、实物收集等方式获得研究资料;然后"回到家里",进行资料的整理分析,建构故事的内在意义。在研究中,这三个阶段处于交错展开的状态,尤其是"去那里"和"回到家里"往往会有往返穿插的情况,使资料的收集与整理分析紧密结合。

本研究在教育叙事研究中的主要采用的收集资料的方法为访谈法、课堂观察法、实物分析法。首先,采用多次访谈的方法,访谈对象包括

---

① 傅敏、田慧生:《教育叙事研究:本质、特征与方法》,《教育研究》2008年第5期。
② 丁钢:《声音与经验:教育叙事探究》,教育科学出版社2008年版,第99页。
③ 陈向明:《质的研究方法与社会科学研究》,教育科学出版社2002年版,第27页。

合作教师、合作教师的指导教师、合作教师的教师同伴，合作教师所带的学生以及学生家长。与合作教师的访谈采用开放式访谈和半结构式访谈相结合的方式，与其他访谈对象的访谈主要采用半结构式访谈，从而多角度地了解合作教师在初任专业成长历程中的成长故事，倾听合作教师在初任阶段的所思所想，倾听他们对自身专业成长过程中经历的教育事件的意义解释，了解校方对初任教师成长提供的相关支持和相关要求，多角度地展开研究，以获得较为全面的研究资料。其次，在现场研究阶段走进合作教师的语文课堂教学场景之中，展开听课和课堂观察。所听课课型既包括常规语文课，也包括合作教师所参加的教学竞赛课或教学公开课。授课类型包括新授课、作文课、复习课等。通过课堂观察，更为直接、完整、全面地了解合作教师从事语文教育教学的实际情景，对其语文课堂教学活动和班级管理活动进行深入研究，从语文教学实际分析其初任成长现状和问题所在。最后，研究收集合作教师在自然的语文教育教学情境中已经生产并呈现出来的文本材料如教学设计、教学计划、教学反思、个人随笔或日志等实物，从而获取更广泛的与之专业成长相关的实物资料。这些实物资料是合作教师在其初任成长过程中所产出的，能够提供事实的细节，利于更真实地理解被研究者言行的情境背景知识，扩大研究的视角。

在对合作教师展开教育叙事研究，关注初中初任语文教师个体自然成长经历的教育故事的基础上，本研究的教育叙事视角还关注了更为广阔的初中初任语文教师群体，关注了由个体汇聚而成的初中初任语文教师群体成长经历中的共同遭遇和不同境遇，从而在一定程度上扩大了教育叙事研究的范围。为了全方位的了解初中初任语文教师的成长样态，在对教师群体的教育叙事研究中，主要采用半结构化访谈的方法，从两个角度展开：初中初任语文教师的角度和初中初任语文教师的指导教师的角度。通过众多初中初任语文教师对其成长经历的述说，了解他们在现实中面临的问题和困惑，以及他们自身的成长需求和相关支持的有效性程度。通过初任语文教师的指导教师对其指导经历的评说，了解指导教师在指导工作中所感受和发现的相关问题，倾听他们对初任语文教师的成长提出的意见和建议。

（二）构建教育叙事研究思路

在确定研究问题后，结合对问题的深入思考，本研究确定了教育叙事研究的方法。和所有的质性研究方法一样，教育叙事研究的方法也是自下而上的，归纳式的，其研究关注的焦点在于事件发生的过程与意义理解。[①] 本研究的基本研究思路如下：

第一，通过对初任教师相关研究文献的研读，把握目前初任教师专业成长研究的现状，分析存在问题，进行专家意见征询，结合自身的研究经验和研究问题的实际，确定具体的研究问题和研究方法。

第二，根据研究问题和研究方法确定研究的初步框架，进行教育叙事研究的前期准备。研究初期选择了6位初中初任语文教师进行前期的合作接触，最终确定了3位合作教师。他们来自不同的学校，分别处于任职的0—1年、1—2年、2—3年。

第三，对3位初中初任语文教师进行为期一年的实地研究，倾听他们的成长故事，了解他们的所思所想，关注他们的日常生活和内心世界，再现他们的行为习惯和意义建构，探寻他们在教育生活中经历的具有"流动性"的事件所蕴含的情境化的教育意义。研究中主要采用半结构式访谈、课堂观察、实物分析等方法收集大量的一手资料，并对资料进行分析研究，逐渐生成更细致的资料分析框架。

第四，随着研究的展开，在对3位合作教师进行叙事研究的基础上，展开对初中初任语文教师群体的教育叙事研究，倾听初中初任语文教师群体的声音，倾听初任语文教师的指导教师在指导历程中的感受，思考故事背后的意义，扩大教育叙事研究的研究范围。

第五，思考初中初任语文教师成长故事背后的教育意义，追问其成长故事所蕴含的意义及其启示。从其成长故事中反观初任语文教师的职前培养现状，思考其职后成长的相关问题。

具体研究思路如图1-1所示：

---

① 杨小微：《教育研究的原理与方法》，华东师范大学出版社2010年版，第32—33页。

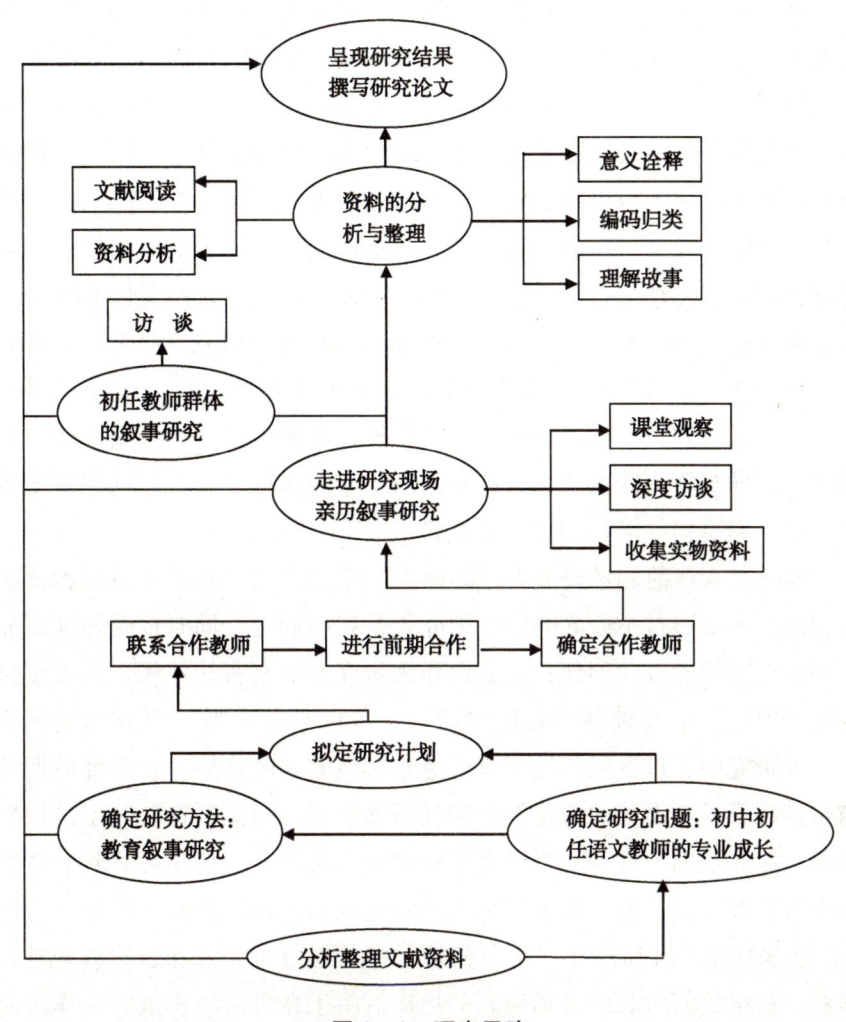

图 1-1 研究思路

(三) 亲历教育叙事研究

1. 进入研究现场，确定合作教师

本研究在选择教育叙事研究的合作教师的时候，考虑到以下问题：第一，本研究需要进入研究现场进行实际的观察、访谈等，因此，选取合作教师以西安市及周边地区学校的初中初任语文教师为对象，利于研究的实际展开。第二，本研究需要对合作教师进行至少为期一年的跟踪研究，合作教师需要接受多次访谈和研究者的课堂观察，愿意参加研究是选择合作教师的一个重要参考。第三，不同类别的学校对初任教师提供的成长要求和帮助会有所不同，其比较有利于对初任教师的客观支持系统展开思考，因此，研究选择的合作教师来自不同的学校。第四，教师在初任阶段的成长会随着时间增加呈现不同的成长状态。因此，进场研究时所选择的3位合作教师分别处于初任0—1年、1—2年、2—3年的起始时间，通过一年的跟踪合作，关注他们每人一年的成长历程，同时结合访谈和实物分析方法，对有过一段初任成长历程的合作教师（完成了初任前一年和前两年的成长）的前期成长进行研究。第五，本研究的3位合作教师均毕业于师范院校汉语言文学专业，均为大学本科学历，且在师范院校就读时属于同一所院校，其职前有关教师条件性知识学习的指导教师为同一教师，接受的职前培养课程一致，以利于重点关注他们在职后初任阶段的成长状态。

　　本研究入场前和被研究者之间建立联系的方式主要是通过两种途径实现的：一是通过中介人介绍，中介人是我的朋友，同时也是与被研究教师关系密切的教师同伴；二是由作为研究者的我直接接触，而直接接触的初中初任语文教师是我所熟识的。考虑到社会科学研究的道德规范，本研究中合作教师的选择首先尊重被研究者的意愿。在研究前期共初步接触了五所学校的6位初中初任语文教师，对他们都展开了试探性访谈，在此基础上结合初任语文教师的任教阶段、职前学习背景、性别和所属学校实际，同时考虑到个人的研究精力，最终选择了三所学校的3位合作教师。而和"守门员"的接触则是通过中介人和合作教师进行联系，获得他们对我的进场研究的批准。由于在每所学校进行合作研究的教师仅有一人，抽样人数少，加之合作教师有参与研究的自我意愿，且这三所学校的"守门员"都一致认为这样的研究有利于所合作的初任语文教师的职后成长，因此和"守门员"的沟通非常顺畅，该研究在现场研究中得到了他们的有力支持，他们为研究资料的收集提供了不少便利条件。

　　2. 我的角色定位

　　质性研究中的主体和客体、主观和客观、事实和价值之间是不能绝对分离的。研究者和被研究者是一种互为主体的关系，研究者在现场研究中既不能像"局外人"那样，仅仅简单地收集资料，然后离场进行分析；也不能完全成为"局内人"，认为自己能够掌握开启被研究者心灵的钥匙。研究者需要用一种使自己和被研究者的"视域"相互融合的方式，在彼此之间建立起理解的桥梁。① 因此在研究中，研究者的角色定位是多元的动态的。

在本研究中，我首先是作为"局外人"，与合作教师保持着一定的距离。这样使我能够对合作教师所认为理所当然的他们自身的成长细节保持一种好奇心和探索欲，使我不仅仅满足于理解和关注合作教师在初任阶段的成长故事，而是更深入地去观察和思考其专业成长的整体样貌和发展脉络。因此，在研究中，我尽可能"悬置"自己的观点，更多的是作为一个"学习者"，保持一种好奇的状态，了解合作教师所经历过的成长故事，观察他们正在经历的成长状态，了解他们对自己的专业成长经历的所思所想，把我看到的、听到的和当时感受到的尽量如实的记录下来。和他们的交流话题尽量放开，听他们细说自己的故事和故事中的感受，并通过探问挖掘其中的细节。在研究中尽量鼓励合作者用自己的方式讲述其经历的故事。其次，随着实际研究地深入，要想真正与合作教师达到"视域的融合"，就需要全身心的投入，进入他们的期待视界，深入观察他们在专业成长过程中的经历和遭遇，和他们达成情感的共鸣，这就要求我从"局外人"转为"局内人"，站在合作教师的立场上去思考，去感受。由于我个人曾经也走过初中初任语文教师的成长历程，加之我和许多处于初任阶段的初中语文教师有着比较密切的联系，这些都有利于我在研究中投入其中。在这期间，我也会有一些困惑，尤其是合作教师的观念和我作为"局外人"的个体观念发生矛盾的时候，我常常想跳出来，想重新作为一个思考者、研究者而不是体验者、感受者。在实际意义上，我更注重的是与合作教师之间进行积极、平等、互为主体的交流对话。我的研究目的是为了了解初中初任语文教师而不是改造他们，但是实际上，在我研究的过程中，我的访谈提问以及和他们的交流引发了他们对自身初任阶段的反思，他们会出于自觉地做出一些改变，从这一意义上来说，我的身份就不仅仅是"学习者"，同时也在一定程度上不自觉地充当了"鼓动者"。

---

① 陈向明：《质的研究方法与社会科学研究》，教育科学出版社2002年版，第144页。

3. 资料的收集与分析

本研究中搜集的资料主要是访谈资料、课堂观察笔记以及合作教师的教案、课后反思、教学计划与总结等实物资料。通过多次访谈，倾听初中初任语文教师对其专业成长经历的叙说，以及他们对所经历故事的所思所想，了解他们叙说故事时的情绪反应，通过探问和追问的方式了解其心理活动和思想观念。在课堂观察中，主要是走进课堂教学中，作为一名听课者来观察初中初任语文教师教学的全过程，全面了解其课堂教学中呈现出来的实际状况。实物收集是在合作教师同意的前提下，对其在初任经历中所产出的教案、教学反思、教学计划与总结等的收集。它是在自然情境下产出的产品，有利于提供一定的背景知识，也能够起到和其他资料互相补充、相互印证的作用。在研究中尽量做到及时对资料进行归类整理，并采用扎根理论的方式对资料进行分析，所得结论来自对资料的处理与分析。

本研究中的主要资料来源见表 1-1：

表 1-1　　　　　　　　　研究资料的主要类目

序号	项目	内容
1	合作教师的访谈	52 次
2	听课	60 节
3	评课讨论	6 次
4	合作教师提供的文字资料（教案、教学反思与总结）	19 万字
5	"我"的研究日记	8 万多字
6	两类教师群体的访谈	149 人次

4. 叙事研究结果的呈现

本研究的第一章导论部分，阐明了选题缘由和研究方法的具体选择，研究思路的构建以及亲历教育叙事研究的相关问题，结语部分进行了全文的总结。

本研究的第二、三、四章，是 3 位合作教师的教育叙事研究。文中分别对 3 位初中语文教师的初任成长故事进行叙事和探究。在叙事中再现 3 位合作教师所经历的教育教学故事及其在故事中的真实体验和感受，结合故事分析其初任阶段专业成长的实际状态，并探寻故事背后所传递的教育意义。该部分以合作教师自然成长的时间历程为线索,展现每位合作教师在初任阶段经历的成长故事,以及这些成长故事带给他们的影响,进行思考探究。文中 3 位合作教师都是独立的个体,每个人的成长历程不具备可迁移性和可复制性,但一定具备可探索性和可思考性。他们的成长经历可以唤起读者的思考和共鸣。

本研究的第五章是教育叙事研究视野的开阔。在对 3 位合作教师展开叙事研究的基础上,从两个视角、四个维度展开对初中初任语文教师和初中初任语文教师的指导教师两个群体的访谈,扩大倾听的范围,追问初中初任语文教师专业成长故事蕴含的教育意义,思考初中初任语文教师在初任阶段专业成长的关键点。

本研究的第六章属于研究中故事意义的思考和探索部分。在倾听初中初任语文教师的教育故事的叙说后,思考其专业成长故事中蕴含的意义:职前培养怎么做可能会有助于入职后的成长,职后个体成长应该关注什么,校方支持可以给予什么。研究无意于探寻普适性的结构化的理论,而注重于从故事中得到的感悟与体会,因此,这些思考更注重于点的深入而不是面的构架。

在呈现研究结果的叙述方式上,本研究采用了"展示"(showing)和"讲述"(telling)相结合的叙述方式。研究中所呈现的成长故事是通过初中初任语文教师自己的陈述语言的方式展现的,每一个故事的陈述主体都是故事的经历者本人,让事实本身说话,让故事以它原有的面目呈现在读者面前,这是初中初任语文教师的教育经验的表达。这些亲历的故事是一种真正的召唤,期望能够引发读者内心的感动。而在对故事的深描与追问中,采用解说者的夹叙夹议的叙说方式,不仅仅对故事的过程进行解说,还对其中蕴含的意义进行分析和判断,展示研究者的观察和思考。

5. 研究的伦理、效度和推广度

本研究在展开质性研究的过程中遵守研究的伦理。首先,在研究中遵守自愿和不隐蔽原则。所有的合作教师和访谈教师都是在自愿的原则下参与合作的。研究征求了合作教师以及访谈教师的意愿。研究中针对合作教师所展开的与其指导教师、教师同伴、学生、家长等的访谈也是在合作教师以及访谈对象自愿的基础上展开的。其次,在研究过程中尊重教师的个人隐私，遵守保密原则。对所有教师以及学校采用匿名形式，研究中3位合作教师分别在不同的学校任职。研究中在和每位合作教师的交流中不暴露其他合作教师的观点和意见，也希望了解研究过程的人能对他们保持善意。再次，研究遵守公正合理原则。公正地对待合作教师以及收集到的资料，在现场研究中尽可能的悬置研究者的自我观点，尊重合作者的述说和感受。对所收集的资料进行整理后，文中所展示的故事征求合作教师的意见，真实展现其成长历程中的经历和所思所想。最后，本研究并不能给予合作教师多少物质上的回报，能够给予的就是在现场研究中的关切与倾听，尊重与关注，与合作教师建立良好的伙伴关系，以伙伴的身份与合作教师真诚地交流和分享。而在合作过程中，由于研究对其成长故事的关注，也引发了合作教师的反思，他们常常说，这对他们来说就是最好的收获。

质性研究认为，客观的固定不变的实体是不存在的，研究是一个主体间不断互动的过程。质性研究的效度指的是研究结果与其他部分（包括研究者、研究的问题、目的、对象、方法和情境）之间的一致性。[①]在研究过程中，尽量收集丰富的原始资料，如合作教师的教案、教后反思、教学总结等。在访谈中，常常关注访谈者所叙述故事的细节，关注其经历故事时的情感变化。在学生访谈和家长访谈中，采用一对一的访谈形式，尽可能的获得不同学生对同一个教学故事的描述，尽可能获得不同家长对同一个班级事件的陈述，检验其是否能够互相印证。在对合作教师的成长故事进行整理的时候，会征询他们的意见，询问是否能够真实地写出"他"或"她"的经历和感受。

质性研究的重点是理解特定社会情境下的社会事件，而不是对于该事件类似的情形进行推论，其追求的推广度主要体现为认同推广和理论推广。[②] 教育叙事研究的关键在于深入了解和理解看似已经非常熟悉的日常教育经验，从中寻找理论自身发展的可能。[③] 因此，本研究的推广度主要在于通过研究中初中初任语文教师的教育教学故事的述说、思考

[①] 陈向明：《质的研究方法与社会科学研究》，教育科学出版社2002年版，第389—398页。

[②] 陈向明：《质的研究方法与社会科学研究》，教育科学出版社2002年版，第8页。

[③] 丁钢：《声音与经验：教育叙事探究》，教育科学出版社2008年版，第16页。

和探究，邀请读者参与到故事之中，力争带给读者一些"心灵的颤动"，使他们有所感悟有所收获，得到认同推广。同时，也期望在对故事的理解和探究中，深入体悟故事蕴含的教育意义，由此引发对初中初任语文教师专业成长的理性思考。

第二章

初中初任语文教师教育叙事一：A 老师

一 素描：关于 A 老师和 A 学校

A 老师是 2011 年毕业于一所师范类本科院校汉语言文学专业的学生，和他最初的接触是在他走上工作岗位前，来自甘肃农村的他在西安度过了四年大学时光。成为一名教师是他一直以来的梦想和追求，找工作的时候他把目光锁定在西安，为此，他和所有的毕业生一样，跑招聘会、四处递简历，希望得到一个应聘试讲的机会。到 A 学校任教圆了他最初的梦想。

A 学校是一所全日制寄宿中学，学校就在黄土塬下。站在学校门口，一抬眼就能看见对面的土塬，窑洞，寥寥的绿色。路口，有一个公交站牌，只有中巴车在这里停靠。路边有一些小小的店铺，多是卖文具的小店和小吃店，看不出有多整洁、多卫生。除了学校里面的教学楼以外，目光所及范围就再也看不见比较高大的建筑物了。荒凉、冷清、单调，这是外围的第一印象。而校门口的对联"风声雨声读书声声声入耳，家事国事天下事事事关心"却分明地传递给我一种内心的涌动，感觉这第一印象仅仅属于外围。由于我初次进入 A 学校开始听 A 老师的语文课是开学第一周，因此一进校门，抬眼就看见悬挂着的大横幅，"新学期、新面貌、新起点、新气象"，"学会做人、学会做事、学会学习、学会生活"。门房的外墙上有两个标牌，一个写着当日的天气预报，一个写着第一周工作安排。教学楼、学生宿舍楼、教工公寓楼依次排开，操场在教学楼的对面。中间的路旁台阶上，依次排列摆放着的展板上分别写着入学的相关收费标准、报到须知和学校介绍，旁边的宣传栏上，图文并茂，对学校的校园文化生活做了分类介绍。校园看起来并不大，但整齐、有序。漫步校园，可以看见教学楼门口、教工之家门口、学生宿舍门口都悬挂着对联，教学楼的墙壁上还有书法作品、绘画展示……别具匠心的设计彰显着校园独特的文化氛围。校训和办学目标也在醒目的位置张贴，不必任何人做引导，独自在校园中走一圈，看一看，你就会清晰地感知到这所学校内在的严谨和涌动的活力。

A老师的办公室在教学楼四楼的楼梯口旁，紧挨着他所带的两个班，一左一右。"这样很方便"，A老师说，"其实一楼办公室的条件比这里要好一些，但是离得太远，我在这里一出门就可以看见班上的同学，大家找我也近便"。因为是用连接两幢楼的通道改成的办公室，所以这个办公室比较高，室内陈设比较简单，四张桌子四把椅子，再有的就是墙上贴的课表、时间表和桌子上满满当当的作业本了。

二 起点：入职考核和岗前培训

（一）入职：考核是这样展开的

随着就业压力的逐年增大，随着学校对入职教师的要求不断提高，许多应届毕业生想找到一份比较满意的教师工作难度不断加大。一直想成为一名语文教师的A老师也和其他毕业生一样东奔西跑地参加了各种面试和试讲，用他自己的话来说就是"坎坷重重"，而来到A学校，更是走了"一段不同寻常的路"。

故事一　应聘，这个过程很扎实

试讲前：

A学校的应聘消息是我在该校网站上发现的，聘用学校要求应聘者将自己的电子简历发至学校信箱。我按照要求发了电子简历，等学校通知试讲。可一周过后，我并没有收到试讲的通知。当时我想：算了吧！人家不通知，那肯定就没戏。但在同学的鼓励下，我鼓足勇气，给学校打了一个电话。向负责老师说明缘由并简单介绍了自己的信息，没想到老师告诉我可以去参加定于第二天的应聘试讲。放下电话，我既兴奋又着急，没想到这么巧，一个电话就争取到了试讲的机会，可是自己一点儿也不清楚该做什么准备。无奈，只好打电话求助老师，希望她能给我支两招。老师听到这个消息很高兴，她告诉我："不要担心，你不清楚要讲什么内容，其他应聘者也一样不知道啊！你现在要做的就是放平心态，利用时间熟悉课文。把人教社网站上语文电子课本中的课文浏览一遍，特别是新入选的你不熟悉的文章，尽量多找一些材料，做具体分析。此外，语文课程标准的内容以前上课的时候专门讲过，应该再熟悉一下，尤其是7—9年级段的阅读教学的具体目标要仔细看看，这是设计教学目标、重点难点是必须要考虑的"。在老师的指导下，我心里踏实多了，于是打开网页，对初一、初二下半学期的课文进行总观，又仔细看了语文课程标准的相关要求。

试讲一：

第二天，我按时到学校参加试讲。与我一同试讲的有7位同学，有一本院校的毕业生，甚至还有研究生。我很担心，作为一个普通的二本院校的我拿什么与之较量？教务主任抱来一摞课本，从中随机抽取一本，随便翻至哪一课就指定篇目，不给教参和任何工具书，让大家自行备课四十五分钟，试讲十五分钟。我被吓住了，这比以往在学校练习讲课的难度大多了。以往在学校的练习试讲都是事先自选的课文，而且还可以查阅大量资料，充实讲课内容，甚至可以到网上 copy 一些优秀的教学资源，以供己用。现在什么都没有，只能凭借自己的知识储备和临场发挥了，心情由刚来时的担心急转为恐慌。幸运的是，给我的课文是鲁迅先生的《雪》，这是一篇新入选的课文，以前我没有学过。但是在大学期间，我对鲁迅先生尊敬之至，对其人其事其文也都略有积累，所以先前的焦虑也就消了一半。我认真读了两遍文章，结合鲁迅先生在散文诗集《野草》中所透露出的精神内核以及我对文章的理解，把文章解析定位为"指导学生品味鲁迅先生对北方雪的赞美和对雪象征的孤独斗士阳刚之力的肯定"。

开始试讲了，我第一个上。因为对文章有了自己的把握，我没有因为台下有教务主任和3位语文老师而感到紧张慌乱，很自信地讲完了课。试讲结束后，几位老师评价我的课，说我对文章内容和主旨的把握很到位，结构安排合理，粉笔字写得很漂亮。

试讲完，我回想了自己的讲课情况，觉得在板书设计和课文结构条理的安排上还有可以改进的地方。可是，还会有机会吗？在等待中，两天后，我接到了 A 学校通知我参加下一轮试讲的消息。

试讲二：

有了第一次成功的铺垫，我沉着自信了很多。可到学校后，我大吃了两惊。一惊是这次试讲要在初二的一个班正式上一节课，虽然实习期间也曾多次登台，但这毕竟和实习还不一样。实习至少是在进入实习学校一周以后，对学生有一定程度的熟悉后才走上讲台的。现在这种 45 分钟课堂的应聘试讲，挑战就更大了，会有不少不确定因素，把握起来就有难度了。二惊是我抽到的课文是《送东阳马生序》，这是一篇文言文，篇幅相对较长。拿到课文时，我傻眼了，因为以前自己练习讲课时从来没有讲过文言文，而且这么长，我顿时慌了。稍稍定神后，我决定先讲解题目及作者生平，然后让学生反复朗诵，再逐段翻译，最后学习语法，升华文章主题。但文章过长，需要 3 个课时，所以我只能讲授第一、二环节的内容。在临上课之前，我突然想到，自己是给一群陌生的学生讲课，而学生也是在听一位陌生老师讲课，这样不免两生隔膜，不利于展开教学，我必须想个办法解决这一难题。

上课了，我走进教室，试着让自己平静一点，再自然一点。可是，内心的紧张与激动总是无法掩盖，热血一涌，竟然把"上课"喊成了"起立"，弄得学生丈二和尚摸不着头脑。我顿了顿，微笑着看着学生，示意他们坐下。等学生坐好，我走下讲台，走到学生中间，先做了一个开场白：

"同学们好！佛曰：前世的五百次回眸，换来今生的一次擦肩而过。佛陀的弟子阿难爱上一位美丽的女子，佛陀问阿难：'你有多喜欢那女子？'阿难回答说：'我愿化身石桥，受五百年风吹，五百年日晒，五百年雨打，只愿那女子从桥上走过。'我要说的是，我比佛陀幸运，我要是回眸五百次，那以后要扭着头，背对着大家说话了。我比阿难更加幸运，因为阿难为了见自己心爱的女子一面要忍受一千五百年的风吹日晒雨打，而我仅度过了二十二年就与大家人约黄昏后，相伴一节课了。"

我话音刚落，教室里便响起了热烈的掌声，有位同学竟然张开双臂想和我拥抱。我从他们微笑的眼睛里看到了信任和友好，当时我的心情真的比吃了蜜还甜。接下来我就开始讲课。

事与愿违，原先想好的结构模式，一上课就都乱了。我引导学生逐段翻译课文，但是，速度越来越慢，课也进展得越来越艰难，有几个后面的学生都趴在桌子上了。我心里也着急啊，可力不从心，一节课下来，我也累得够呛。之后，老师对我的讲课进行了评价，说我这节课与15分钟试讲相比，出入很大，在结构安排上犯了大错误，这些我当时也认识到了。回来后，我想了很多，总结了这次试讲中的教训。当时想，这次肯定就玩完了。没想到两天后，学校又通知我参加第三轮试讲。

试讲三：

第三轮试讲是决定成败的最后一讲，这给我心理上不小的压力。从来没有这样担心过，好像丢了这就像永远丢了饭碗一样。两天里在资料室，看各种优秀教案和材料分析，希望做好最充分的准备。第三天到学校试讲，依然要在班里上一节课，给我的篇目是《五柳先生传》。这篇文章不难，但他们已经上过了，这样的话，再想讲出彩很难。课进行得很快，二十几分钟就把课文疏通完了，还有一半时间，该让他们做些什么。我先让学生又读了一遍课文，自己想了想，打算冒一次险，带领学生做一次研究性学习，探讨陶渊明归隐的原因。我先分了组，提示大家从陶渊明所处的社会背景、思想性格等方面分析研究，这属于课外学习。课堂上，我让大家说说自己是否喜欢陶渊明。有的学生说喜欢，因其真率自然；有的学生说不喜欢，因其不敢直面现实的不幸和打击，这样就形成了两拨对立势力，一场辩论赛随之上演了，整个课堂活泼有序。

课后，老师让我先回学校等回信。两天后，教务主任通知我，说我已通过试讲，学校同意聘用我。我的心这才放了下来，这一段不寻常的路终于走到终点了。

从整个招聘的过程来看，A老师拥有一定的语文学科专业知识，而且有自己的阅读兴趣和爱好，因此在应对第一轮试讲的时候虽然时间紧张也无法寻求帮助，却依然能够较好地展现出自己的教学能力。而在走上真实的课堂后，A老师的实践性知识的不足使其出现了一定程度的"慌乱"。经过反思和调整，在随后的第三轮讲课中有所改进。而且，A教师在上课过程中能够根据学生对文章的理解进行教学内容的调整，说明他还是具备一定的语文教学生成能力的。另一方面，可以看出，A校招聘教师的工作的确做得很扎实，15分钟的模拟讲课，45分钟的真实课堂讲授，随机抽取的文章，不同的文体，固定的准备时间，没有任何可以参考的资料，这对应聘者提出了较高的要求。一节课的规划布局，实际讲授，不仅仅展现了应聘者的教学能力，其专业知识、教学理念也会在其中有所展现。"是不是苗子"，是校方着重考虑的关键问题。也就是说，要能够从应聘者的教学中看出其教学的特点，即使它仅仅只是个雏形。这种实战式的考核方式对教师的职前培养提出了新的要求，是值得思考的。

（二）岗前培训：培训是这样进行的

距开学还有十多天时间的时候，A老师开始参加学校为新教师安排的为期7天的岗前培训。这所学校今年共招了10名新教师，而语文教师仅仅招了A老师一人。

故事二 岗前培训，收获满满的

离开学还有十多天，为了使今年招聘的十名新教师更快更好地适应教育教学环境并提前进入状态，学校为大家组织了开学前的新教师培训。

8月19日是培训的第一天，早上主要是召开会议，学校有关领导介绍了学校的情况和学校的相关制度，并公布了指导教师。学校给我安排的指导老师是一位四十岁左右的女教师，和蔼可亲，让我一下有了一种很踏实的感觉。其他的初任教师也分别安排了指导教师。下午指导老师给我布置了七年级上册的一篇语文课文《山的那一边》的备课任务，并告诉我明天的培训形式就是把这一课讲给她听，并进行教学探讨。接到任务，我心里暗暗地想，一定要准备充分，拿出自己最好的状态来上好它。

8月20日，第二天，指导老师查阅了我的教案，我准备的是第一课时的教学内容。她说我的教案整体上准备得还是不错的，条理清楚，注重学生的基本功训练，能够抓住诗歌的重点展开。听到老师的评价，我放心多了。听完我的试讲后，老师的评价是整体上还不错，然后针对一些细节问题提出了完善和修改的意见，意见很中肯。经她一点拨，我觉得确实清楚了很多。

8月21日，第三天，今天主要进行教案修改后的第二轮讲课和研讨。指导老师听完我的第二遍讲课，给我说了很多鼓励的话。她说我讲得挺好的，还说我很有思想，是个好苗子。指导老师理念很新，我提出了一些想法，像对单元课文的教学顺序的重组啊，对提升学生语文兴趣的思考啦，她都予以鼓励，并且还跟我一起分析。今天也确定了我要当班主任（今年招来的十名教师中，有五名是要当班主任的），我心里感受到又一层压力。晚上，我打电话给大学的老师，告诉她我的担心。老师告诉我压力也是动力，压担子利于成长。还说，因为我所在的学校有重点班、普通班之分，学校一般情况下会给新老师普通班。不过初中正是学生养成良好学习习惯的关键时期，不见得普通班的学生就不出色，以往她教的学生带的普通班甚至远远优秀于重点班，要对自己有信心。最好从现在开始就思考自己的带班风格，制定比较简明的可以操作的班规，思考班级干部的推选形式……听了这些话，我觉得心里踏实多了。

8月22日，第四天，全体新教师在学校的多媒体教室进行逐个公开试讲。我讲的就是前两天准备的内容《山的那一边》。由于准备比较充分，所以我并不怎么怯场，讲完后指导老师告诉我结尾部分应该再干脆一些，使教学的收束更精练。教导主任提出的建议是把板书中的符号做个修改，把连线换成箭头。看来评价还不错。其实我觉得目前自己备课的最大问题在于容易把课备深了，面面俱到，什么都想说给学生，显得课不太干净，有些拖沓。例如，"飘来的种子"，指导老师说就把"种子"是指"信念"讲给学生就可以了，至于"飘"，就不要讲了，可是我所看到的一些参考书说"飘"还是有讲头的，所以我就扩充进去了。

8月23、24日，第五天和第六天，这两天是班主任培训。主要的形式是早上进行班主任培训，请有经验的班主任进行案例分析，介绍自己带班过程中经历的典型事件，分析应对策略。培训内容非常丰富，有学生管理，班级活动设计，和家长的沟通技巧，调皮生的引导等。那些有经验的班主任们每个人都有自己的带班策略和管理方法，什么时候我也能像他们一样能够应对自如就好了。这两天的下午学校还为我们安排了娱乐活动，我们这些新老师之间更熟识了，也和指导老师更熟识了，陌生感少了许多，觉得自己真的是这个学校的老师了。

8月25日，第七天，今天又进行了一天的教学培训。我和指导老师一起把第一单元的语文教学思路讨论了讨论，也对整个学期的单元安排做了分析，最后指导老师把教学和带班的注意事项又给我叮咛了一遍，还给我说了不少鼓励的话语。

七天的岗前培训在紧张与忙碌中过去了，随后是休息两天，学生就要报到了，我作为一名语文教师的生涯就真正开始了。而这一周的岗前培训，在与老师们的探讨交流中，我的确收获了许多，对教学有了更深入的思考，在教学和带班方面也学习到了很多宝贵的经验。

A学校对初任教师的培训还是相当有效的。学校在新教师走上讲台前，在开学前用一个周时间进行岗前培训，既能够让初任教师提前进入学校熟悉学校环境，又能够使初任教师通过教学和班主任培训，对学校的教育教学状态、管理风格等有所了解，此外还安排了一定的娱乐活动，让他们和学校教师熟悉起来，消除初任教师新入职时的陌生感，尽快地融入学校教师群体之中。"觉得自己真的是这个学校的老师了"，正是初任教师在岗前培训中获得的真实的情感体验，是一种归属感和安全感上的认同。

在教学培训中，A学校采用一对一的指导方法，使初任教师个体的教学演练和指导教师的讲评结合，研讨和教学展示相结合。这种形式要比讲授教学的大道理好得多，一则有利于入职教师产生现场感，应激水平会提高，二则针对性也很强。指导教师和初任教师结合具体的教学内容进行反复的教学研讨，在初任教师的教学前进行教案指导，教学后进行教学评析，使指导真正落到了实处。当然，这种一对一的指导形式对指导教师提出了很高的要求。这样的耳提面命，指导老师的教学理念、教学实际能力和教学分析评价能力都会影响其指导效果，而且会给初任教师留下很深的影响。所以，指导教师的选择成为一个关键。A学校的这种选择权是由学校来实行的，这也是目前很多学校所采用的方法。因为初任教师对学校已有教师的情况是完全陌生的，他们无法判断和选择。而校方的这种指派，其选择的标准就显得尤为重要。指导教师怎样才能引领初任教师走上一条有效的成长路径是值得思考和探索的。

在班主任培训中，A学校采用案例分析的方法进行，让有经验的班主任结合自己的带班经验进行案例介绍和评析，这就使将要承担班主任工作的初任教师对一些可能发生的班级问题有所感知，能够了解一些应对方法和策略。这些方法有一种"拉力"，让初任教师很容易走进去，尽快进入角色。此外，这种培训指向了所有的初任教师，而不是仅仅只针对已经安排了班主任工作的初任教师，就使所有的初任教师都能够对班级管理工作有所了解。其实对班级管理工作的学习也有利于初任教师在课堂教学中的管理，起到了一定的引导作用。

就在A老师参加培训的同时，另一名初任语文教师正在参加自己所在学校举办的教师培训，她给我发了这样的一则短信："我们今天已经被专家折磨一天啦，明天还要继续。"相较而言，A学校的培训对教师来说，针对性是比较强的，效果应该是比较理想的，所以才会令初任教师感到"收获满满的"。当然，这种培训方式对指导教师和指导班主任的专业素养要求也是很高的。

三 行程：这一年，这些点点滴滴

（一）从"我的时间不见了"谈起

A老师作为班主任，所带的是初一年级的一个普通班，据他说是"最后一个班"，并猜度"学生情况可能不会太优秀"。从报名开始，A教师就是这个班的班头了，此外，他还要带另外一个班的语文课。班主任工作和两个班的语文教学工作，这通常也是一名熟手语文教师在中学所承担的工作任务。也就是说，度过了入职期，常规任务也就是这样。

故事三 我的时间不见了

　　正式开学两天，第一个清晰而彻底的感受是忙和累，我打电话给大学的老师的时候，告诉她"这简直不是人干的活"。

　　我带的班共有59名学生，其中有38名住校生，这些住校生大都是第一次离开家。自我照顾的能力不足，所以我基本上六点就起床了，六点半到教室，住校的学生早到教室的就开始早读了，然后是早餐时间，接着就是上课时间，一直到中午。下午除了上课以外的自习时间，班上的管理也是班主任的。晚上住校生还要上晚自习，规定的时间是到八点二十。当然，有一些学习比较积极的同学回到宿舍里还会再看看书做做练习。我会到学生所在的几个宿舍去看一看，和他们聊一聊，解答一下他们提出的问题。这样一来，我回到宿舍基本上也就九点多了。作为语文老师，除了语文课以外，这两个班在每周还有一节写字课、一节阅读课，这也是我要上的内容。两个班每一种作业都有一百多份。练习册、小练笔、大作文、练字本，像山一样堆着。加上班主任的事务性工作，办黑板报，学校规定的每周两次大扫除、每天要跟的早操、眼保健操、自习课。因为教室在四楼，走廊里又比较窄，男孩子又好动些，所以课间还要在教室外转一转看一看，叮嘱他们不要追打。琐琐碎碎的事情一大堆，加之还要处理一些学生之间的小摩擦啊，这样一来，我感觉自己像是一个陀螺，早上起来就是第一鞭子，这一抽就要旋转到晚上。

　　宿舍、教室、办公室、食堂、学生宿舍是我一天主要的活动场所，而其中的绝大多数情况下我是在教室和办公室，回到宿舍基本上就剩下疲惫了，还要做的就是看看第二天要上的课了。我感觉自己不见了，准确地说，是属于自己的时间不见了。

　　忙碌、繁杂、紧张、疲惫，对于一个刚刚踏上工作岗位的教师来说，这些经历是一种必然。从学生到老师，从被操心到要操心，从管理自己到做59名孩子的娃娃头，这个转型过程是重要的也是艰难的。作为初入职的语文教师，A老师承担着与胜任教师一样繁重的教学和班级管理工作，而他实际的教学经验和管理经验却是缺乏的，因此，如何有序地安排自己的生活和工作对他来说是需要在经历中不断的学习和自我调整的。而A老师的这种"我的时间不见了"的意识，恰恰是他潜在的一种自觉意识，怎样引导他来分析时间安排中的侧重点，使之适应工作状态，是应该考虑的问题。

故事四　我适合做一名教师吗?

上班十天，我给大学老师打电话，劈头就问她"老师，我觉得自己是不是错了，是不是我根本不适合做一名老师?"老师问我原因，我告诉她自己心中最大的困惑就是班上气氛比较压抑，学生上课思维根本不活跃。真实的课堂和我自己以前想象的状态相差太远，我所渴望的那种师生在共同探讨中感受品味，那种语文的味道压根儿就没有，还是那种老套的讲讲记记，这到底怎么啦?

老师问我，"你觉得班级管理和准备语文课，你用的精力是个什么比例"，比例? 我思考了一下，"6∶4吧，也许有的时候班主任工作所花的精力比六成还要多呢，甚至能达到7∶3"。"你没有时间打磨你的课，怎么能够在上课的时候得心应手呢?"是啊，确实。刚开始的那段时间，我真的没有时间来打磨我的课。

老师告诉我，这种焦躁情绪是正常的。因为工作前对教学的规划比较理想化，真正走上工作岗位，当了班主任，事务性的工作千头万绪，在疲于应付之际，教学精力就显得有限了。加之学生的个性特点、学习习惯、已有的语文能力各异，所以在上课时就不会像想象中那样一说就懂、一要求就做到，总会有不合拍的地方，这是一个必然的过程。随着时间的推移、经验的累积会逐渐好起来。在工作第一个月要注意有序安排工作和生活，先抓主要的：第一，不能因为忙而疏忽了备课和上课，教学是第一位的，是立足的根本，是学生服气的本源，绝对不能放松。第二，要学会班级管理，要培养学生干部，一方面锻炼学生的能力，另一方面也是为自己减压，而且学生的智慧还可以激发教师的智慧。第三，在办公室里要多观察多学习，看看那些有经验的班主任是如何处理班级事务的，思考有哪些是值得借鉴的。别着急,整理好情绪,做好自己的事,扎扎实实带好班讲好课,慢慢就会适应。听了老师的话,我觉得心里开阔多了,也有了一些方向性。在随后的日子里,我也确实逐渐适应了这种紧张而有序的生活。

教师在职前的憧憬式的专业认同是较为理想的,那时他们往往自信度很高,对教学的设想比较理想。因此进入职场,对教育教学工作有了切实的体会以后,会对自己的实际能力发生怀疑。语文教育教学具有多元性和多样性,学生对语文的兴趣爱好各有不同,而在目前教育环境下,不少学生对语文学习所下的功夫极为有限。他们往往会认为,语文课各篇文章关联性不大,讲授篇目又基本不会是考试涉及的内容,语文学习耗时多见效慢,所以在语文学习上提不起劲。作为语文教师,在实际工作中所面临的问题就更为复杂,对初任语文教师提出的挑战性就更高了。如何经营语文课堂,使课堂教学变得有趣味有效率,需要初任语文教师好好琢磨,这应该是语文教师入职初期最重要的事情。可是,从A老师的经历来看,虽然学校在入职考核时对教师的教学能力非常看重,但是入职初期,A老师在教学上所下的功夫却是有限的。班务工作占用了他大部分的时间,所以他在语文教学上的敲打斟酌就少了。在听课的过程中也发现,在整体课程构架上,A老师是能够把握讲课重点的,但是提问设置有时比较随意,对学生出现的理解偏差有时会忽略掉,常常会急于给出问题的正确答案。虽然这是初任教师容易出现的问题,但是如果初任教师有充分的时间来做课前预设,并能够在课后及时进行教学反思,那么,其专业成长的速度会再快一些。

(二) 行进中的那些重要点滴

1. 那些事

故事五 我的几个"第一次"

第一次登台亮相

盼望着早日见到自己的学生,盼望着早日登上讲台,开始我真正成为语文教师的第一节课。可真到了那一刻,自己反而变得慌乱了。都说第一印象很重要,所以在登台亮相时我还特意把自己打扮了一下,西装革履,"粉墨登场"嘛。可站在讲台上时,全身都感觉不舒服。西装像盔甲,束缚得人不自由;手也不知道往哪儿放;站也不是,走也不是;自己事先想好的话早忘了,说话时颠三倒四,没个中心,只记得乱七八糟地讲了一通,也不知道学生听了些什么。一节课下来,手心里攥了一手心的汗,真是尴尬死了!

第一次上公开课

什么都没有第一次讲公开课那么担心。全校老师都来听课,听完了组内要评课,学校领导也要评课,简直是要把人放在火上烤!为了保证第一次公开课不出乱子,我提前一个月就开始做准备了,到处查找资料,与指导老师不断讨论,精心备课,在其他好几个班试讲修改,最终才形成我的第一节公开课。在讲公开课的时候,只有两种感觉:一是讲台下面全是眼睛盯着我,让我感到很有压力;二是自己讲了些什么,课后全然不察。因为当时太紧张了,只是按照自己事先备的课顺下来的,根本谈不上发挥自如。到评课的时候,自己的心还是七上八下的。

第一次做报告

如果说上面两个第一次都是因为太年轻,没有工作经验所致,那么,当我第一次做报告时就显得老练多了。接到要让我在全校三十六位班主任和校领导面前作报告的通知时,我很激动。我是一个走上工作岗位不久的班主任,雏羽未褪,乳臭未干,何德何能,怎敢在前辈们面前舞刀弄枪,夸饰炫耀。但学校能让我在这么多人面前做报告,是对我工作的肯定,我也感到很高兴,所以我一定要做好。中国古人讲"独学而无友,孤陋而寡闻",我时常对学生讲"一个人的学习经历和经验是有限的,但如果积极与他人沟通交流,就会使自己丰富起来,思想的交流是双方的获得"。学习是直接经验与间接经验的双向获得,既然对自己有好处,何乐而不为呢?闭门造车出门不合辙,孤陋寡闻,是对智慧的扼杀。我抱着取经的态度来完成这次任务。作报告的那天,我把近一年的工作实实在在地向各位班主任做了陈述,报告完毕,台下响起了热烈的掌声,说明大家对我的工作是认可的。这也极大地鼓励着我,鞭策着我。

一年了，这样的第一次很多。我想，正是有了这些第一次，才会让我的教育教学生涯多姿多彩，我也才能沿着这条路坚定不移地走下去。

一年来，A老师经历了许多个第一次，每个第一次对他的影响都很深。这些第一次绝大多数都是在践行前已经预知的，有比较充分的准备时间，而且A老师的确也做了不少准备工作，例如重视第一次登台，想给学生留下一个好印象；精心准备第一次公开课，想让听课的领导和老师们留下个好印象。可是在A老师经历过后的回望中，能够感受到他对自己有许多不满意。初上讲台时的不知所措，面对众多听课老师时的紧张与慌乱，真切地反映了一名初任语文教师入职初期实践经验的不足。在经历这些事件的时候，初任老师会更多关注到自我的感受而不是学生的感受。深入分析可以看到，应聘试讲也好，岗前培训中的汇报课也好，还不算是正式地面对学生，还不算是真实的课堂情境，从模拟到实际，初任教师还面临着适应的问题。后来在A老师作报告的时候，已经是第二学期的学期末了，将近一年的历练，A老师觉得自己老练多了，自如多了。激动、欣慰、谦虚、自信，这一段经历一定使A老师收益良多。

故事六 语文知识竞赛出题记

那是第二学期中期的一天。我刚刚下课，就接到指导老师的电话，说让我到会议室去一趟。"会有什么事"，我猜测着。见到指导老师才知道原来是让我出这次初一年级的语文知识竞赛试题。听了这个消息，我就懵了，怎么会是我呢？一来，我是新人，刚来学校参加工作还不到一年，出题，这可是技术活，没有一定的教学积淀是不容易胜任的，我根本就没有这个资历。二来，我本身对语文教材内容还不完全熟悉，对初一阶段学生的语文能力也认识得不够。题目出简单了，怕不能体现竞赛的目的和意义；出难了，又怕学生答不上来，挫伤学生的学习积极性。三来，第一次出试题就是出竞赛试题，这又不像单元检测，还比较好查找资料，难度可想而知。

可既然指导老师把这个艰巨的任务交给我，又怎么能推辞呢？指导老师对我这么有期望，我不能让指导老师失望，而且我也可以通过这次出题来证实一下自己的能力。为此，经历了短暂的内心焦虑后，我鼓起了勇气。

首先，我找来学校往年的语文竞赛试题，对比分析历年来试题的题型、题量和难度，对竞赛试题有了一个宏观把握。我又与指导老师商量了今年试题的总的特点：求新变，求趣味，求实际。要让学生做题时有一种耳目一新的感觉，让学生能够体味到语文知识的趣味性，题目还要能与生活实际相联系，让学生发现语文在生活中的作用很大。

接着，我把初一的课本又系统地看了一遍，大体上了解了初一一学年学生都要掌握哪些知识。再结合我已有的那么点儿教学感受，估计学生的语文水平，从难度上把握。

我查找了许多省份的语文竞赛试题，先浏览一遍，把符合要求的试题用红色字体标注出来。又按照题目类型归档，把它们分为基础知识、语文实践活动、阅读、作文四大类。然后在每一类中又进行筛选，选出最符合题目特点的题，把它们放在一个文档中。接着在各种教辅资料中找到一部分比较好的题，自己又创造了一些新题，把它们集中在一起，初步作为竞赛试题。

我将出好的题让其他几位语文老师审阅，广泛听取他们的意见和建议。综合大家的意见，主要是题量有些多，作文的命题方式有待调整。我把试题拿回去，又仔细看了几遍，删去了部分题，在作文材料说明中加入了简短的故事，这样就更利于学生对主旨的把握。一切调整好，我将打印好的试题交与指导老师最后审阅。指导老师看后非常满意。我紧绷了半个月的神经终于放松了。

这次出题的经历充满了挑战的刺激、失败的困惑、完成的痛快。通过这次考验，我变得更加沉稳。以后再有这样的活儿，最起码我已经有了可以借鉴的经验，而且通过这次出题，让我对教材，对学生也有了一个更清楚的认识，更加有利于我的教学工作。

对于一位初入职的语文教师来说，被安排这样的工作是一种巨大的挑战。目前各高校在职前培养中基本不会涉及师范生学科命题能力的培养和训练。而刚刚走上工作岗位的他们，对学生知识水平的了解还处于一个逐步认识的阶段，对语文课整体体系的把握也还不够，所以，要拿起这个活儿还是有难度的。因此 A 教师在接到这一任务时的犯难情绪就不难理解了。通过查询学校以往的语文竞赛试题、上网搜寻、归类整理，再结合初一语文教材实际和学生实际进行思考，听取指导老师的意见，征询语文教师们的建议，A 教师较为圆满地完成了这项任务，在挑战中获得了成功。在随后期末考试的语文统考题中，还出现了竞赛中的语文知识题，"有四分呢，学生都拿上了"，A 教师很是得意地提起，也能表现出他对此次竞赛出题的满意程度。的确，我们常常说教研和考研要相结合，仔细想想，在各级各类的初任教师培训中，分析考试的内容还很少涉及，命题能力的培训更是寥寥无几，如何培养初任语文教师的命题能力，这应该引起研究者的关注。

故事七　我的语文我做主

　　语文，阅读佳作，培养人格：语文课本中的许多课文都有人格培养的契机，在讲这些文章的时候，我不仅把它当作知识积累去给学生讲，更多的是注重对学生健全人格的培养。课堂上，我常常要求他们对人物品质进行详细分析，仔细揣摩。在讲到《闻一多先生的说和做》的那段时间，我几乎每节自习都会让学生朗读这篇课文，而且在朗读之前给学生强调"我们读这篇课文，不仅仅是要把它当作一篇文章去读，我们读的目的是要学习闻一多先生对人对事的态度和做法"。学生听了，读得很起劲。讲毛泽东的《咏蛙》《沁园春·雪》时，告诉学生要树远志，树大志；讲朱自清先生的文章时会花时间告诉学生"自清"名号的由来，讲他高节凌云的品质；讲鲁迅先生的文章时就会专门讲有关鲁迅先生笔名中所透露出的战斗锋芒，等等。"他们的人格都高于他们的文格"，而用这些例子影响学生，利于学生人文素养的提升。在讲课过程中我不只是围绕课文讲课文，而是通过讲课文，分析人物形象来培养学生健全的人格，这就是我对语文的理解。

　　语文，亲近自然，陶冶性灵：从平时的观察中，我发现许多学生缺乏生活，缺乏感情。尤其表现在作文写作中，千篇一律的假大空。为了激发学生对生活、生命的感悟，让心灵和性情得到陶冶，我让学生每人养了一盆花。我这样做的主要目的有三：（1）感悟生命的真谛：一株花从幼苗慢慢生长要经历多么漫长的岁月，要经历多少风吹雨打，只有凭着顽强不屈的精神，才能茁壮成长。哪怕只是昙花一现，刹那芳华，也是向世间万物证明自己的存在，展示存在的价值和意义。"一花一世界，一叶一菩提"，花有其生命，人亦有之，人从花的世界中观照生命的真谛，就会更加珍惜生命。（2）陶冶性情，培养学生高尚情趣：现在的学生缺少生活，缺乏感悟，有些学生整天沉迷于一些乱七八糟的东西，不可自拔，让他们养花，陶冶性情，知美，懂美，美化心灵。（3）懂得感恩：一株花从幼苗到开花，需要泥土的承载，阳光的照耀，雨露的滋润，需要许多外界条件的帮助。这正如父母、老师、朋友对孩子无微不至的关怀一样。让他们养一盆花，精心尽力养活养好一盆花，要付出很多艰辛。他们体会到这种艰辛，就会感恩一切帮助过他们的人，不断努力完善自我，不辜负他人的希望。自养花以来，我们班有许多同学都变了。有的学生隔三差五就过来看看自己养的花，我也会借机和他们交流，鼓励他们。班上有个孩子以前常常迟到，自打有了自己的一盆花，就不再迟到了，天天早上来了就给花浇水。还有不少学生在这个过程中通过随笔、作文来表达自己养花过程中的感受，效果还真不错。

作业，精心设计，引发思考：第一学期结束放寒假时，我给学生精心设计了语文寒假作业。一是制作家谱。这个作业其实还是受了上大学时语文课程与教学论老师的启发，当时老师给我们介绍了美国学生的作业，那些作业侧重了锻炼学生的动手能力。我想中国是一个以血缘为基础建立的国家。古代是五服之外不认亲，现代却是三服之内亲不亲，亲情关系越来越淡薄。让孩子们回家与家人们一起制作一份家谱，主要目的是想通过制作这份家谱，让孩子和家长们一起了解自己姓氏的起源，让他们建立一种家族自信。了解自古至今，我的家族出现了多少英雄好汉，功臣名士，进而激发他努力奋斗，不辱没先辈威名的思想。所以我就要求他们查查百家姓，介绍自己姓氏的来源，找找历史上这一姓氏的名人，和家人交流，一起做出自己的三代家谱。二是做调查。现在的学生很多都是独生子女，过惯了衣来伸手，饭来张口的日子，很少能体会到父母的辛劳与不易，所以假期让他们做一个调查。农村孩子做父母劳作日志，记录父母每天从早到晚的工作量，城市孩子做一个"菜篮子"调查，记录每天的家庭开销，做一个统计。通过这些最直观的数据来引起孩子们的思考和觉悟，感恩父母，知道自己现在所得不易，要珍惜。

当然，还有很多语文活动，如巧手制作手抄报，真情语文，课前演讲，看《三字经》，品《孝经》等，通过这些活动，来锻炼学生独立的实践操作能力，同时培养和提高学生的审美情趣和人格，使语文真正达到关注人、培养人的目的。

通过听课和交流可以发现，首先，A教师的语文知识是比较扎实的。他能写一手漂亮的三笔字，板书有体有形；他有较为丰厚的本体性知识，他讲鲁迅的文章的时候，给学生带来一套鲁迅文集和他所做的与鲁迅有关的一大本读书笔记；在作文讲评课上他给学生读自己所发表的文章，这些足以使初一的学生从心底对他比较服气，使学生认同他。其次，A教师在语文教学上是有自己的一些想法的。他试图通过各种各样的形式来激发学生的学习兴趣，引导学生学会语文学习的方法，也做了一些有意义的尝试。像课前的小故事讲解，办学生的作文小报，寒假作业中的家谱绘制都是比较有效的方法。最后，A教师在指导学生进行语文学习时，注重了学生思维能力的培养，也能够把学生的道德培养和审美培养有意识地贯穿进去。他让学生去养花，感受父母、老师的培养和期待，起到了一定的培养学生人格的作用。当然，从听课中还发现，A教师在课堂设置中还有一些随意性，比如他在讲到自己比较感兴趣的文章的时候，课时的安排就会比较多，第二学期一开学，他讲《从百草园到三味书屋》，已经讲了两个课时后，听了另一名教师的一节课回来说"我觉得还要讲上三个课时"。说明他讲课的聚焦能力尚需提升，学生意识还不够。在与A教师的交流中可以发现，他对语文教学有一些比较理想化的想法，在教学的时候也有所表现。此外，还应该引起注意的是，有了一个较好的语文教学或者语文活动的创意以后，在付诸实施之前，一定要做实施前的论证，对可行性、可能出现的问题进行预设和思考，然后再去施行。激情和冷静思考相结合，创新才会真正落到实处。

故事八　经历公开课：《孙权劝学》

入校以来，我讲过三次公开课，同组老师之间的听课就更多了。第二学期中下段就到了该上新手汇报课的时候了，我一开学就在与指导老师商量后，选定了要讲的文章《孙权劝学》。这是一篇古文，能够发挥我文言的长处，文章也比较短小，利于在一个课时四十分钟讲完，而且文章本身有一定的故事性和教育意义，利于对学生进行人格培养和熏陶，还能够帮助学生进一步认识学习的重要性。虽然选定课文很早，但是忙忙碌碌，真正着手备课也到了正式讲课的前两个周。备课阶段，我与指导老师反复讨论修改，又在其他班试讲，由其他老师听课评议，我再进行调整完善，最终成型，登台讲课。

教学过程的第一个环节是导入，一开言我就用粉笔擦拍了一下桌子，像说书一样道白："话说天下大势，分久必合，合久必分，你看那滚滚的长江东逝水，淘尽多少英雄好汉。在三国时期，吴国有一位虎将，名字叫吕蒙，字子明，此人武艺高超，战功赫赫，深受孙权的喜欢。可是这个人有一个小毛病，就是不爱读书、学习。孙权呢，屡屡劝他，你多学点知识吧。可是这个吕蒙总是以军中事务繁忙推三阻四，不愿意学习，搞得孙权很头疼。这不，孙权又来劝了……那到底孙权是如何劝的呢？预知后事如何，请听《孙权劝学》。"在学生们的期待中进入第二个环节，介绍作者作品。第三个环节是朗读，目的在于正音正字和把握停顿，我设计了教师范读和学生的自由朗读。第四个环节是引导学生疏通文意、积累文言词汇。通过同学互相帮助，结合书本下面的注释，疏通文意，用教师提问学生回答的形式对文章进行了文意的疏通。第五个环节是文本探究环节，问题设计首先围绕着"孙权是如何劝学的"展开，引导学生找出怎样劝，从哪些方面劝，劝学时的态度怎样来分析，并让学生模拟孙权的语气读一读，品一品。然后依据前面的理解，引导学生分析了孙权的形象。接着探讨了劝学的效果"蒙乃始就学",并结合课文中的鲁肃过寻阳所发出的感叹"卿今者才略,非复吴下阿蒙"来感知"就学"的效果。到此文章的内容分析告一段落。第六个环节我设计了拓展阅读,选了《三国志·吴志·吕蒙传》中孙权与陆逊论周瑜、鲁肃及吕蒙的对话,让学生通过另外一部历史著作来了解吕蒙"就学"后的收获和进步。第七个环节是思考讨论,我所设计的讨论问题是"你在生活中有没有被劝学的经历,其中是谁分别扮演了孙权和吕蒙,你有什么样的感受?"这个环节时间上显得稍微仓促一些。

讲完后,语文组全体成员坐在一起,对我的这一节课提出了许多意见和建议。老师们说,我讲的这节课有成功之处:第一,导语设置新颖别致。许多老师都赞成我采用说书形式导入,说我的导语设置能引起学生的注意,调动学生听课的兴趣,也能使自己更加轻松自如的展开教学。第二,课堂环节设置全面,内容丰富翔实。在讲到吕蒙接受孙权劝学之后,发奋读书,最终学有所成时,不仅分析了文中的侧面描写,还引用《三国志》中关于吕蒙"乃使就学"后大有长进的正面描写,让学生更加明白,只要努力刻苦,没有什么不可以。第三,教学能力显著提高,教态自然大方。与第一学期相比较,进步非常明显,能够轻松驾驭课堂,对学生提出的不同意见能灵活应答,整个课堂秩序有条不紊。在教学仪态方面,大方、自然,很有男老师的范儿。当然也有需要改进的不足之处:第一,关注学生程度不够。整堂课下来,还是老师讲得多,学生说得少,没有将"教师是主导,学生是主体,训练是主线"的"三主"教学模式更好地应用到课堂内。在讲授文言文时,缺乏朗读训练,更多时间花在了对文意的疏通上。第二,问题设置有疑义。在课堂最后,我为了将课文与实际生活相联系,设置了这样一个问题"你在生活中有没有被劝学的经历,其中是谁分别扮演了孙权和吕蒙,你有什么样的感受?"有一个学生在回答这个问题时出现了价值取向的偏差,很多老师觉得这个问题在提法上需要再斟酌修改。第三,缺乏亮点。文言文讲解很难出新,一是文言文与现实生活久远,学生不容易理解,而且又要在有限的时间内把各方面的知识都要渗透到，所以难度很大。整个课堂虽然做到了全面详细，但也仅是一节很顺利讲下来的课，缺乏实际的亮点。

　　听了老师们中肯的意见和建议，我也对这一节课做了反思。首先是从讲课情况来说，这篇文章，从备课到讲课，前前后后我一共试讲了六次，讲公开课的时候已经是第七次了。所以总体感觉整个课堂虽然很顺，但是缺乏激情与灵动，总是按部就班地来，很少有出新的地方，感觉像喝白开水一样，索然无味。其次是缺乏课堂活动与练习。课后我想，如果在鲁肃与吕蒙的谈话中，加入表演，让多组同学分别扮演鲁肃与吕蒙，分角色朗读，读出语气，读出情感，然后让其他学生品味，这样会不会更好：既能够调动课堂气氛，又可以充分发挥学生的"主体"作用？……

　　A学校的初任教师公开课举办得非常正规，安排在下午学生的自习课上，学生在专门的多媒体教室上课，所有的语文老师都必须参加听课，校领导也会来听课，课后立即进行分析点评，老师们各抒己见，优点和不足都会拿出来说。不过老师们在点评的时候都会先肯定优点，给老师打气，再说出不足之处以供改进。可以看到，在老师们的点评中对A老师将近一年来的教学成长还是给予了充分的肯定，A老师的教学环节设置全面，教学能力明显提高，驾驭课堂的能力也增长了。同时，在细节上、师生的互动上还有待提高，而"亮点"的问题，就是一个创新意识了，难度会更大一些。A老师在听完评议后的自我反思也是比较有针对性的，可以看出，A老师对语文教学是很上心的。

　　A教师的这节公开课我不仅听了，还全程录了像，回来后又反复看了好几遍。

　　在这节公开课的讲授过程中，A教师教态自然大方，对教学内容非常熟悉，对学生有亲和力。教学环节设置清晰，重点突出，有一定学生主体意识。讲解清晰，相关材料的拓展恰到好处，和正文讲析相得益彰，使课堂教学内容饱满。可以看出，在不到一年的教学实践中，A教师能够把握语文教学的特点，结合学生情况进行教学设计，实施教学，具备了一定的语文教学能力。但在教学中还存在着一些值得改进的内容：第一，字词环节需要优化。A老师在处理这一环节时，教学方法不明晰，刚开始的几句是叫同学回答的，随后就变成学生齐声回答了，而五十多名学生齐声回答，教师就不容易发现学生中存在的文言理解方面的问题。虽然在多媒体上展示了重点字词，但是这样浮光掠影地讲析，一般程度的学生是很难知道要重点把握什么的，而且会对文言文的释义方法不明晰，容易导致学生在教师教的时候都知道，而遇见陌生的就无法处理的结果。可以安排学生结合文下注释自由释义，画出不懂的地方，然后以提问的方式询问老师或同学，然后释疑。此后再请同学逐句翻译，进行强调。然后用PPT出示重点文言实词虚词句式进行巩固练习，如果此环节在课堂讲析中时间不够，可以布置为课下作业。第二，在学生梳理清楚文意后，可以请同学们自由诵读文章，加深印象。然后再齐读，或请学生来读。第三，教学重点解读"孙权是如何劝学的"这一环节，教师过于着急给学生答案了，没有放手让学生去体味，给的远远多于品的。教师可以让学生直接找出孙权劝学时的语言，然后放手让学生去品读，先读出语气，再思考劝的内容，这样就会更巧妙一些，也更能体现出学生的主体地位。第四，PPT在出现鲁肃和吕蒙的时候，教师使用了电视剧三国演义的人物照片，在使用的时候应该谨慎，因为课文在讲《资治通鉴》中的人，属于历史真实，而三国演义属于文学著作，要慎用此图片，或者加入一定的引导性语言。第五，教师在整个教学中的点评过程都显得比较粗疏，尤其是重点解析时学生读的语气语调的指导不够到位。在学生模仿孙权的劝学语言中，有的学生模仿得惟妙惟肖，有的却差强人意，而教师给予的点评针对性不强，这个环节的点评要是能够恰到好处，会对学生理解文章大有帮助的。第六，教师最后一个拓展环节设置不够巧妙，无须再问"谁是孙权谁是吕蒙"，因为前面的问题"你有被劝学的经历吗？"已经暗含了这一问题的答案，可以设置成"他是如何劝的？效果又如何？"当学生的回答需要引导的时候，也应该更为巧妙一些。当时有一名学生的回答是"有一次，我感觉学习压力太重，我就在网络上发帖子，说学习压力太重，发了许多牢骚，有一个网友跟帖，说不好好学习的话，长大以后就考不上大学，就没有钱，就不会给国家交税，如果不给国家交税的话，就没有钱给老师发工资，就没有老师教我们了。所以我发誓要好好学习"，当时听课的老师们都笑了，应该说这是老师意料之外的回答，A老师的引导显然显得有些力不从心,"那你就听从了这个网友的劝诫,是不是?""那你觉得谁是孙权?""谁是吕蒙?""你跟吕蒙一样,都听从了别人的劝诫,之后呢,发奋学习,为了给老师……(众学生哄笑)发工资是吧?你要想清楚了啊,老师即使少拿工资,也会用心去教你们的,你要知道老师的——良苦用心(学生齐答)",其实如果抓住劝的角度来分析,问问大家还有没有不同的劝法,效果可能就会更好一些,更利于学生理解"劝学"的方法。由此可见,A教师虽然有一定的学生主体意识,但是在实际操作过程中不一定能够落到实处,也就是说,信奉理念转化为使用理念的过程还需要注意,此外,教师在应对预设外的答案时,其教学生成能力还有待提高。

2. 那些人

故事九　行进中陪伴我的那些人

工作时间不长,短短一年,却结识了许多良师益友,他们或从生活,或从事业上给予了我无微不至的关怀和帮助,是他们陪伴我、帮助我成长。

首先要说的是我的一位老师。大三的第二学期,她给我们带了一门与教学论相关的课程:课堂教学的组织与管理。如果说,当一名教师是我的梦,那么就可以说她是帮我圆梦的人。记得老师在讲到课堂教学的动态组织的时候,要求同学们示范讲课,全班同学观摩评议。我当时非常想讲一讲,所以就报了名,在课堂上我讲的是《雨巷》,十五分钟时间。评课时,许多同学对我的讲授有异议,觉得我过于抒情,不自然,对我的冲击挺大的。是她,摒弃异议,肯定我的讲授,给予了我很大的鼓励,也给我提出了许多中肯的建议。自此,我就经常去请教问题,每次,她都会热心地解答,并且一再鼓励我朝着梦想奋斗。老师除了在精神上鼓励我,还在人格上影响了我,她对事业的执着追求,对工作的一丝不苟,面对困难,一笑而过,始终积极乐观,充满热情与活力……这些都让我们与她交往,好似春日之暖阳,和煦明媚,我们做学生的都非常喜欢她。更让我们信服的是她常新的理论知识,让我们开眼看了世界,认识到了自己的不足。她告诉我们不仅要学习理论,更要审慎地思考,不盲从，要注重教学实践能力的锻炼，给我们创造了许多锻炼的机会。现在，工作一年了，只要出现棘手的问题，第一个想到的便是她，打电话请她帮我支招是常有的事儿，而且我与她还会就实际教育教学中的问题进行探讨，她帮助我及时总结，不断提高，常常会提醒我学会分析、学会思考，告诉我要规划自己的职业生涯，让我提前进入成长状态。

下面要说的是我在 A 校的指导老师。她与我的关系，是师徒，但却如友人，如母子。当我与指导老师第一次接触时，她那种儒雅、和顺的气质就深深地感染了我。在平时教学过程中，她对我的教学方式方法提出很多宝贵意见，而且，在提出意见时，总是照顾我的情绪，以商量的语气来说，让我欣然接受。课余，她还很关心我的生活，总是嘘寒问暖，让我这个异地人心里暖暖的。

接下来我要说的是三个集体。第一个集体是我们初一语文组。我们初一语文组由 7 位语文老师组成，年龄横跨老中青，许多老师自嘲说："我们初一语文组是由老弱病残组成的"。但实际上，这是一个团结、和睦、向上的团队。就拿我上公开课前的试讲来说，在试讲过程中，我们组的老师们都听过我的课，也给我提出了许多修改完善的建议，我的公开课能够顺利完成是和老师们的帮助指导分不开的。在平时，大家的资源都是共享的，在组织活动时，老师们分工明确，亲力亲为，互相帮助，在进行教学讨论时，大家畅所欲言，各抒己见。我想，正是在这种环境氛围中，才培养了我多动脑，勤思考的习惯。我们也被学校评为"优秀教研组"。第二个集体是和我一同应聘到学校的十个人。我们这十个人实际上来自 8 个不同的学科专业，来自 7 所不同的大学，共同来到 A 校，这个我们教师生涯的起点站。虽然学科不同，但我们都在经历成长的起步阶段，面临着许多相同的问题，比如学生管理、师生互动的设计，课堂突发事件的应对，师生关系的探索等，加上我们都住在学校教工宿舍的同一楼层，几乎是朝夕相处，一起在教工食堂吃饭，一起去教室，晚上晚自习后，聚在一间宿舍里聊聊自己教学中带班中的开心与苦恼，每个人都是他人的一面镜子，看别人想自己，经验和教训都是我们的财富。第三个集体是我的学生们。我给学生说"风雨中，你们并不孤单，有陪伴你们的父母、老师、朋友"，我也说"我要用三年陪你们走过人生中最美好的时刻"，而这句话反过来说，也是孩子们用三年在陪我。在工作中，可能我与学生在一起的时间最长，他们让我恼，让我笑，让我生气，让我感动，我们相互陪伴着，也共同成长着……

初任教师的专业成长不仅仅是自己的事，在成长过程中他们所遇到的帮助、鼓励，或者批评都会影响到他们专业成长。可以看到，在 A 老师的初任成长过程中，有来自多方面的成长帮助。一方面是 A 老师主动寻求曾经的大学老师的帮助，由于这位老师是教学论方面的专业教师，对中学语文教学的现状、学生心理等比较了解，因此能够从教学和班务工作中给予他有效指导，加之大学老师和他并非同事关系或领导关系，没有制约关系和任何利益冲突，又是他比较熟悉和认可的老师，所以交流起来没有什么顾虑，快乐和成功可以分享，忧愁和焦虑可以倾诉，老师也根据分析和判断给他提出相应的意见建议，这从 A 老师经历的不少故事中都可以看出来。这样 A 老师在成长初期遭遇迷茫困惑的时候能够得到一个正确的疏导和帮助，有利于他尽快适应工作。另一方面，A 老师所在学校给他指派的指导老师有一定的指导能力，有亲和力，指导细致，最重要的是鼓励 A 老师在教学中的新想法，这对其初任成长也是很有帮助的。在交谈中可以发现，A 老师在和指导老师相处的过程中，还会有所顾虑，有时候内心的担心和教学中遇到的困难不太愿意全部向指导老师请教。其实这里面包含的深层含义不是不愿意，而是不敢。同为一所学校的教师，既有师徒关系又有同事关系，往往指导老师的资历都会比较深，尽可能地减少对自己的负面评判是初任教师非常真实的内心思考。此外，A 老师还提到了两个学习共同体，同年级组语文教师群体和初任教师群体，这两个群体各有侧重地促进了他的专业成长，使他在任教初期有了比较强烈的归属感，融入集体并共同成长，获得了较好的效果。学生群体则是另一种促进力量，我们常说，课堂是师生共同成长的地方，教学相长，A 教师能把学生作为自己成长的动力，其实传达出来的正是他对教师职业的内在认同。

（三）别人眼中的 A 老师

1. 校方

年级组长刘老师说"A 教师的成长是很快的。事实上，在 A 校的新老师们的成长都很快，基本上要不了三年就可以独当一面了。目前 A 老师所带班级的学生情况不错，他也比较认真，肯吃苦肯学习。学校也为他指派了语文教学的指导老师，及时解决他在工作中所遇见的困惑"。谈到需要改进的问题的时候，刘老师主要说到的就是针对学生情况灵活处理问题的能力和对工作的深化和细化。这一评价反映了刘老师对 A 教师目前工作状态和工作成绩的肯定，也肯定了学校给予初任教师指导的有效性，其期望则包含了对 A 老师的实践性知识增长的期待以及把知识转化为具体教育教学能力的期待。

指导老师说"A 老师特别肯学，谦虚，对教学很上心，备课时准备得比较充分，语文功底也很强，学生们都挺喜欢他的"，"教学上有想法，会经常举办一些语文活动，像办小报，举办朗诵会，利用自习课给学生看一些影片，能调动学生的积极性"，"教学上还需要有所取舍，多关注学生活动，这是刚开始从教的老师常常会遇见的问题，随着经验的丰富慢慢就会好起来"……在指导老师眼中，A 老师在一年的成长中是在稳步向前的，而且提到 A 老师所带两个班的语文成绩在年级的排名也是不断向前的，刚开始属于居中位置，现在两个班的语文成绩都名列前茅。可以看到，在对初任教师进行评价的时候，学生的语文成绩是一个非常重要的衡量指标。此外，教学的优化处理和注重学生主体性的张扬是初任教师课堂教学成长的重点。

2. 学生

在访谈中，学生们谈到了对 A 老师的印象，"认真、细心、有学问、朴实"是 A 老师所带两个班同学对他共同的印象，而作为任课教师的班级学生所提到的"和蔼可亲、幽默、上课有趣"更多一些，在他所任班主任的班级里，学生谈到了"有一张严肃的脸""非常棒，就是有一点凶。那张面孔像是一个警察在严肃地审罪犯""上课时严厉，下课时和蔼""对每一个学生都很关心，不按学习好坏分层次"……在交流中，A 老师也觉察到同样的课程内容，所带两个班学生上课的氛围有差别，自己任班主任的班里学生拘谨一些。"可能因为我是班主任的原因吧"，A老师对这一现象做出了归因。的确，作为班主任的A老师常常给学生们说这样一句话"严师出高徒"，"除非你们不想做高徒"。学生们心生敬畏，同时绝大多数学生是认同这个观点的，这个从我和学生们的课间交流中可以看出来。在谈及对A老师印象最深的事情的时候，学生说到了许多："那一天我不认真完成作业，受到了A老师的严厉批评，老师对我的批评是对的，所以我以后就都认真写作业"，"我参加朗诵比赛，老师一直悉心地教导我读准字音，有感情地朗读，我一遍遍地读，可总是读错，老师耐心地纠正我的错误，并且示范给我听，虽然那次我没有发挥好，但老师的鼓励让我很感动"，"在一次阅读课上老师给我们讲他上大学时的一些故事，读他写的诗，让我们受益匪浅"，"有一次我下晚自习在回家的路上遇到A老师，我用家乡话和老师交流，老师听不懂，还虚心地请教了这句话的意思"，"有一次我写了一首诗，请老师帮我鉴赏，老师很认真地阅读了我的诗，不仅用笔勾出了我的错误，还给我写下了很长一段评语"，"有一次我上课走神了，在玩笔，A老师走到我跟前拍了我一下，婉转地提醒了我，在接下来的语文课中我从来也没有走过神儿"，"老师组织我们开了一次有关月亮的知识竞赛，还穿插了一些娱乐性的题目，老师也参与了，和我们一起做题，大家都异常开心，简直太有趣啦"，"老师常常去我们宿舍，给我们讲故事，谈课文，与我们讨论问题，互相交换意见，引来许多同学提问"，"A老师批阅作业十分仔细，不会放过任何一个小细节，我比较马虎，A老师曾经因为这个批评过我两回。他对我们的生活也很关心，会去我们宿舍询问生活情况"，"一次老师给我们讲了一篇新课文，并让我们写一写学完的感受，老师专门买了一个大的硬皮本，把我们写的感受（写在便贴纸上）贴在本子上，说要永远珍存起来"，"上课铃响了时，班里面还在说话。老师很生气，叫了几个人出去警告，从此我们不敢在上课时说话了"，"拔河比赛的时候老师使劲为我们加油，把嗓子都喊哑了"，"A老师说跳绳比赛得第一就给我们买吃的，我们得了第二，没想到晚自习的时候老师还是给我们一人一根阿尔卑斯"，"军训期间，我们在楼下训练，突然有一名同学昏倒在地，A老师二话不说，背起他就往医院跑"……一个其他班的学生还跑过来告诉我"有一次我和 A 老师班上的一名学生发生了冲突，我把那个学生给打了，A 老师用很长时间和我交谈，给我讲道理，这要是换成我的班主任，我就完了"，说完就跑开了。学生们还根据 A 老师名字中的一个字，亲切地称他为"我们的幸运石"，还掷地有声地说"不得不承认，A 老师的教学质量绝对有保障"，"是我的偶像"。在谈到建议和意见的时候，有学生说，"'严师出高徒'这是 A 老师给我们说的，但是在严中也要有些柔"。也有学生说"希望张老师再严厉一些，让某些同学在上课时能够专心听讲，不说话，不睡觉"，还有一个学生提出这样的意见："A 老师，我觉得你批评学生时应该先了解情况再说"，他说"有一次上课我在书上查作者资料，您以为我分心了，批评了我，这件事情令我郁闷了很久"。在和学生们的交流中可以看出，不同学生的要求、意见、建议各有不同，甚至还会出现完全矛盾的内容。每个学生都是一个特殊的个体，如何使班级中每个学生都得到一定的发展，达到他们的最近发展区，这也是初任教师面临的一个重要问题。

3. 家长

在和家长的交流中，提及对 A 老师的最初印象，家长谈到了"有责任心、有热情、朴实"。其实刚开学的时候，不少家长有"感觉很年轻，能否带好这个班，心里觉得不踏实"这样一种真实的担忧之情，而随着时间的推移，工作的展开，家长的疑虑慢慢地消解了。"A 老师对工作很认真，对每一位孩子都很负责任。记得我孩子刚入学那会，很难适应学校的环境和较小学相比繁重的学习任务，经常无缘无故地发脾气，我很苦恼，也束手无策，在和 A 老师交流后，A 老师给了孩子不少鼓励和指导，如今孩子已经适应了初中生活"，"开家长会的时候，A 老师说过这么一句话：我迫切地想看看我的孩子是什么样子，就急忙去了宿舍，挨个看望。就这么一句话，让我的心落地了，孩子交给这样的老师，我放心。即使孩子不能成才也一定会成人，因为他首先做的是给孩子们一颗爱心"，"A 老师很爱自己班的每一位同学，对孩子的情况都非常清楚。我的孩子属于中等状态，不是很出众，但是在家长会后的交谈中，A 老师对她的优缺点说得很到位，而且有具体的事情来说明，这让我感觉到 A 老师确实对孩子很负责任"，"孩子住校，周末回来常常会说到 A 老师利用课余时间去宿舍看他们，嘘寒问暖，还给孩子们讲述怎样适应生活,学会自立自强,让我感觉到他真的把孩子们当成家人了","A 老师对整个班的孩子充满了信心,就像在家长会上说的,他觉得这个班的孩子们都很优秀,对孩子和家长们来说,这就是最好的老师"……在和家长的交流中可以看出,家长们对 A 老师的认同度还是很高的,这也和 A 老师付出的心血是分不开的。从家长们反馈的情况也可以印证 A 老师所说的,班务工作实际上占据了他初任第一年的很大比例的时间,因此,对于备课、课后反思,课外的专业书籍的阅读,有时候的确存在时间保障的问题。

四 探寻:成长背后的思考

(一) A 老师的专业成长状态分析

从 A 老师的专业结构进行分析,A 老师有一定的专业意识。语文教师是他向往的职业,因此,他的专业认同意识是比较强的,这给其专业成长带来了不少内在的动力。在专业发展意识上,A 老师有自己的近期目标,即"成为一名学生喜欢的语文教师"。但在具体规划上是比较感性的,没有非常明确的可以依托的规划形式,比较随性。虽然也有要进行反思的意识,在讲课过程中也发现了自己存在的一些问题,但是没有养成系统的记录和分析的习惯。这样,很多鲜活的教学案例中的具体问题不能得到有效的归纳和总结,经验的获得多,然而从经验到理论的分析不够,成长的速度和有效性会受到一定的影响和制约。A 老师对目前课程改革所提倡的教育理念还是有一定认识的,但在实际操作中传递出来的教育理念却与理想的理念有出入。这一方面是由于信奉理念与使用理念存在着不一致性,还有很大一方面在于,由于实践性知识的不足和教学生成能力的缺乏,使初任教师在教学中遇见实际问题的时候,不能较为迅速地做出判断,所以在遇见学生思考不到位或者理解有偏差的时候,就会急于把已经准备的教学内容直接呈现给学生。A 老师的语文本体性知识相对比较扎实,爱好阅读和写作,有积累语文知识的习惯,这些给学生们留下了很深的印象,是学生从内心服气的主要原因之一。A 老师的通识性知识的丰富程度在教学中展现的并不明显,在交流中发现他的知识视野其实还是比较广阔的，不过更多的是对本体性知识的拓展和深入。A老师在职前学习中掌握了一些条件性知识，但用他自己的话来说就是"略知一二而已"。A老师的教育研究能力是比较缺乏的，在教学中遇见一些值得研究的教育问题，如何展开研究，A老师不是很明确，在交往中A老师谈到所带班级学生中的几个单亲家庭的孩子的教育问题和语文学习问题，可以说找到了一些研究点，但是如何深入探讨，跟踪研究，需要一定的指导和帮助才行。而从A老师所写的有关教育教学的研究文章来看，个人的感性认识真实，经验总结的成分很浓，作为学术文章的状态明显不足。

在入职第一年的成长中，A老师已经逐渐适应了作为一名初中语文教师的职业生活。其专业认同意识在入职初期有一定的波动，曾经对自己的职业发生过动摇和怀疑，但是，这个经历过程不算漫长，在两个多月的逐渐适应中，A老师已经调整了自己的状态。到了寒假过后的第一节课，A老师坦言"憋了20多天了，又上课了，我是越讲越来劲"，由此可以看出，A老师经过波动后对语文教师职业再次认同，且认同度较以往更深入了。在以后的交往中可以看出，随后所遭遇的工作的琐碎、忙碌、繁复，并没有使A老师出现入职初期的那种职业怀疑，这也是与其教学能力得到的认同、自我效能的提升分不开的。一年中，A老师的专业发展意识的成长速度没有显著的提升，仍然处于最初的模糊状态之下，没有较为系统的成长规划，其专业理想的明晰程度还不够，成长的自我方向感不明确。一年中，A老师在教学实践中获得了一些语文教学的实践性知识，教学能力有很大的提升，也在教学中做了一些有益的探索和尝试，通过这些可以看出A老师对语文教育教学的理解在不断深入。在A老师的使用理念中，教师本位的思想还有一定的位置，通过交谈和课堂观察发现，其实A老师在理论层面还是很认同语文教学中的引导、点拨、感悟的，但在实际操作中体现出来的却并不明显，如何使信奉理念转变为实际的使用理念，怎样内化语文教师的教育理念也是一个值得探究的问题。

（二）A老师的专业成长带来的启示

1. 初任阶段，让理性规划为专业成长奠基

教师职业对初任阶段教师的要求和对有经验的教师的要求是一样

一般进入教师岗位以后，学校所分派的任务和所提出的要求不会因为教师处于初任阶段而降低。从公众的角度看，这是不无道理的，因为学生的成长是不能延宕的，学生不能在教师的试误中度过其成长期，所以教师在初任阶段的压力高于其他职业在初任阶段的压力。而语文学科独有的工具性与人文性相结合的特点使语文教学要求更为多元。作为母语教学，目前学生、家长的重视程度普遍不高，很多人认为，语文嘛，好歹也是常说常用的，有什么难的，可是语文这样一门需要积累和沉淀的学科，真正想学好又不是那么容易。因此，初任语文教师承担的压力较其他学科的初任教师承担的压力要大一些。初任语文教师进入职场的第一年，往往会因为处于适应期而觉得头绪繁多应接不暇，由于处于生存初期的教师更多地关注于自己是否能够胜任工作，因此在遇见问题的时候容易出现对自己职业认同的质疑，而在教育教学中遇见实际问题的时候也更多地倾向于思考如何应对解决，很少对自己的专业成长进行一个比较体系化的规划。他们往往有发展意识而不注重具体规划，这样就使他们把许多值得抓住的"成长关键点"忽略掉了。在初任阶段理性地规划自己的专业成长，可以避免初任教师在成长初期的消极效应，使其保持较为清醒的专业自觉，认清成长目标和方向，为专业成长迈好第一步。

2. 初任阶段，班主任工作可否延缓

由于语文课一直都是基础教育中的"主课"，所以语文教师一般在同一个班所带的语文课的课时数量要多一些，加上每日的早读和辅导，此外有的学校还会增设阅读、写字这样的与语文紧密相关的课程，语文教师更有时间和机会与学生打交道，因此语文教师担任班主任工作是非常普遍的。许多初任语文教师一走上工作岗位，就开始同时承担教学工作和班主任工作。我们不能一概而论这样的安排是否合适，因为承担班主任工作也是对初任教师的一种锻炼和挑战。从A老师的入职第一年的工作经历来说，他通过不断地调整和摸索，在班务工作和教学工作上都有一定程度的长进，取得了一些成绩。但冷静地分析思考，可以看出，繁杂的班务工作对A老师的语文教学工作还是有一定的影响的。校方在初任教师入职期，在条件允许的情况下，可以适当延缓其班主任工作任务，让他们有更多的时间来打磨语文课，把课上好。初任教师在走进班

级从事教学的过程中，就是在实践中了解学生，熟悉学生，为带班积累经验。此外，观察学习以及和班主任的配合使他们对带班工作有一个较为深切的体会和认识，可以告诉他们此为一段延缓期，或者安排他们做副班主任，协助班主任进行班级管理，引导他们有意识地去观察和学习，为自己带班积累实践经验。

3. 初任阶段，成长发生在整体学校氛围之中

初任教师的专业成长是在任教学校的整体氛围中展开的。A 校非常关注初任教师的培养，从入职后针对性很强的一周培训，到每学期安排的初任教师的汇报课。此外，该校的校长和主任还经常下班听课，有事先通知的听课，如每周四是校长主任下班听课时间，但不会具体指明会听哪位教师的课。还有随机的五分钟听课，即在上课期间校长、主任在教学楼巡回的时候走到哪个班门口，就会随机地停下来在教室外听上五分钟的课。这种关注使初任教师从心理上有一种紧张和压力，当然同时也是一种动力。此外，学校给初任教师指派了指导教师，规定了师傅和徒弟之间要互相听课，较为明确地规定了师傅的责任和义务。在第二学期，校长还提出了"每周一课活动"，要求每个年级组每个周共同研讨一节课，还和外校的教师组织了一周的交流活动。在 A 校听课时，我发现在预备铃敲响之后，教师们都已经在教室里开始讲课了，尤其是早上和下午的第一节课，教师们去得更早，由于第一节课上课前的预备铃和正式铃间隔十分钟，因此往往正式上课铃声响起的时候，教师们已经讲了好几分钟了。在交流的时候，A 老师说学校并没有这样要求，但是教师们都很自觉和主动。理性地说，这种占用学生课前预备时间上课的做法是值得斟酌的，不过学校教师的这种工作状态的确给初任教师传递了一种较为积极的信息。此外，A 学校的环境构建也很有特色，如彰显学校特色的标语牌、对联、书画展、校园板报以及宣传栏都营造了富于活力的校园文化。可以说，学校的整体氛围在潜移默化中影响着初任教师的专业成长，构建学校这一学习共同体有利于初任语文教师的专业成长。

4. 初任阶段，一个值得高校学科教学论老师关注的成长点

A 老师入职第一年的成长过程中，他和大学里承担语文学科教学论方向课程的教师保持着比较密切的联系。在他的实际工作中遇见迷茫和

困惑的时候，在他取得了一定的成绩的时候，他都会和大学老师联系，老师会提出相关的意见建议，这些都对他有一些帮助。作为一名新入职的教师，在实际工作中会遇见一些困惑，不是学校的指导教师能够关注得到的。比如在人际交往中的困惑，对职业定位的犹疑等。由于一种自然而然的自我保护意识，初任教师有时候也不会在指导教师面前表露自己对职业的犹疑以及教学中的不足等。高校担任学科教学论课程的教师和初任教师不是同事，不会给初任教师带来工作上的压力和不安，他们对学生曾经的情况也较为熟悉，又对语文教育教学有一定的理论研究，因此便于结合学生情况进行疏导，给予初任教师一定的帮助，是有利于初任语文教师有效成长的。此外，对于学科教学论教师来说，关注师范生初入职面临的困惑和问题，会使学科教学论教师主动思考职前培养存在的问题和不足，不断改进教学内容和教学方法，使职前培养更具有针对性。这无疑是一种双赢的沟通和交往。

第三章

初中初任语文教师教育叙事二：B老师

一 素描：关于B老师和B学校

B老师是毕业于一所师范类本科院校汉语言文学专业的学生。她出生于一个教师之家，父母和姨妈都是教师，家庭的教师氛围熏陶了她，做教师成了她从小的职业梦想。尤其是中学时有一次老师让同学们上讲台去练习讲课，学做"小老师"，小小的她毫不怯场主动请缨，老师当时的评价是"真是个当老师的料子，你今后如果不当老师就太可惜了"，这次经历更坚定了她要成为一名教师的梦想。于是在大学毕业后，几经波折，她参加了招教考试，成为了一名初中语文教师。

B学校是一所具有革命历史传统的老学校，属于省市两级的重点学校。处在市区的校园并不宽阔，但整齐有序。初中部楼、高中部楼和行政办公楼环绕着操场而建。B老师的办公室在初中部楼的二层靠楼梯处，办公室也不大，八张办公桌两两相对放置在办公室的中间，椅子靠墙而放，墙和椅子之间的距离仅仅够一个体态不胖的人通过。最靠里面的桌子，就是她的办公桌，桌子上并排摆放着学生的作文本、练习册。城内学校的寸土寸金略见一斑。

二 回望：第一年，走得有点艰难

（一）招教入职

故事一 为了一个心愿，我坚持

我是2009年毕业于一所本科院校汉语言文学专业的师范生，

在毕业前我也跑过许多场招聘会，想留在西安做一名语文教师。可是参加了不少学校的初试、复试，就是没有找到合适的工作，为此我着急过、也郁闷过。一直到了毕业，我仍然没有如愿以偿。可是已经毕业了，总不能闲在家里吧！于是毕业后不久我找了一所大学的二级学院做了一名临聘辅导员，从事着繁杂的学生管理工作，日子就这样一天一天度过，可是我总觉得不是个滋味，我觉得这不是我想要的工作。我到底想干什么？我还是想做一名语文教师。

毕业前我跑了不少招聘会，却没有找到合适的教师岗位。现在毕业已经将近半年了，我再次梳理思路：是继续去跑招聘会呢还是？我要找一个有编制的正式的语文教师岗位，那么，我应该参加招教考试。

就这样，我开始准备招教考试。在接下来的日子里，我一边继续做着辅导员工作，一边找来了全套的中学语文教材和招教考试的复习资料，开始在工作的空闲时间看看书，熟悉熟悉中学语文课文。到了4月份，B区的招教考试报名开始了，我赶紧报了名，同时抓紧复习。笔试的试题综合性很强，包括了公共基础和教育教学内容的考核，做下来自我感觉比较一般，心里觉得很不踏实。一周以后，我得到通过笔试的消息。我居然通过了，心里泛起一些兴奋，不过，随之而来的更多的是紧张。我知道，笔试仅仅是初试，而复试的成败与否则是决定性的。复试的时间是在一周后，我被通知的复试试讲范围是高一《语文》（必修2），同时我也得知进入复试的有40多人，最终要选的是6人。也就是说在至少要在7个人中选择一个，竞争压力比高考还要大！我明白这次面试对我的重要性，成功与否决定着我是不是能够实现梦想，成为一名教师，站在我心心念念的那方三尺讲台上。我已经毕业将近十个月了，而这个区又是我最想去的，要是这次失败了，还要再等一年多。不行，必须成功，我暗暗对自己说。一个周时间，一册语文书，就是不睡觉，我也要把它准备充分。于是，我开始按照教材顺序备课，每一篇文章，每一个课时都不落下，做到对课文内容滚瓜烂熟，这样到时候不管抽到哪一篇课文我就都不陌生了。备好课后，我找了一位资深的语文教师请教。课备得怎么样，讲课应该注意什么，老师都给我做了详细的评析和指点，这下我心里踏实多了。

终于到了复试的时候，我抽到的讲课内容是《雷雨》的第二课时，准备时间40分钟，讲课时间20分钟，没有学生，讲给评委老师们。准备时间很短暂，好在这一册书中所有的课文我都已经提前准备过了，所以时间并不显得紧张。第二课时，重点应该是分析人物性格、作品主题。人物就以周朴园、繁漪和鲁侍萍为主进行分析。按照这个思路，我开始准备教案。等到我讲课了，面对评委老师，说不紧张是假的，但是讲课内容却是我心里熟悉的，先分析人物形象，由形象到主题推进。我按照这个思路开始讲课，结合课文的情节走进人物。时间过得真快，当我被提醒还有一分钟的时候，人物分析都还没有讲完呢，只讲了两个，主题根本就没有时间讲了。我有点慌，怎么办，肯定不能再讲了，要总结收尾了。于是我只有说，"这节课我们结合故事情节分析了周朴园和繁漪的人物形象，此外，剧中还有的人物形象请大家下去参照我们的分析方法自己进行分析，并结合人物形象思考剧本的主题，下节课我们进行讨论。"就这样结束了决定我的命运的20分钟讲课。讲完课后我的心情很不好，为什么在内容熟悉的情况下我的时间把握这么不准呢？开始时切入得慢了，讲得有些多，有时候结合课文做了发散，有的内容是选文中没有的，我为了让学生深入理解就做了一些介绍，就用了过多的时间，哎，这下估计没戏了！不知道其他人讲得怎么样？在随后的几天时间里，心中很忐忑，明知道自我感觉并不是很好，但是还是会想，会不会选上呢？就这样，一边自责着一边等待着。三天后，我接到了招教考试过关的通知。幸福来得有点突然，我有惊喜也有些不自信，怎么可能是我？人哪还真是奇怪，明明是自己希望的结果，却如此不相信是真的。我通过了招教考试，能够成为一名语文教师了，真好。

B老师的求职路上有一定的时间延宕，从毕业到真正走上初中语文教师工作岗位期间经过了将近一年的时间。毕业前B老师的求职意向是比较鲜明的："留在西安，做一名教师"，可是求职的经历却并不顺利，经过了多次的应聘考核却始终没有如愿。其实这不是B老师一个人在毕业求职中遇见的问题，而是一个普遍现象。所以很多毕业生都有着"毕业就等于失业"的感叹，常常是穿梭于各种招聘会现场却屡遭打击，大家会戏称自己为"面霸"。更何况 B 老师把求职范围限定在西安市区内，不去较偏远的地方，这样可供选择的学校就比较少了。目前公办中学没有独立自主的用人权，所以"逢进必考"，必须要经过统一的招教考试才有可能成为"有编制"的教师。而民办类中学往往不愿意聘任没有多少工作经验的应届大学毕业生，他们在招聘教师的时候更倾向于招聘那些有过几年工作经验的，并且在所在学校做出一定的成绩的教师，认为这样的教师上手快。因此，B 教师在求职过程中所遇见的困难就不言而喻了。

在求职遭遇挫败以后，B 老师通过熟人的介绍成为了一所大学的二级学院的临聘辅导员。这份工作在 B 老师看来是不稳定的，受父母家人的影响，"正式的工作"是 B 老师求职过程中很看重的一个标准，而且，不能讲课只能管理学生的辅导员工作是 B 老师所不愿接受的，于是，B 老师开始准备招教考试。应该说，B 老师对于做语文教师是有着很强的内在认同意识的，所以她才会不满足于现状，而参加招教正好也能够符合其职业意愿中的"正式的工作岗位"的要求。加之 B 区的整体学校情况是很不错的，所以 B 老师对这次招教考试非常看重。她从笔试内容的复习到复试讲课内容的准备，都是比较有针对性的。尤其是 B 老师在参加初试之前就开始熟悉中学的语文教材，对初中高中的文章做了整体了解，这有利于她对学生在中学阶段语文学习的层递性有一个直接的感知。顺利通过初试给 B 老师带来了很大的自信，而在准备复试的试讲环节中，B 老师的准备是比较充分的。她主要采用了两种办法：一是把要求范围内的所有课文进行教案设计，做到内容熟悉、心中有谱；一是寻求有经验的教师的指导。所以在复试试讲环节，抽到试讲内容的她比较镇静，能够在规定的四十分钟时间内很快厘清讲课思路，做好教案设计。真实地试讲和预设还是出现了一定的差距，B 老师在 20 分钟的试讲时间内安排了结合情节分析主要人物性格、探讨作品主题两个任务，可是实际操作中连第一个环节的预设都没有实施完，时间就不够了。由此可见 B 老师在教学设计的时候对实际教学时间的把握是不够的，而且她自己也说"有时候结合课文做了发散，有的内容是选文中没有的，我为了让学生深入理解就做了一些介绍，就用了过多的时间"。她会因为发散和引申延误了时间，可见在上课的时候完成教学目标的意识还有待加强。由此可见，由于缺少实际的教学经验，B 老师的实践性知识存在着一定的不足。不过 B 老师的处理方法还是比较机智的，讲授的收束还是比较自然的。因为在复试环节中所给的准备时间比较短，所以并不要求选手上交教案，那么作为考官的老师在听课时是不去核对其教学预设的。从 B 老师教学实施的情况来分析，应该说这 20 分钟的讲授还是比较完整而有针对性的。可以看作在本节课中，老师的主要教学目标就是结合情节分析周朴园、繁漪两个人物形象，并且指导学生学会这种分析人物的方法，并在课下进行其他人物分析的拓展练习。这样一来，教师在教学中的适当引申和发散倒是能够显示出教师对教学内容的熟悉程度和教学信息量的饱满程度了。所以 B 老师觉得"连第一个问题都没有讲完"，"这下没戏了"，而老师们却给出了与她不同的评判，肯定了她实际讲课时的教学状态。后来其中的一个评委老师，也就是和 B 老师同在一所学校的老师问她，"你以前教过学吗？复试的时候你讲课看起来很老练，不像是个新教师"。其实我们不难看出，在招教考试的复试试讲环节，负责考核的老师们还是比较看重讲课教师在教学过程中的整体状态的，如内容是否熟悉，讲析是否到位，教态是否自然，学生活动设置如何，至于课前预设与教学实际的相符程度，在这样的考核形式下考官们是没有办法有针对性地进行衡量的。

　　在 B 老师近一年的求职过程中，其专业认同意识是 B 老师不断坚持，不断努力的内在动力，而且这一动力在其入职后依然发挥着比较重要的作用。所以 B 老师坦言，"语文教师职业曾经是我的憧憬，而现在是我的事业，虽然我在这短短的教师生涯中有过迷茫、也经历过挫折，但是我依然会越走越执着"。她把教师不仅仅定位为职业，而是上升为"事业"的高度来看待。因此，在问及教育理想的话题时，B 老师脱口而出"自立门派，另立门户，千秋万载，一统江湖"，很有一种豪情，让人分明感受到，这个问题是她多次思考过的，而不是专门为了访谈现想出来的。这一教育理想传递出 B 老师对其职业生涯发展的规划是要形成自己的教育风格，成为语文教育教学名师的，而不仅仅是适应和胜任。言语中透露出来的 B 老师的语文教育的理想应该是不盲从不跟风，探索出自己的教学特色和教学风格。可以看出 B 老师对语文教学充满了激情，这种激情恰恰是获得成长的最好的心理品质。在问及"你准备如何去做"的时候，B 老师给出的是"怎样形成自己的教学风格？这也是我常常思考的问题。我想应该要多参加比赛，提高自己的应变能力"，由此可见，B 老师实现自己的教育理想的规划还没有形成体系，只是处于最初的摸索阶段。可以说，有理想，有思考，有一定的行动，B 老师是在向着自己的理想迈进着的。那么，保持这种满怀激情的状态，不断探索琢磨，同时能够得到有效的指点和帮助，会使她在前行路上行进的更顺利的。

（二）遭遇瓶颈

故事二　风波带给我的

我满怀欣喜地走上讲台，开始了我梦寐以求的语文教师生涯，没想到却接二连三地遇到了一些不顺心的事情，这些事情现在想起来依然让我心潮难平。

记得刚刚工作后不久的一天早上，同组的一位语文教师因为家中有事，请了一个周的假，学校临时安排我帮忙在她请假期间把她的两个班的语文课也带上。这样一来我当天一早上就要带四节课，每个班上一节，四个班四节相同的内容，我可是从来没有这样上过。因为我所带的两个班没有一早上上四节连堂的，最多是早上两节下午两节。我之所以这么说是因为我后来觉得，这件事情的发生和发展与这样的上课状态还是很有关系的。到了早上最后一节课，在我所带的两个班中的那个普通班上（我所带的两个班一个是重点班一个是普通班）。讲课的过程中我发现坐在教室后面角落里的一名男生一直低着头，就提了一个很简单的问题，请他起来回答。他磨磨蹭蹭地站起来，半天回答不上来。我就急了，说"你怎么听课的，忙什么呢，这么简单的问题都不会？"。没想到他狠狠地瞪了我一眼，嘴里不知道嘟囔了一句什么，惹得周围的人都哄笑起来，然后他就斜站在那里得意地望着我。我不知怎么就觉得特别委屈，不知道说什么好，眼泪不自觉地就流下来了。有的女生看见我站在讲台前流眼泪，也就跟着抹起了眼泪，可是那个男生根本没有觉得自己错了,还是依然笑着站在那里。我实在不知道该怎么办了,就走出教室,回到和教室一墙之隔的办公室,趴在办公桌上继续流眼泪。这时候,他们班的班主任看见了,走到我跟前看了看,问我怎么了,我也不知道怎么说,就摇摇头没有回答。于是班主任走出去到了教室,这时候我听见教室里的嘈杂声一下子没有了。但是我的心情却没有因此而好转,我就这样坐到了下课。下课后班主任告诉我,她叫了那位学生的家长下午到学校来一趟,并且劝我不要难过。下午到校的时候,那个学生和他的妈妈已经在办公室门口等着了,班主任也来了。班主任告诉了他妈妈早上的情况,说孩子上课不守纪律,不好好听课还影响班级的整体教学秩序,让孩子向我道歉并做出保证。那个男孩随后向我承认了错误,班主任又对他进行了一番说服教育,然后才让他回到教室。下午我的情绪也平复了许多,我明白课还是要去上的,所以也就接受了班主任的这种处理。不过,说实在的,在心里我还不是很能想得通,其实我是为他好,可是他却如此不领情。

更大的一次波折是在第一次期中考试后,我所带的两个班的语文成绩期中考试成绩排名最差,于是家长们就向班主任提出了要更换语文老师。这件事情我是从学生的周记里得知的。因为我要求学生每周写一篇周记,每周一交上来,目的就是要让学生养成勤于练笔的习惯。一般情况下,周记的具体内容我是不做限定的,只要动笔,写自己感兴趣的事情就行。期中考试成绩出来后的那个周末,各班都开了家长会,因为我不是班主任,所以这件事当时我并不知道。周一批阅学生的周记时,我发现好几个学生写到她们不希望换语文老师,她们觉得我挺可亲的。我看到第一篇这样内容的周记时感觉头都蒙了,半天没有回过神儿来。再往下看,弄明白了大概的情况,原来是不少家长觉得期中考试语文成绩太差的主要原因是因为我是一个新老师,没有教学经验,影响了孩子们的语文成绩,所以告诉班主任她们希望能够找学校要求换一个有经验的语文老师。这就是我心心念念要的工作?这半学期以来我也没有少下功夫,就换来这样的结果?难道我不适合做语文教师?我还要不要当老师?我不是一个能够沉得住气的人,我直接就去找班主任老师了,但是找到她后我却又不知道怎么说。我记得我当时说的第一句话是"我怎么这么失败啊",说完就没话了,有点想哭,但是我忍住了。班主任老师脾气挺好的,她笑了笑对我说,"别往心里去,慢慢就好了,家长嘛就是注重成绩,你刚开始教,要有一个适应的过程。没关系,我会给他们做工作的。其实你不知道,家长总觉得换一个老师就行,往往不从自己的孩子身上找问题,他们对谁能满意?说不定他们连班主任都想换呢,只不过不能当着我的面说罢了"。后来办公室的其他老师也知道了这件事情,他们都劝我别往心里去,还有的老师说"有不少新来的老师刚开始都连垫三年底呢,教学就是一个随着时间的增长,提高能力的过程,这都是正常的,不要理会家长的那些说法"。在大家的开解下,我的情绪好了很多。

在心底,我问自己,"我一直很尽心很努力,为什么就这样不落好,到底哪里出现了问题"。我就不信这个邪,我相信我不是最差的。思来想去,我发现,其实是我教学思路的问题。上学的时候老师常常说语文教育要注重学生的人格培养,要注重熏陶感染。我是这样来教的,可是现实的情况却是成绩至关重要。家长评价一个老师教得好不好,看的是孩子的语文成绩怎么样,说得再多成绩不好一样不被认可,那些人格啊,情感啊,都是比较虚的,落实在试卷中是无法考核的,所以要注重学生的语文学习成绩。而我在以前完全没有这个意识,什么是考试,如何注重考试点,我基本上是没有概念的,所以学生成绩不理想也就在意料之中了。弄清楚了这个问题,我开始思考如何提高学生的语文成绩。憋着一口气,我开始尝试着改变。我找来了以往的初一考试题仔细分析,发现语文考试题更注重实效性,如字词的读音、书写、成语的运用、文章的识记,这些内容其实以前我都讲,但是我更注重引导学生分析文章,以后我要在语文基础知识部分多下功夫。于是我加强了学生基础知识的练习强度,对语文练习册抓得更紧了,力争做到让学生及时掌握每一课,及时巩固,定期考核。当然,我还注意学生语文学习兴趣的培养,因为学生喜欢、有兴趣,就会主动下功夫,所以我注重语文的综合性学习活动,把一些语文知识的巩固放到活动中去完成,效果就好很多。

慢慢地我觉得自己找到了上语文课的另一种感觉，很实在很踏实，学生的语文成绩也不断提高。到现在我所带的两个班的学生的语文成绩在全年级分列第一、第二，家长们再也不说要换老师了。我又找到了做一名语文老师的骄傲与自信。

B 老师在入职的前两个多月应该说是遭遇到了她预想之外的巨大波折。

首先是在课堂教学中的管理学生问题引发的风波。B 老师在课堂中发现学生分心，她希望通过叫这名学生回答问题的方法来提醒学生，发挥提问的管理功能，从本意上来这说是好的。在学生回答不上来的时候，她没有控制自己的情绪，而是对学生进行了批评和指责，不巧的是这名学生并不服气，所以就和她发生了冲突，使提问管理的策略并没有起到良好的管理作用，没有达到老师预期的效果。这时候，B 老师觉得"委屈"，她没有思考应对策略，而是站在讲台前哭了。此时她注意到了学生的反映，"有女生在抹眼泪"，在 B 老师看来这是对她的理解和支持，可是与她发生矛盾的男生的态度却没有改变，于是 B 老师在课堂教学进行了一半的时候就离开了教室。离场事件并没有使班级安静下来，直到班主任进入教室，教室才恢复了安静状态。事件最终处理也依赖于班主任的协助：请来学生家长共同教育学生，让学生认错，到班里强调语文课的纪律。其实课堂教学本来就是需要组织和管理并行的，不是教师备好了课，教学就会和预想一致。由于班级中不同学生的兴趣、爱好、特点不同，学生已有的学习基础和学习习惯也不同，在上课时学生的听课状态是有差别的。如何组织管理好课堂，需要教师有一定的实践知识，并且不断生成其教学组织管理能力。可以看到，通过提问的方式引起学生的注意，阻止其分心不是一个最好的方法。因为学生已经分心了，不会回答问题也就在情理之中了。记得曾经有一名学生说，"我最不喜欢的是老师明明知道我没有听讲，还要叫我起来回答问题，然后用得意的眼神望着我，好像在说，怎么样，你不会吧"。学生往往会认为老师的这种做法是故意让自己难堪，在同学们面前出丑，所以是比较逆反的。不过，这种处理方法的使用目前还是比较常见的，使用这一方法的老师往往不是从学生的角度去思考，而是从提问的管理功能入手。

这种方法倒是可以使学生知道老师其实注意到他分心了，不能说完全没有效果。但是，当学生无法回答的时候，需要老师告知或者善意的提醒。B老师的做法中指责和批评的意味更浓一些，不巧的是这名男生又不服批评，于是发生了冲突。在冲突发生后，B老师没有有效控制情绪，于是出现了流泪、离场的一系列事件，导致课堂教学完全停滞。这种处理是不理智的，其效果也是不好的。B老师在叙述的过程中有一个隐含归因，就是当天早上由于在四个班连上了四节相同的课，所以已经很疲惫了，因此在进行教学管理的时候"脾气"就会比较大，这也是一个客观的理由。但是这种归因并没有找出问题的本质所在，其关键点在于入职初期，B老师的实践性知识的不足和在教学中应对偶发事件的能力的不足。在事件处理后，B老师"还不是很能想得通，其实我是为他好，可是他却如此不领情"的思想，也说明了在B老师的教学观里存在一些值得思考的问题，她的委屈源自她觉得她是为了学生，可是如何才是真正起到良好效果的"为了学生"呢，这个问题是B老师在思考过程中没有关注到的。

其次是在期中考试后因为学生的语文成绩情况而遭遇到的家长的质疑。整个事情的始末，B老师都没有和家长有任何直接的交往，因此虽然冲突是由家长引起的，B老师面对的更多的却是对自己的质疑和思考。可以看到，B老师在此事件中经过了一系列心理活动的变化，从"发蒙，不能相信"到"自我质疑"到"找班主任时的忍住不哭"到"在同事们的开解下得到情绪的缓和"再到"寻找应对策略"到"具体实施"到"重新找回自信"，事件的整个过程里，B老师显得比处理第一次风波时要成熟很多，也显示出了她不遮不掩的坦率性格和不服输的个性。B老师通过思考发现：自己的教育教学观是比较理想的，没有抓住"语文成绩"这个关键，而且自己以前也真的不知道如何来提升学生的成绩。经过对此次事件的思考，B老师的语文教育教学观发生了巨大的变化，从重视语文的人文性转向了重视语文的工具性。其实结合现代教育教学理论分析，语文教学应该是工具性和人文性并重的，所以这一转型过程中还存在着一些值得注意的问题。可喜的是，B老师看到了语文学习中非智力因素的重要性，因此在强调语文的工具性的时候，她注重了学生语文学习兴趣的培养，这非常好。B老师的努力得到了期望的效果，学生的语文成绩提高了，家长认同了，自己获得了自信。很多人说，由于有考试这个指挥棒在起着强大的引导作用，所以要讲素质教育只能是一句空话。素质教育真的和考试就格格不入吗？提升了学生的语文素养就一定不可以提升学生的语文成绩吗？B老师的这个经历和转型应该是值得我们去思考的。

  在这两件事情之中，我们还看到了班主任以及同事们给予B老师的帮助，这也是值得思考和分析的。在B老师的第一次离场风波中，班主任承担了后续的问题处理，通过请家长、教育学生、管理班集体的方法解决了事件。而在家长会上家长要求更换语文老师的事件中，班主任老师并没有向B老师反映，而是努力做好家长的思想工作。在B老师主动询问以后，班主任老师首先表示对B老师的理解，予以安慰，还从自己的角度出发进行引导。应该说，班主任对初任语文教师所做的首先是理解和帮助，这在一定程度上会使她感到踏实，其次班主任也针对问题进行了一定的处理，使B老师顺利渡过了难关。不过冷静分析一下，这位班主任的做法在解决了B老师面临的问题的表象后，并没有给予B老师具有针对性的指导。在离场风波后，班主任动用自己的权威请来了家长，向家长反映孩子的情况，并要求学生向B老师道歉，然后约束班级学生要注意纪律，取得了一定的效果。但是学生到底是怎么想的，心里到底服不服气，请家长在这件事情上到底对学生有什么样的影响，却被疏忽了。同时疏忽的还有一个比较重要的问题，就是出现在科任教师课堂教学过程中的冲突事件，怎样解决才算是巧妙？其实班主任老师如果能够以一个协助者的身份来指导B老师处理这件事情，也许收到的效果会更好一些，对初任教师的锻炼也就更多一些。在要求更换老师的风波中，班主任采取了先不告知语文教师而是做家长工作的策略，应该说是比较好的，避免了给B老师带来过多的压力，其实事后还是应该和B老师进行沟通，指导B老师如何更好地进行教学。在劝慰B老师的时候，理解多于帮助。理解并且劝慰是对的，如果能够引领她分析，针对问题探寻解决方法，就更好了。而全部把不满归咎于家长的不知足，是不妥当的。再看看同事们的劝慰话语：这是正常的，是每个初任教师都会遇见的，随着时间的推移就会解决，不要理会家长的话语。其实这里面除了表示理解以外，并没有给出任何有效的应对策略。所以，在两次风波之中，外在的帮助起到的更多的作用是同情和理解，如何针对关键事件进行成长的问题，更多地是有赖于B老师本人的琢磨和思考。

三 行程：第二年，且行且思

经历了一年的历练，B老师已经适应了语文教师的工作，讲课也显得老练多了，所以在入职的第二年里，她在行进，她在思考。

（一）我的语文课

故事三 我的语文课，我的妙招一二三

为了使学生爱上语文课，在语文学习中有兴趣有收获，我下了不少功夫，在不同的课型中采取了不同的教学方法，别说还真有效呢。

学生一般都很喜欢上新课，因为新课中有不少他们没有学过的内容，有不少课文本身就很有故事性。当然了，有的文章学生会觉得理解起来有一定的困难。在新课的准备上，我觉得导课环节很重要。俗话说万事开头难，要是能在上课的一开始就提起学生的兴趣，激发他们的探索热情，那这课上起来可就容易多了，所以我常常会在导语上下功夫，调动学生的学习热情。根据课文内容我会采取很多办法，比如讲故事，做情境小活动，使用音乐或者影视片段，来引导学生走入文本。在初二下学期学校举办的"青年教师导语竞赛"中，我的《重塑生命》一课的导语设计还得了一等奖呢。此外，在教学中我会注意恰当使用多媒体，现在的学生本来就是生活在影视传媒互联网环境中的，对视听材料比较感兴趣，在新课中有意识地使用多媒体，会让他们觉得更容易理解和接受。比如我在讲《落日的幻觉》的时候，用了一组落日的照片，配上了比较舒缓的音乐，让学生去体会落日；在讲《马说》的时候，我给学生看了"伯乐相马"的动画视频，效果都很不错。有的时候我还会给学生讲讲我当年学这篇文章时的心理感受，这样比较着来学习他们会觉得很有意思，"原来老师当时是这样想的啊，我们是这样想的……"当然，语文课堂应该是以学生活动为主的，所以探讨和赏

析之类的内容我也会更多的让学生来参与。

　　知识的巩固需要一定的练习，学生练习后如何纠正错误巩固知识，需要练习课的总结。但是由于练习课往往会安排在下午两节课后的辅导时间，学生的听课状态不是很好，所以我就想了一些主意。记得有一次下午上课讲析练习册，天气热，学生们都提不起精神，我就用方言进行提问和点评，一道题一种方言来问，好在我的语言能力还不错，会说好些种方言，什么陕西话、四川话、湖南话、新疆话、山东话，那节课就全用上了。学生回答问题的积极性也提高了，笑着听着写着改着，一节课还过得很快。有的时候，我还会让学生来当小老师，把两个班的练习册互换，让学生根据讲析来批改，要求学生不仅要批阅对错，还要把具体分析做在旁边，并且写上批阅人的姓名，大家改完以后，我再收上来评评谁是"最负责任的小老师"。学生们觉得有意思，他们也可以用红笔批阅了，很是高兴。一样的练习课，不一样的心情不一样的收获，等到学生们拿回自己的练习册的时候，还会兴致勃勃地在一起比，看看谁遇见了好老师，哪个老师改得不细致。

　　新课程中的语文综合性学习是一个张扬学生的主体性、锻炼学生的探究意识和合作能力的课程，所以我常常会放手让学生自己去做，给学生提供一个活动的舞台。在《羚羊木雕》的学习中，我组织了"我该不该送羚羊木雕给万芳"的讨论，在学习《伟大的克隆》的时候，我组织了"克隆人能不能真正实现"的讨论，在"漫步古诗苑"里，我组织了"识记古诗词大赛"……通过活动锻炼大家的思维能力和语言表达能力，同学们都挺喜欢上的。

　　至于作文课，我的观点是要多练少讲。作文是一种体悟的过程，它不是老师讲出来的，更重要的是学生去练，所以我的作文量比较大，练笔本、小作文、大作文，让学生通过书写去感受去积累去体悟，长此下去，慢慢地他们的作文能力就会得到提高的。不过在作文课上，我目前还有不少疑惑，学生们的兴趣还是不够浓厚，普遍的作文水平也还不高，这也是我困惑的地方。

　　此外，我也常常会给学生推荐书籍、定期找时间放电影，拓展视野一定会对他们的语文学习有帮助的。《放牛班的春天》《肖申克的救赎》《死亡诗社》《天空之城》《龙猫》《陈果老师的情商课》《傲慢与偏见》《人间词话》，还有龙应台的作品，纳兰容若的词，还有很多，我都推荐给学生们，有时候我也会抽出一些辅导课的时间让学生们观看或者阅读……

B老师在语文教学中不断地探索有效的教学方法，从她的不同课型的教学尝试中可以看到，首先，B老师的专业认同意识是很强的，认同、喜欢是她不断思考和探索的内在动力，这促使她对自己的要求在不断提高。B老师说到自己在刚刚开始当老师的时候，上课最注重的是能不能完成课前备好的教学内容，只要按时完成就是不错的，而现在，总是要问自己"学生在我的课上学到了什么，他们有什么提高"，可见B老师的教学关注点在逐渐发生变化，从关注自己转向关注学生。在这期间，"学生是不是喜欢"也是B老师比较注重的。我们可以感受到B老师在教学上的"上心"，因为喜欢所以努力，用这句话来说B老师一点也不为过。其次，在专业理念上，B老师有自己对语文教学的理解，如调动学生的学习积极性，根据不同的课型采用不同的教学方法，拓展学生的视野等。正是源于对语文教学这样的理解，所以B老师才会在教学中去尝试、去努力，并且取得了一定的成绩。对于语文教学来说，同一个内容不同的教师都会有不同的讲课方式，怎么安排源于教师的教学观念和对教学内容的理解。就像B老师说的，她认为兴趣很重要，那么如何调动学生的学习兴趣呢？她常常采用重视导语设置，先声夺人的方法，还会结合学生的年龄特点引入视频材料来丰富课堂，练习课上发挥其语言天赋调节学习气氛。她认为作文教学重在动笔，所以她给学生安排布置的练笔就多而讲析就简略。再者，随着教学时间的推移，B老师的实践性知识和实际的教学能力也在不断地增加，应对课堂也显得比较自如了，B老师也说，"课堂上的学生管理肯定是有的，也会出现一些意料之外的突发事件，不过我再也不会无法应对了，我会想办法自己解决的"。由此可见，B老师在磨炼中成熟了不少。

在交谈中发现，B老师的专业知识上还有一些需要加强的地方，如在对语文综合性学习的认识上是比较模糊的。在她的理解中，结合课文所做的辩论也属于语文综合性学习的一部分。事实上，语文综合性学习作为一个单独的领域提出来,"主要体现为语文知识的综合运用、听说读写能力整体的发展、语文课程与其他课程的沟通、书本学习与实践活动的紧密结合"。① 在语文教材的编排中,综合性学习活动并不是阅读教学中的一部分,这是值得注意的。在推荐书籍方面,B 老师主要是依据自己的阅读经验挑出她认为值得阅读的内容,没有根据语文课程标准的建议循序渐进,没有系列性,比较随性。推荐的电影也存在这种现象,比如陈果老师的视频,实际上是复旦大学的老师给大学生上的思想政治课,视频上也显示为"大学生的生活导论",《放牛班的春天》则是 B 老师在大学期间的教育学课上所观看的一部影片,从内容上来说,前者是针对大学生的内容,而后者则更应该是一名教师应该从中汲取和思考的,中学生当然也可以看,但是他们到底能够感悟到多少,老师希望他们从中体悟什么,都是不够明晰的。在和学生交流中,有学生回忆说"有一天上课时,老师提早把课讲完了,老师就即兴给我们讲故事,让我们将灯全都关上,窗帘全都拉上制造气氛,给大家讲了一个她在网上看的恐怖小说《凶宅买卖》,讲到最后真有种身临其境、隐隐约约产生让人害怕的感觉"。可以看到,B 老师在语文教学过程中有热情、有想法、有尝试,这是非常值得肯定的,如果能够得到一些有效的指导和帮助,引导她结合学生的语文学习实际进行调整和安排,使学生循序渐进地去阅读,去拓展,并进行一定形式地督促和讨论,会使 B 老师在初任的成长过程中行进得更稳更好。

  B 老师初入职这两年,没有承担班主任工作,依照学校目前的教师配备来看,前三年 B 老师应该是不用承担班主任工作的。B 老师说,"一开始工作就以语文教学为重点而没有承担班主任的工作,对我来说是再好不过了。这样我就有充分的时间来研究语文课,想办法把语文课上精彩","我上课还是生手呢,再担任班主任那事儿就多了,哪里还有时间来研究课","你看看我们学校的班主任,一天到晚忙这忙那,跟打仗似的,刚坐定就有学生的问题要处理,作业批改都要挤时间,在学校根本没有时间备课"。在言语之中也表示出她的观点,作为初任教

---

① 教育部:《义务教育语文课程标准》(2011 年版),北京师范大学出版社 2012 年版,第 24 页。

师，不做班主任的她更能够有精力和时间来进行语文教学的思考和实践，她对学校的这种安排是很赞同的。

故事四 手术后的那些课

带初二时，刚开学不久，一天早上起来我发现脖子有些肿，就去医院看了看，结果医生说是有一个腮源性的囊肿，需要立即住院手术。立即，那怎么行？我有两个班的学生等着上课呢，不把他们安排好怎么行？于是我告诉医生要等几天，医生很不理解地说："哪有像你这样的姑娘，一点也不爱惜自己？"回到学校我看了看校历，正好马上是教师节了，接着就是中秋节，而后学生会出去军训一个周，这一下就有将近十天的空闲时间了，那就坚持到学生放假和军训吧，我做了决定。

手术倒是不大，但是伤口在脖子上，关键是不能大声说话，一说话就震得伤口发疼。手术后拆线需要好几天，可是学生们马上就要返校了，我有些着急，多次询问医生什么时候可以拆线，医生却铁面无情，说要一周，而且就算是拆线了也还需要休息至少一周，最重要的是不能多说话。我是语文老师啊，要是数学老师我可以多板书，让学生看运算过程，语文课不说话，只板书，不是开玩笑吗。没有办法，只有让同课头的老师帮忙带几节课，可是我那个心急呀！一个方面是过意不去，大家都挺忙的，一个人带四个班上语文课的滋味我又不是没有尝过，怎么好意思呢。还有一个方面是放心不下，其实同事挺帮忙的，教得也不错，但是学生们不熟悉老师，老师也不熟悉学生，那熟悉还不是需要一个过程呢。所以一拆完线第二天，我觉得差不多了，就急急忙忙跑到学校。班主任一看我去上课了，一边说我应该注意身体，一边帮我去叮咛学生们："老师还病着就赶来给大家上课了，大家要懂事，要体谅老师，为了自己的学习你上课也不应该说话，要是有想说话的同学你就直接离开教室，去我办公室"。

站上讲台的我，的确不能像以前一样大声讲课，只要张口说话，伤口就隐隐地疼，稍微一仰头，伤口就撕扯着疼。我只能低声讲，不能放开不能投入，但是有时候讲到张扬的地方就忘了，一伸手一仰头，疼痛就袭上来了。我都不知道自己当时到底是什么状态，反正学生们看到我这样来上课，全都不敢说话了。也不知道是班主任叮咛的作用还是真的懂事了，那些平常最捣乱最爱接话茬儿的学生也静悄悄的，听课比以前认真多了。说实话，我倒不需要管理纪律了，学生们的听课状态非常好。我虽然伤口疼着，觉得讲得也很辛苦，但心情却很好，讲得也很顺畅。这样的日子维持了两个周，疼痛随着时间的推移在减轻，心情也就越来越好了。应该说，那两个周的语文课，学生们学得最投入，不是一部分学生认真，而是全部都很认真。下课了还有不少学生走到我跟前，帮我去倒水，说让我赶快休息，很懂事。

我们常常说爱岗敬业，现在有许多规章制度约束着要求着人们去敬业，但是爱岗这种情感却不是要求和制约就可以实现的。爱是人内心的情感活动，它不受规则约束，没有必然的道理可言。B老师是发自内心的热爱着这个职业，才会在手术后急着赶去学校上课。因为她完全有理由休息一段时间，而且学校也想了办法找老师替她上这段时间的课，可是她没有这样做。她在手术前首先想到的是怎么安排学生，怎样尽可能不耽误工作，利用假期去做手术，刚刚拆完线就赶去上班。没有人催促她、要求她，是她的责任感在推动着她，是强烈的专业认同意识在召唤着她。而她的这种状态也感染着学生。其实这件事情我最先是在和学生的交流中得知的，在交流中谈到"能不能说说你印象最深的一节语文课"的时候，有学生说"老师做完手术的第二天就来给我们上课。声音还是沙哑的，那段时间我们上课十分认真"，还有学生说到，"有一段时间老师嗓门刚开刀，没办法大声说话，我们知道，这跟我们有关系，我们突然变得很听话，上课一句话也没说"，"老师嗓子不好做了手术，但嗓子还没有完全好就来上课，是边小声说边比画边在黑板上写给我们的"，这些不同学生的回答，并不是出现在集体访谈的形式中，而是个体一对一的交流。由此可见，不少学生深深地记得这一段时间的语文课，被老师的这种精神所感动着，而且有的学生把老师的生病归因于大家的不好，言下之意是想说，是因为他们上课表现得不够好让老师劳累了，才会病了，于是他们自责着。倒是没有人记得班主任当时是怎么要求的，他们不是因为被要求而认真的，而是主动地去安静认真地上课的，所以"课上得很顺利，很轻松，孩子们很懂事"。

故事五　记一次公开课

　　初二第二学期，学校举行青年教师展示课，在刚开学的教研组会上，组长通知我准备讲课，时间倒是很充足，正式讲课要在一个多月以后呢。不少老师在得知要讲公开课的时候，常常会选择一篇文章搁在那里，因为语文教材是文选型的，所以推迟上一篇文章或者提前讲一篇课文，好像影响都不太大。但是我这次讲课的时候不想刻意去挑选文章，准备按照原有的教学进度讲到哪个单元就准备哪个单元的课文，给自己一次挑战。我算了算，到时候我就该讲古文单元了，不是我所擅长的情感类型的文章，就在这个单元里挑一篇文章，那就讲"马说"吧。选定课文以后，我又选择了班级。因为我带的两个班是一个普通班一个重点班，相比而言，重点班的学生的语文基础和反应能力都会好一些，所以上公开课的时候带课的老师往往会选择重点班，普通班的学生总觉得自己不被看重，那我这次就选择在普通班里来上，也挑战一下自己。这些确定好了以后，我就开始准备了。在准备期间我首先认真地备课，从构架到细节，然后做好PPT。先是自己在家里练了好几遍，改了又改，才拿给指导老师去看。指导老师肯定了我的思路，指出了一些细节问题。我又在其他班试讲了两遍，感觉还不错。

　　上课了，这是我在这所学校上的第三次公开课了（前两次是在工作的第一年，第一学期的新手课，第二学期的汇报课）。后面的听课老师坐了满满两排，过道上也是听课的老师。不过我并不紧张，自己的语文课、自己的讲台、熟悉的学生，给我带来了自信。第一个环节，我用伯乐识马的动画导入了新课，接着介绍了文体、作者和写作背景；第二个环节是正音读马，在全班齐声朗读的基础上，我给学生放了范读录音，指导学生读准停顿、重音，品味感情，然后进行了男女生的分读、学生的自由诵读，要求大家熟读文章；接着是读懂文章，以四人小组为单位进行讨论，结合文下注释进行文言释义，不会的可以举手询问，在学生疏通文意以后，进行字词的强调，然后请三位同学进行了课文三段内容的翻译。第三个环节是探究学习，仍然是以四人小组为单位进行讨论，围绕着"文章的中心论点是什么，作者的写作意图是什么，千里马、伯乐、食马者分别代表什么，作者如何借助具体事物表达思想感情"这些问题来对文章进行了深入探讨。在分析食马者的无知的时候，我请了两组同学上台分别扮演了食马者和千里马，对"食马者不知其能千里而食也。是马也，虽有千里之能，食不饱，力不足，才美不外见"进行了表演，学生表演得很不错，下面的学生们看得也很认真，不时发出会心的笑声。第四个环节是执卷诵马，在理解全文的基础上，同学们又一次朗诵文章，我告诉他们应该读出愤懑、不满的感情。第五个环节是拓展思考，在对文章内容进行小结后我提出一个问题："大家愿不愿意去做伯乐，打开马圈，放出千里马？"大家一致表示愿意，于是在共同聆听了一曲"赛马"的乐曲后，我问大家"你能给千里马说几句话吗"，引导同学们进行拓展思考。最后，我用一系列含有"马"的成语给学生们送上了寄语。

  一节课讲下来，和我的预期是比较一致的，随后的教研组评课中，老师们对我讲课的总体内容给予了肯定，说课堂内容重点突出，条理清楚，能够调动学生的思维，尤其是学生表演环节很生动，提出的主要建议是要增强创新性。

  从 B 老师讲的这节公开课的全过程来看，B 老师教学状态自然大方，对教学内容很熟悉，教学环节设置清晰，层层推进，重点突出，拓展部分能够引发学生的思考，表现出了较强的课堂组织能力。从整个课堂教学实际看，B 老师有一定的学生意识。教学初始，在对文体、作者、时代背景的介绍中，都是首先让学生来介绍，教师根据学生介绍的情况做相关补充，能够调动学生的学习积极性。在"正音读马"环节，先指导学生对重点字的读音进行圈点，然后齐读，听范读，再齐读，分读，通过反复诵读让学生熟悉文章，这个环节也设置得不错。在疏通文意的时候，让学生自主学习，小组讨论，举手质疑，然后再带领学生进行逐句的翻译。在对文章的探析中也采用了学生小组讨论的形式，而且还用了学生表演的形式。从中我们可以清晰地感知到，B 老师把自己对语文教学的理解很自然地贯穿在实际的教学过程中,她会有意识地设置学生活动,调动学生积极参与到语文学习中来。可见,在一年多的初任成长中,B老师的教学关注点发生了一定的变化,已经开始转向关注学生了。可以说,B老师具备一名语文老师所需要的基本素养,而且在初任阶段获得了一定的专业成长。如果再深入地去思考,B老师目前所需要的成长是如何更有效的引导学生,例如,在反复的朗读中,B老师不断地强调要读出感情,但是怎样读就是读出了感情,或者说这种怀才不遇也好,愤懑也罢,用什么样的方法来读就是表达出来了,B老师并没有做有效的指导,对于学生的朗读也并未做出任何针对性的点评。在让学生给千里马说几句话的时候,有学生说"你们在马圈里受苦了,有朝一日我会把你们都放出来",还有学生说"你们的前程是不可限量的,但是现实是残酷的。在现实生活中,即使没有伯乐来发掘你,你们也可以狂奔,展示自己的才能,乐观向上积极进取,为社会做出贡献,让自己的人生美好,即使不当炫目的钻石,发光发热,也可以做默默无闻的蜡烛",学生们的回答B老师只是说"不错,这么厉害",而一名学生说,"你们是千里马,被我发现了我会让你们赚很多钱"的时候,B老师说"这么狭隘的,光知道赚钱"。其实学生打开思路以后的回答,更需要老师的精当点评,这会是对他们的思维又一次的开启,当然,这对教师教学智慧的要求就更高了。此外,对于设置学生表演食马者和千里马的环节,虽然热闹,细致分析却有流于形式之嫌,要学生在观看中去品味食马者的无知,实际上却会流于表面的热闹,冲淡了学生对文章主旨的把握。

在访谈中得知,B学校对教研组活动的重视程度在不断加强。据访谈的该校语文老师讲,以前的语文组活动是安排在每隔一周的周二下午的两节课后进行的,但是这个时候有一些承担班主任工作的语文教师就无法前来参加。因为一般下午两节课后不少班是自习课,这时候班主任往往是要在班里"跟自习"的,所以学校就统一安排语文教研活动在每周二上午的三四课,并且在排课的时候会把这两节课安排为别的科目,这样就能够保证所有的语文教师都能够参加语文教学研究活动了。当然,其他科目的教研活动也是这样,被分放在该科教师全体都能够参加的时间,从而确保了教研活动的全员性。而语文教研活动的内容会根据教学的情况而定,听课前的任务安排,同年级老师的集体备课,听课后的评课等都是教研活动的主要内容。B老师的这次公开课就是在周二早上第三节课进行的,而后第四节课,大家进行了评析讨论。当然,一般在评课的时候,大家主要还是对老师进行褒扬和鼓励,所提的意见一般都会是改进方向而不是什么实际问题。比如给B老师多提的意见就是还是要多进行课堂教学的创新,至于怎么创新,却是没有去深入研究的。

(二) 我和学生们

故事六 管理学生的"先苦后甜"

做了一年多的语文教师,我有一个深切的感受,就是对学生要有好心但是不能有好脸。作为一名教师,威严还应该是要的。现在的学生都是90后,他们比我们做学生的时候更能放得开,你要是平时里对他们态度比较好,他们往往会在上课的时候分不清轻重,会随意地接话呀、开玩笑呀,让课堂显得比较散乱。我刚开始带初一的时候就是以一种做朋友的心态来和他们相处的,觉得上课的时候要笑脸对学生,结果上课的时候总要花时间来维持纪律,弄得我疲惫不堪。现在这基本上已经不是问题了。大家看到我很严肃,就安静下来了。记得当时一位前辈告诉我"对待学生,要先苦后甜,你一直对他们很严厉,偶尔温和一下,他们就会觉得你特别好,也好管理。你要是一直对他们温和,上课就难管,要是谁犯了错误你再批评他们,就更麻烦了,效果不好,还会被学生记气,他们还会想着法子欺负你"。的确,在经历了最初的尝试和波折以后,我感觉到上语文课的时候,学生更重要的是听讲、记笔记,至于发言啊、讨论啊,当然要有,但是要在教师的引导下进行,闲话是不能允许讲的。你把规矩立好了,学生就好管了。我相信学生会理解我的,他们知道我之所以这么"厉害",也是为了他们好。

当然了,我不光是对学生很严厉,也会注意鼓励学生们的。在学生的作文评语和作业批改中,我会常常给他们写上"加油!",不管他学得怎么样做得怎么样,我都会常常写一些鼓励的话。我带的班上的一个女孩子自信心不足,总是在考试前就开始紧张,我就常常鼓励她，告诉她其实她的语文学得不错，要相信自己，考试的时候不要总想着成绩会怎样，只要自己会的都认真答了就行，遇见不会的也别慌，语文的理解有深有浅，看清题意，按自己的理解去回答就行，实在有不明白的，下来再问老师，每次考试都是一次检查，查漏补缺，这样积累下来到初三中考就更不用怕了。慢慢地她的成绩上来了，上课的时候也积极了很多。对其他同学也一样，每次在月考过后，我都要找一些同学谈话，对他们进行鼓励。

在整个的听课过程中，也能够发现，这种"要严厉"的观点是贯穿在B老师的教学思想中的，在讲《水调歌头 明月几时有》的时候，B老师在教学中提出一个讨论问题"俗话说文如其人，你觉得苏轼是一个怎样的人"，当一位学生的发言答非所问时，老师的评判是"你可以坐下了，我不敢苟同，你根本没有听课"，语气语调非常严厉。在综合性学习课"漫步古诗苑"的讲述中，老师采用了分男生组、女生组进行竞赛的方法，非常能够调动学生的积极性，题目一出学生就开始在下面说开了，B老师就提醒大家"不许乱回答，要举手"。在练习课做题的时候有学生小声说话，她也会及时制止，提醒语言不是很亲和。在交流中询问"何为苦何为甜"的时候，B老师说，"苦就是批评、布置多的作业、罚背课文抄课文默写、叫家长，不笑和严厉的语言，而甜就是关心啊，鼓励啊，给他们讲故事啊，和他们开玩笑啊"。在B老师看来，苦是为了让学生觉得"可敬"，而甜则会让学生觉得"可亲"。这种师生的交往原则是目前B老师所认同并且主动去实施的。

在交流中提及这种师生交往的方式，告知B老师学生认为她比较厉害的时候，她也说，其实自己也知道应该温柔一些，但是有觉得"把握不住微笑和严肃的平衡点"，所以倒不如"大部分时间还是厉害点好"，"学生们毕竟年龄小，自我约束力不够，管严点对他们有好处"。这种厉害学生们也是领教过了。在和学生们的交流中，好几个同学都谈到曾经的一次停课经历，"有一次，我们班的一位同学上语文课总是接老师的话茬儿，老师给我们停了三天的语文课"，"也不是不到教室来，就是来了以后在讲桌旁批改作业，让我们上自习"。我在询问这件事情的时候，B老师也说就是这样的，说那一段时间本来上课纪律非常糟糕，又恰好发生了这样的事情，所以在和班主任沟通后决定采取这种方式来让学生明白，如果老师上课不讲，损失的是他们自己。"最后学生道了歉，我就继续开始讲课了，不过自那以后有很长一段时间我都不叫那位学生回答问题"，"现在我们关系还不错，他也知道我是为了他好，你看，有的学生就是吃硬不吃软"。在处理师生关系上，"前辈"的指点对 B 老师起到了非常重要的引导作用。B 老师听取了建议，也取得了比较好的教学秩序，可是如果这个前辈换一种引导方法呢？B 老师的师生观会不会构建成另外一种模式？

有一次听课的课间，我听见办公室的另外一位语文教师给老师们念了一则短信，说是学生前一天晚上发给她的，从内容上看应该是发给自己的同学的，应该是号码按错了，就发到了语文老师的手机上。具体内容是："我昨天又被老师批了，她说我不适合待在地球上。"还有一次，B 老师半开玩笑地问同办公室的一位老师"怎样才能让学生不骂你"，得到的回答是"不可能"。在那一刻，我强烈地体会到 B 老师对教师职业的热爱以及对学生评价的在意，她其实是迫切地希望得到所有同学的认可，可是由于在对学生进行管理的过程中"压"的成分多了，呵斥和命令的语气态度成为"为他们好"的最自然的应对方法，而对于富有个性特点的处于成长叛逆期的初中学生来说，敢怒不敢言成为学生心中最大的不服气，因此被呵斥的学生对老师的心理认同度就不会很高了。B 老师也觉得委屈，觉得付出了却不能得到理解。而归根结底，她的这种处理师生间关系的态度以及对学习中容易分心的孩子的处理方式，都源于她的教育观念。而这种观念的形成，是 B 老师在实际教学中自我尝试，经过挫折，碰过壁以后，不断摸索，并且在有经验的教师的言谈引导之下不断形成的。试想，如果在她寻求帮助的时候，她能得到另一种指引，效果会怎么样呢？初任教师在经历挫折时，自我应该如何寻求解决方法，外界引导应该如何，才能使他们向一个现代教育者迈进，这是一个值得思考的问题。

故事七 "叛逆"之我见

初二的学生是最难管的，初一的时候学生刚刚进入中学，年龄还小，相对还比较乖。到了初二，同学之间也熟悉了，学生对任课教师的脾气性格也有所把握了，加之大多数孩子进入了青春期，那种特有的认为自己长大了的心态就显现出来了。比如他们会比较自以为是，听不进去批评，对家人没有感恩心，自己没有目标感，在学习上比较偷懒，有的时候你甚至会觉得哀其不幸，怒其不争。在我语文课上也会有这样的情况，有人不听讲，上课睡觉，你批评他还顶嘴；也有的学生上课爱接话，你说一句他接一句，就想显摆自己知道，他们认为这就是成长，这就是个性。我觉得语文教学过程中也可以对学生进行一些相关的引导，帮助他们学会正确看待成长过程中的这种叛逆。我常常会告诉他们，什么是叛逆？我认为叛逆不是不做作业，不是和家长、老师去顶嘴，不是非要显示出自己的特立独行，而是要坚持理想，走自己的路，为自己的理想去奋斗，咱叛逆也要叛逆的大气！像写出著名的《简·爱》和《呼啸山庄》的勃朗特姐妹，她们的生活孤独、苦闷和不幸，但是她们却一直坚持梦想不放弃，最终取得了成功，这种不放弃就是一种坚持，一种叛逆。

　　当然，我不会在语文课堂上无缘无故说这些道理，这样会显得有些别扭，我会在讲课过程中根据课文情况去做引导。讲《背影》的时候，我引导他们如何去理解父母，感恩父母。记得那节课我说了很多，说到了自己曾经和父母之间的发生的一些不愉快和我当时的任性、后来的后悔和懊恼，我在讲的时候禁不住哭了，不少学生也被感动得哭了，而后我又给他们推荐了龙应台的文章《父母与子女的缘分》："我慢慢地、慢慢地了解到，所谓父女母子一场，只不过意味着，你和他的缘分就是今生今世不断地在目送他的背影渐行渐远。你站立在小路的这一端，看着他逐渐消失在小路转弯的地方，而且，他用背影默默告诉你：不必追……"这些深深打动我的话，也深深感染着学生们，他们不觉得我是在讲大道理，而是感觉到我在和他们倾心相谈。讲《爱莲说》《陋室铭》的时候，我告诉他们，周敦颐、刘禹锡的这种坚持自己的处世之道，不和世俗同流合污，洁身自好，注重自身的品德修养的做法，就是一种叛逆，他们用自己的坚守表达了对当时黑暗社会的不满和反抗，是真正值得肯定和敬仰的叛逆。我想，这些内容能够在他们心中播下种子，随着学生们经历的增长，他们会体悟得更多些，更深些。

B老师能够重视对学生的"情感、态度、价值观"维度的教育。她在观察到学生进入叛逆期的种种表现以后，意识到要对学生进行一定的引导。于是她主动承担起了这个任务，这体现出了作为一名教师的责任心。在对学生进行引导的过程中，她所采用的方法也是值得肯定的。我们知道，情感教育需要熏陶和感染而不是强行要求，对人生对社会对自身的认识也不是通过说教就可以实现的。真正的道德教育是融入，是春风化雨不着痕迹的。B老师把对学生的引导与语文教学内容有机结合起来，根据课文巧妙拓展，有可以信服的名家案例，有自己的切身体会，从自己的感受出发去感染学生，没有强迫他们接受，而是让他们自己去体会，所谓"播下种子"，符合语文教学中工具性和人文性有机结合的特点，也取得了良好的成效。她没有否定学生在青春期所表现出来的个性，而是给叛逆了一个可以让学生接受和信服的新的诠释，让学生去思考什么样的叛逆才算是真正的叛逆，而且，还要大气。这就给学生了一种新的思考视角，会引导学生们去思考、去分析。B老师虽然没有承担班主任工作，但她关注对学生青春期成长的引导，她把这当作语文教学的一部分，而这些做法其实和班主任的学生管理能够形成一种管理的合力，对学生的成长是有益的。

故事八　我和学生们

虽然我不是班主任，但是学生们和我还是很亲密的。没有了承担班主任的琐碎任务，我对待两个班的学生也没有亲疏的倾向性，我和他们都是一样地亲，他们是我带的第一届学生，说实在话，我很上心。

有一次一位女生课间到办公室来交作业，我见她的头发乱乱的，就招手把她叫到我身边说，"来，让我给你梳个头"，于是拿起梳子给她重新扎了个马尾辫，梳完后我看了看，对她说"这下精神多了"。这件事情之所以被我记住完全是因为这个女孩的妈妈。因为事情隔了好久以后的一次家长会后，孩子的妈妈专门到办公室里找我，说孩子那天回去后非常高兴地问她，"妈妈，你猜今天谁帮我梳的头？是我们语文老师"，语言里充满了兴奋和喜悦。没想到我的一个很随意的举动竟然让孩子这么高兴，还让她的妈妈专门来向我致谢，这就使我不得不记住了这件事。

我带的班里有一个学生性格比较内向，他妈妈对班主任也说过孩子有自闭症。在初二刚开学的时候，有一次他们班上体育课，高年级的学生欺负他，让他脱裤子，他也就真脱。恰好我们办公室的一位老师路过，制止了这件事，回到办公室很生气地说那些高年级的学生太过分了。接下来正好是我的语文课，我在上课前就稍微用了点时间和学生们交流，"他是咱们班的一份子，可是他在受到别人的欺负的时候我们却没有一个同学去制止，这是多么让人痛心啊"，"我们要有关怀心，要有正义感"。有的女生听到我这么说都悄悄抹眼泪，男生们也很安静，那位学生一直低着头。我知道，他心里还是知道我是在帮助他的。因为后来，在我的课上，他听课积极多了，叫他发言的时候也不再是一声不吭的了。

我的语文课代表，生活在一个单亲家庭，缺少家庭的关爱，我就常常关心他。有时候看到他不太开心了，就会在课间把他叫到办公室谈谈心，开导开导。在他过生日的时候给他买个小礼物，什么本子、笔的，给他送去祝福。有时候他作业做得不好，我也会比较严厉地批评他。后来他就把我叫妈妈了。别看我年龄不大，还没有结婚，他叫我妈妈我一点都不觉得别扭，觉得很自然呢。

还有一名女生，开始的时候我觉得她还挺好的，学习认真，人也可爱。随后发现她上课的时候非常情绪化，有的时候很积极很认真，有的时候却极不配合。一开始我并不知道是什么原因，最后发现原来是我不能对别的学生表示出比较亲、比较喜欢的样子。只要我夸别人，她就不高兴，只希望老师对她一个人好，把她一个人当成公主，这怎么能行？可能是因为我对她的这种做法不满意，所以就不太喜欢她了。没想到她在自己的QQ签名上说我"脑残"，上课也不好好听了，叫过家长，也批评教育过，基本不起作用。

其实我看重的不是语文学得有多好，学得不好没关系，我们可以一起想办法，努力总会有成效的，关键是学生的品行，如果基本的素养没有，学得再好，也没有什么未来可言。我带的那个普通班有一名学生，语文成绩在班上是数一数二的，但是极为骄傲，把谁都不放在眼里，上课纪律性不好，自由散漫，管他他也不服气，也不听。这种学生我就不喜欢，有什么可骄傲的，你在班上是第一第二，在年级不就是个中等偏上嘛？一次早上作文课，大家都在写作文，他坐在座位上嗑瓜子。这种行为都不是一次两次了，我就提醒他不要在课堂上吃东西。没想到他站起来喊"我没有吃"。我也很生气，就问他，"那你刚才在干什么"，他用陕西话回了我一句"我不想给你说"。我当时就生气了，心想，他刚上初一的时候语文学得也很一般，我在他身上没有少费神，常常给他辅导，没想到成绩提上来了就这态度。下课了我把情况反映给班主任（据说班主任扇了他好几巴掌），两节课后他给我送来一份检讨，但是看得出来从内心里他并没有什么改变。这以后我就心凉了，从此我就不管他了，上课的时候我不再叫他回答问题，他举手也不叫。作业做得好了不表扬、坏了不批评。上语文课，他听不听与我无关。对这件事，我承认我自己也有性格上的缺陷，我也努力过，没有用，班主任也告诉过我，他爱干什么干什么。是啊，你自己都这样对自己不负责任，我又何苦对你好？

B老师的教育观和学生观中存在着一定的矛盾，一方面，她认为教师应该关心、帮助、鼓励学生；而另外一方面，她又对部分学生予以批评、讽刺和不予理睬。所以在和学生的交流中，也出现了对B老师两种截然不同的反映。有学生说，"老师很关心我，也关心我的学习，有时老师会找我谈话，促进我的学习"，"老师总是在我的作业本上给我写鼓励加油的话"，"老师很开朗，和我们有共同语言，能聊到一起，和同学们很合得来"，"很关心同学，稍有退步老师就会提醒他或帮助他"，"有几天我嗓子不好，老是咳嗽，老师给我了买了药，还叮嘱我按时吃药。在每次考试前也老师也总给我鼓励，我也喜欢找老师谈心"，"有一次我语文成绩进步很大，老师把我叫到办公室表扬"，"运动会的时候我们班有一个同学受伤了，老师急得都哭了"……但也有的学生说，"老师很有气场，比较管得住学生"，"老师非常厉害，感情变化快"，"老师嘴不饶人，脾气不好，对待同学们总掺杂个人偏见"，"老师是个好老师，认真，负责，就是生起气来很凶"，"说的话往往直入人心，打击到一些同学的幼小心灵"，还有什么"暴力"、"凶悍"、"超狠的"、"喜怒无常"、"恶魔天使"……同一个班的不同学生对同一个老师的印象竟然会有天壤之别：温柔与暴力，关心与漠然。在整理学生的反馈的时候，会有两种截然不同的声音，这不得不让我们思考其中内在的原因。在观察中发现，B老师的语文课堂上呈现一种很奇怪的结合：一方面，绝大部分学生学习主动，比较积极，能够在老师的引领和指导下进行学习和思考，课堂氛围热烈；另一方面，极个别坐在教室后面角落的学生会一整节课地趴在课桌上，什么也不干，包括像开火车一样一个接一个回答问题的时候也不参与，该他回答问题的时候学生也会习惯性地跳过去，由下一个学生回答，语文课似乎和他们没有什么关系。在征求学生给语文老师的意见时有这样的问题，"您觉得两年来在语文课中您的最大收获是什么"，"在后面的一年的初中生活中，您所希望的语文课堂应该是怎样的"，有两名学生的回答是"我不知道，反正她让我睡觉"，学生回答时很漠然，没有什么惋惜也没有什么愤恨，似乎语文是与自己毫无关系的。我曾经问过B老师，是否说过这样的话，B老师坦言，"我是告诉他们，你们要是上课捣乱，还不如睡觉，这样还不影响其他学生学习"。"要是……还不如"，其言下之意应该是"如果你们能不捣乱，不影响别人，就应该听语文课"，可是学生的理解就是"那就睡觉吧"，老师的应对就是"这样不影响别人，可以不管"。我很侧面地劝过B老师，B老师告诉我"这样的学生，管也没有用，班主任也是这样给我说的，其他课上他们也基本上是不听的，目前我还不想改变"。而在这种观念的指引下，B老师的课堂纪律不再有像刚入职时候的那种大冲突了，但是可以看到，对那几个不听睡觉的学生来说，这样的语文课是完全无效的。听课期间还有一位男生因为语文课的纪律问题被班主任罚站在教室后面，孩子捧着书站站蹲蹲。他蹲在墙角拿着书的时候，我曾经看过他的语文书，前面的课文还是有很整齐的笔记的，可是罚站的时候就什么也不写了。我私下里和他交流，告诉他应该去和老师沟通，争取早点回到座位上，不要影响学习，也告诉他我可以帮助他去沟通，得到的回答是，"不用了老师，我不想去"。B老师也告诉我，对于这样的学生，爱心教育是要不得的，"闭嘴、拿出语文书、开始记笔记"就应该是对他们最负责任的最有效的要求。

四 探寻：成长背后的思考

（一）B老师的专业成长状态分析

从专业结构上分析，B老师的专业意识很强，她热爱语文教师这一职业，对这一职业有内在的专业认同感，也希望自己能够有长足的发展，有一定的专业发展意识，对自我的专业发展有内在的要求。在遇见问题和挫折的时候她会积极想办法解决，也会对自己的教学进行反思，但是反思的深度不够。在对B老师一学年的教案进行分析的时候发现，B老师的教后反思每课时都会写，反思比较及时，而从内容上看，成功处分析得多，存在问题处思考得少，而且常常会把问题归咎于客观原因，由此可见，B老师的反思内容还需要有一定程度的调整。对于一名初任教师，分析成功固然重要，而思考存在的问题更是成长的关键。B老师有较为明确的专业理想，也就是奋斗方向是明晰的，但是如何去实现，其思考还是比较浅显的。在教学理念上，B老师目前存在着矛盾：一方面，她明白教学的关键是要调动学生的学习积极性，要对学生进行鼓励和帮助，要关心学生，要爱学生，她对绝大多数学生也是这么来做的；另一方面，B老师对个别学生的做法却和这一理念完全相背离，她显得严厉、冷漠、听之任之，而B老师也坚持认为对这样的学生这样的方法是完全正确和有效的，这种做法能够保证绝大多数学生的语文学习效率。在这矛盾的理念的引导下，B老师的实际教学的管理就呈现出一种关心和冷漠相结合的状态，学生对B老师也就出现了认同和反感，喜欢和讨厌两种不同态度。虽然后者人数偏少，但是这样的状态却值得关注。B老师对待学生的两种不同态度无疑会使极个别的同学对于语文课产生厌恶和反感，对自己的语文学习完全失去信心。更重要的是在B老师关心其他学生的时候，却用行动告诉大家，关心的对象是老师选择的，而不是所有学生共有的。如果学生把这种忽视看作一种常态，那么，学生的情感教育就是有偏颇的。洛克曾经指出，训斥和惩罚会使学生认为老师是可怕的，令人不安的，教师对学生的冷漠则是一种疏离，这些足以妨碍学生从老师的授课中获益，使一切教学方法统统难以奏效，亲切与善意的情感才有利于学生乐于听从教师的指导①。因此，B老师这种教学理念是需要引导和纠正的。从专业知识的角度分析，B老师的有一定的专业储备，其知识视野比较广，拥有一定的通识性知识，本体性知识也能够达到初中语文教师的基本要求。听课过程中可见B老师的语文教学内容清晰，能够进行随机拓展。其条件性知识随着实践性知识的不断丰富而发生着改变，应该说在职前学习中获得的相关条件性知识的理论和实践操作在发生着矛盾和冲突，在这种情况下，B老师开始选择性地接纳和运用相关的条件性知识，并结合教育教学实践构建自己的实践性知识。其专业能力层面上，B老师的教育教学能力是在不断增强的，其研究能力的提升却不明显，B老师也觉得在这方面很薄弱，并且从交流中并没有发现B老师有明显的研究意识。

通过两年的初任成长，B老师已经基本适应了初中语文教师的职业生活，从一开始遇见事情就抹眼泪找班主任，到现在语文课堂教学的强势把控能力的形成，这其中包含着B老师的思考和探索。B老师喜爱语文教师这一职业，对这一职业有着本心的认同，她在遇见挫折的时候质疑过，但强烈的专业认同使她没有放弃，而是主动思考，寻找解决的办法。她有着对职业生涯的理想规划，并且在不断地努力着。她在语文教学上肯下功夫，对学生的语文学习也很上心，其专业知识结构也在不断地形成，教学能力也得到了一定的提升。学校的同行们提起B老师，也说她泼辣干脆利落，虽然才工作不到两年，却完全不像一个初任教师，看起来很老练。

在和B老师接触的一年时间里，说实在话，我一直处于一种矛盾和挣扎之中，我在问自己，这样的老师算不算一个好老师。我在心底里却常常更倾向于给出一个否定的答案。作为一名教师，应该对所有的学生一视同仁，应该关爱每一名学生，应该不放弃每一名学生。听课的时候当我看见那么高大的男孩子趴在课桌上，老师和学生视之为空气的时候；当我告诉那个孩子要听课，他望着我笑笑再继续趴下的时候；当我看见蹲在扫帚拖把旁边翻着语文书的那名男生的时候，当我告诉他要尽

---

① ［英］约翰·洛克：《教育漫话》，杨汉麟译，人民教育出版社2008年版，第158页。

快回座位上听课他却说"我不想"的时候；我内心有一种强烈地排斥感，很长一段时间无法释怀。但是，我还看到，课间的时候，有学生跑来问问题老师认真耐心地解答，语文考试卷上老师写给学生的殷殷鼓励之语，有学生课间跑到办公室没有什么事就是想和老师凑凑；我也看到，学生谈到难忘的语文课而眉飞色舞，学生谈到老师带病上课的情景而不禁动容……这些时候，我又是那么不愿意给出这样的一个答案。应该说，在三个合作教师中，B老师是最引起我内心的冲突的。静下心来，我问自己，问题出现在哪里了？这样的老师是不是仅仅是个案？仅仅是一个教育叙事的对象？而在后续的访谈和调查中可以发现，这样的教师是一个普遍存在。为什么她们的教育理念存在着矛盾和割裂，这是如何形成的？而就B老师的成长过程我们可以看到，B老师职前学习中获得的教育教学理论知识在实践教学中不能有效地展开运用的时候，B老师在课堂教学管理出现问题的时候，B老师是处于无助的状态之下的。这时候，B老师所获得的引导就是要"有好心不能有好脸"，就是"有的学生只要不影响其他学生的学习就可以了"，而通过尝试，这一方法还是很有效，就促使B老师形成了一种内心认同。当然，我们不能把所有的原因都归咎于外在引导。如果B老师能够对所遇见的问题和外来建议结合起来思考，分析审视外来建议的利与弊，研究对策，也许会有不同的结果。不过，我们至少可以看出，在B老师目前所处的教学氛围中，持这样的教育理念的教师不是个别现象而是一种普遍存在，这不能不引发我们的思考。

（二）B老师的专业成长带来的启示

1. *初任阶段，关注教师教育理念的构建*

教师的教育理念对其教育教学行为起着导航的作用，而初任教师处于个体教育理念构建的关键期。初任教师在职前学习中已经获得了一定的教育教学理论知识，并且通过教育见习、教育实习，对教育教学实践有了初步感知，在实践中对所学到的相关理论进行了一定的对比分析。但是因为处于教育见习、实习期间的师范生更倾向于作为一个学习者去观察，他们对未来职业的定位并不明确，因此，其教育理念的构建是很不充分的。入职以后，初任教师开始了职业生涯的真实起步，这时候的他们处于生存的关键期，能否胜任工作成为头等大事。在真实的教育情境中，他们所遇见的困难和波折会促使他们去思考应对和解决的办法。有效解决的方法和途径就会被他们认定，然后纳入其教育观念范畴，在反复尝试后成为其使用理念的一部分。这些处理方法和途径中就包含着初任教师的教育观、教学观、学生观等。如果初任教师在实践中运用所学的理论知识去解决实际问题并不顺利，就会使他们对所学理论产生怀疑，甚至是否定的心理。B老师的初任成长经历中这一点很明显。所以她会说，"爱心教育要不得"，并且在尝试中发现"闭嘴、拿出语文书、记笔记"是提高学生语文成绩的法宝。目前，很多学校对初任教师的关注更多的是其所带学科的学生成绩，而获得成绩的这个过程却关注得不够。此外，在汇报课、公开课这样的展示型教学中，教师和学生都有一种潜在的表演成分在里面，这样的课堂和教师在常态课堂中的实际情况是有差别的。比如在有众多老师听课的课堂中，上课睡觉的学生、上课容易分神的孩子，往往会控制自己的注意力，教学的偶然事件也会相应减少，教师的课堂管理任务会比常态课要少，更多的是教学内容的组织。但是，实际的教学却不是这样的，实际教学中教师的课堂管理其实就是教师的教育观、教学观的一个展现。如果初任教师在教育理念形成的初期，通过不断地试误所获得的教育体验和理论不符，那么就会使他们对所学的理论知识产生怀疑和不信任，在实践中不断构建适合实际教学的教育理念。事实上，实际的教育现状的确不是教师拥有教育教学理论知识就可以解决的，而教师自己摸索出来的应对办法有可能是有效的却是有违教育的意义的。比如B老师在教学中的调动大多数学生的积极性而漠视个别问题学生的行为，就是源自于她在摸索中所获得的一种观念的支持：有的学生就不要去管，管了也没有什么效果，最好是照顾大多数学生的学习需要。这个观念来自于教师自己的探索以及教学中同伴们的提醒。从B老师所带的学生的语文学习成绩来说，的确不少学生的语文学习成绩有一定程度的提高，但是，对于个别学生来说，问题却很严重，他们甚至放弃了学习语文，整节课趴在课桌上，这就有违"教育要面对全体学生"这一理念。在目前的班级授课制的教学组织形式下，任何班级中学生的语文学习兴趣和实际的学习能力水平都不会是处于同一个水平下的，一般都会呈现正态分布的格局，教师对学生的体察和无偏见有利于师生关系的协调，也有利于鼓励学生的独立性、自主性和人格发展。① 而且教师教学理念的不断形成直接影响着他的实际教育教学行为。因此，关注初任教师教育理念的构建非常重要，只有构建了先进的教育理念，其教育教学才会有利于全体学生的健康成长，同时也有利于初任教师个体获得持续的有效的专业成长。

2. 初任阶段，关注教师遭遇的关键事件

沃克（Walker）在研究教师职业时最早提出了关键事件（critical incidents）这一概念，指出关键事件就是"个人生活中的重要事件，教师要围绕该事件做出某种关键性的决策。它促使教师对可能导致教师特定发展方向的某种行为做出选择"。② 关键事件的核心在于教师在经历这类事件的时候，会引发其对自我职业认同和自我职业形象的再思考和再评价，从而引发教师内在专业结构的解构和重构。初任教师处于职业发展的关键时期，这时候他们会经历许多个"第一次"，第一次走上真实的工作情境，第一次和学生打交道，第一次独立进行课堂教学，第一次应对课堂偶发事件，第一次讲授公开课……这些个第一次中，无论成功还是波折，初任教师都可以通过思考得到经验的体悟。他们经历的事件是否成为关键事件，其主要因素并不取决于事件本身，而在于教师由此而进行的个体思维的自我审视和思考的过程。那些对初任教师专业成长有着重大影响的经历，会引起他们专业结构的重组。因此，初任教师自身应该有较强的专业自觉，积极主动地去思考在职业生涯初期所面临的实际情况，关注自己经历的成长过程，主动地关注职业生涯成长中的关键事件，把它们作为一种自我成长的"教学工具"，从中汲取经验和不足，不断修正自己的教学理念和教学行为，促使自己稳步向前。③ 校方也应该对教师在初任阶段所面临的问题有一个总体的把握，并给予一定的指导和帮助。校方可以通过对影响初任教师专业成长的关键人物的遴选、委派和指导等方面来更有效地实现对初任教师经历关键事件时的引导和帮助。关键人物是指在教师的专业成长过程中对其影响非常大的

---

① 皮连生：《教育心理学》，上海教育出版社2004年版，第380页。
② 叶澜等：《教师角色与教师发展新探》，教育科学出版社2001年版，第309页。
③ Shosh Leshem, "Novices and Veterans Journeying into Real-world Teaching: How a Veteran Learns from Novices", *Journal of Teaching and Teacher Education*, 2008 (24), pp. 204–215.

人，例如师范院校的老师，所在学校的指导教师、同事或者学校领导等，一般来说，关键人物在教师专业成长的初任时期较为重要。初任教师在最初的教学中，往往在心中有一个教学行为的基本参照，这一参照常常暗含着他对某一关键人物的认同。除此之外，初任教师在遭遇到成长波折的时候，也常常会向关键人物求助或请教，而这些人所给予的帮助给对初任教师的专业成长带来很大的影响。在 B 老师的成长过程中，她所带班级的班主任就给她带来了很大的影响，而且这一影响引发了 B 老师对原有的专业理念的重构，形成了她认为可以有效应对问题学生，解决教学实际问题的学生观。仔细审视不难发现，B 老师目前所构建的学生观存在一些问题，它虽然对维持整体的课堂教学纪律有显性的帮助，却不利于所有学生的全面发展。而这一理念的构建是在关键人物的指导下完成的。因此，对于校方来说，关注初任教师所经历的关键事件，应该注重对初任教师的指导教师的培训，构建教师学习共同体，使初任教师的专业成长的关键事件在正确的教育理念的指引下得到解决，促使其有效地专业成长。

3. 初任阶段，关注并提升教师的考试研究能力

基础教育阶段的学生要想进入下一阶段的学习，是离不开考试的，考试成为评价学生的重要手段。初任教师走上工作岗位后能否胜任工作，在很大程度上与所带班级的学生该学科的考试成绩好坏有着密切的联系。无论是学校、家长、学生还是初任教师本人，都会把所带学生的学科成绩作为一个重要的考量标准。B 老师在入职初期所遭遇到的家长的否定性意见，以及后来所得到的家长的认同，都与学生的语文成绩息息相关。而在教师职前成长时期，初任教师所获得的考试研究能力的培养微乎其微。师范院校的师范生培养更为关注的是其教学组织能力的培养，其中静态的教学组织的培养即教会学生如何进行教学设计，是比较容易操作的，而动态的教学组织的培养就显得比较薄弱了，因为大多数情况下，学生所进行的是虚拟的课堂教学演练，很难完全预设真实课堂中实际的教学进展情况。至于课堂教学的管理问题，初任教师在职前学习时，在教育教学实习中可以初步接触，而这一过程往往会有指导教师听课，因此，其管理和真实的教学管理还是有区别的。至于考试研究，由于师范生在职前并没有从事真实的系统的教学工作，所以如何命题，

如何指导学生进行考试前复习和考试后的总结，教师如何从学生的考试情况来分析教学的经验和不足，都是职前教育中容易忽略的，当然，这也是师范生不容易在师范学习中把握的。但是，初任教师走上工作岗位以后，考试就是一件平常事，现在的不少中学里，初中学生一学期中要经历大练习、月考、期中考、期末考等各种类型的考试。虽然我们说，考试不是衡量学生的唯一途径，也不是衡量教师的唯一途径，但是，却是一个重要途径。很多老师说，由于考试的指挥棒的作用，教师的教学工作就是"戴着脚镣跳舞"，素质教育是不能够真正实现的。实际上，考试不是衡量师生的唯一标准，而且目前的考试制度的确有需要完善和改进的地方，但是我们还要看到，考试在目前来说还是有它存在的必要的，而且真正全面发展的学生应该是不怕考试的。所以，培养初任教师具备一定的考试研究能力，应该是教育主管部门和校方的关注点。让初任教师能够在教学伊始就把学生学科素养的培养和学科考核能力的锻炼结合起来，使他们在教学中获得认可和自信，从而坚定其专业信念。

第四章

初中初任语文教师教育叙事三：C老师

一 素描：关于C老师和C学校

C学校是一所从小学到高中俱有的完全附属子弟学校，校舍不大，一进门就是操场，操场的北边是小学部和高中部，南边是初中部，在这里，可以看到十二个年级的学生。

C老师是2009年毕业于一所师范类普通本科院校汉语言文学专业的学生。C老师的求职过程极为简约短暂，递简历的当时就通过了面试，前一天下午通知试讲，第二天早上进行了试讲，下午两点就签约了，就这样成为了一名语文教师。

来到C学校，C老师的办公室在南教学楼的二楼。办公室不算小，里面有10位老师的办公桌，每张桌子上都是满满当当，在桌子上的简易书架上随处可见的是绿绿的盆栽，有绿萝、红掌，很有生机。C老师的办公桌在靠门的地方，一推开门的左手边就是。一张小小的办公桌为核心的地方，就是她的一小方天地。虽然地方狭小，但是紧凑整齐，也很丰富。办公桌上面有一个三层的简易书架，最顶上一层是班上所有学生每人一本的成长档案册，蓝色的记录册整整齐齐地竖着摆放着。随意翻开一本，上面记录了学生三年以来的成长，其中有月考成绩、朗诵材料、自制小报、学生愿望卡、学生爱心实践活动记录等。在一本记录册中我还看见了学生做的检查，据了解是学生主动对自己所犯错误的思考，也是学生要求放入成长记录册中的。中间一层，是横放着的书籍，主要是语文工具书和教学用书籍。书架的横档上贴着大大小小的纸片，像小小的旗子一样，内容非常丰富，如一张上写着保持斗志的20个小方法；一张写着自我劝勉的8条警言；还有一张上是一首小诗，也是充满了励志内容的；下来是对自己的温馨提示；有一张极卡通的笑脸卡片上大大地写着"C老师，加油！"；还有的就是各科未交作业学生名单，提优帮困档案记录单，家长联络单，分门别类的粘贴在书架的横档上。桌子上放着教案、作业本、笔盒、水杯、一些工具书，还有一小盆花。玻璃板下，也是内容丰富，课表、时间表、自制的语文单科课表、班级合影，还有一篇剪贴下来的文章《等死模式与穿越模式》。整齐丰富、青春活力、极具个性。

二　回望：前两年，那些深刻记忆

（一）入职，我有我的主张

在大学生们都在喊着"毕业等于失业"的时候，C老师却比较轻松地就获得了一份语文教师的岗位，其实从她的应聘过程中可以看出，这个"轻松"的过程和令人满意的结果其实包含着许多"不轻松"。

故事一　意外的教师岗位

2009年，大四的我像其他学生一样，开始在应聘的长河中拼搏挣扎。最初一心想当教师的我，在几场招聘会后，破天荒地先行绝望了。不少学校的招聘简章都明确表示：研究生以上学历。这个世界是怎么了？难道拿着教师资格证还没有资格吗？在家人的簇拥下，我放弃了教师行业，被家人安排在民航下属的一个航空公司开始实习工作，任务：管理档案。

每天穿着职业装，和一堆文件打交道的我，过得并不快乐。熟知我的人都知道我生性活泼，喜欢和人打交道，而这份工作偏偏是和文件打交道，加之我又排斥机关里的说话见面方式，几次都想放弃，无奈家人劝说，只有暂时安身于此。直到有一天，班长的一条短信，把我拯救于苦海之中。

正在上班的我，突然接到班长短信：下午C校招聘教师，两点勿迟。天啊，C校，XX区重点学校，我不是做梦吧。匆忙请假，饭也没吃就赶回学校，和同级50多学生一起等待着谁是幸运儿。

没想到，竟然会是我。

　　面试的老师是 C 校最好的语文教师，也是教务主任，陕西省教学能手 D 老师。我是赶在前面进去的，想着如果没希望还能赶回去上班，不要太耽误。面试很简单，老师拿出一本高中语文书，让我朗读一段文章，我挑了一段现代文。一直以来我的声音都很洪亮，表情也很丰富，所以对读课文这方面我并不担心。之后老师问了我很多问题。其实面试时我有些过于紧张，说的话也很迫切，一直在表明我想教学，想带班，想在这个行业中有所作为。记得当时老师问我：怎样看待好学生与坏学生。我说："每个老师都想带好学生，因为他们能让老师成才，能极大的鼓励一个教师的积极性。"老师又问：教师的努力不能全部被学生接受，怎么办？我说："没有学生能够把教师的讲授全部接受，我们要做的是付出百分之二百，让学生从中赢得百分之五十，就是我们的成就！"现在想起来，说这些话确实有点激进，也许正是我这样的热情打动了老师，给了我四分之一的机会。为何是四分之一，因为当我试讲去的时候才知道，和我一起试讲的，有我们学校另一个班的一名学生，还有两所重点师范大学的两名研究生。

　　我是在前一天被通知去试讲的，下午 6 点，学校通知我第二天早上 8 点 20 分到校，讲高中必修四的一篇课文《父母与孩子之间的爱》。当时我在外面吃饭，听到这个题目，心里还有些暗暗窃喜，因为我比较适合讲煽情的文章，能够把课文读得声泪俱下，所以一点也不着急。回到宿舍打开电脑一查，我慌了神儿，这是一篇新入选人教课本的文章，网上的资料很少，刚开始我连原文也找不到。看不到原文，我该怎么备课？于是打开各种人脉，借书的借书，帮忙查资料的查资料。忽然记起语文教学论老师在上课时推荐过人教社的网站，说可以从那里面找到现行教材的电子版和相关的资料，这个闪念让我开心万分，因为我在人教网站上不仅找到了原文，连教师用书都找到了，突然觉得上天都在帮我。打印好书都已经是晚上 9 点多了，楼管阿姨给我在三楼找到一个没人的空房间，我抱着笔记本带着书，就开始了彻夜的备课生活。

　　上课的时候，老师讲，备好课是上好课的基础，因为上课会遇到各种各样的问题，造成你准备的内容不够用，所以宁愿多准备也不能准备少了。可是这是一篇说理性的文章，不是我的强项。读了大约3遍之后，我才勉强理清文章逻辑，网上可用的资源太少，我遇到大挑战了。最后，我决定抓住教参中给的两个信息点来上课，一方面用感性的方法打开学生的思维，让学生不陌生地走进课本，另一方面，紧抓课文主题展开探究学习。用讲故事的方法导课，用一个电影的对白结课。练习到夜里两点，终于练到我觉得非常熟悉了，才回到宿舍放心睡觉。

试讲时我去得很早，很多细节都是老师在上课的时候特别说过的：作为一个应聘者，无论成功与否，都要虔诚地把应聘当作一个大事来做，尽量地认真完善，以学习的态度对待，面带微笑与自信，把讲台当作自己的舞台……这些话语都一直回荡在我耳边，让我有了更多的信心去面对那些竞争对手。

上课的细节我不再做啰唆地回忆，好多老师、领导来听课，学生很紧张，所以刚开始我想做一个比较幽默的自我介绍，结果学生都没笑，我只能自嘲地做了个寒颤的姿势，然后说："我讲冷笑话的功力确实空前绝后"，学生才笑出了声。这个开端让我们忘却了后面坐的老师，专心上好我们的课。

下课之后，我在办公室找到了D老师，请她指导指导我今天讲的课，D老师让我见见今天来听课的大领导：主管教学的校长。校长笑着说："别急，咱们该聊的还很多。"我猜测，这份工作，基本属于我了。

后来才得知，让他们动心签下我的原因不是别的，最重要的就是我流露出的对教育的热情。如果一个人爱这一行，就会想尽办法去做得最好，绝对不会插科打诨。这样的老师对自己负责，对学生负责，对工作负责，对事业负责。可以说，让我在工作难落实的毕业季里获胜的，就是我的这颗热爱教育事业的心。这颗心源于我对曾经教育我的老师的感谢，源于我对教书的崇敬，源于我对学生的热爱。

C老师在求职初期还是经历了心理的波动的，由于学校并不知名，加之在应聘会上看到各学校应聘简章上只要研究生的"门槛",所以她说自己"先行绝望了",然后去实习了一份与教师职业毫无关系的工作。在这个过程中,C老师经历了心理的痛苦,这一痛苦的来源则是对实习职业的不认同,所以当得到教师招聘的消息的时候,C老师认为这是"拯救自己出苦海"的好消息。包括在面试时候C老师的表达,以及后来校方的评价,无不展现出专业认同意识带给C老师的影响。正是因为这样,她才会不满足于自己已经有了一份工作的现状,在得知有中学招聘教师的消息后就赶去试一试。而且正是因为对教师职业有内心地认同,所以在回答面试问题的时候,她能够很自然地回答出内心思考,这种第一反应的回答真实可信,会给招聘者留下很实在的第一印象。从通知试讲那一刻起,C老师的情感变化非常鲜明:从得知题目后自我猜度中的窃喜,到看到文章后的慌神儿,到闪念后的查阅资料,厘清文章,设计教案,自我练习,再到进行试讲。整个过程中可以看出C老师在求职前对自己的教学能力有一定的认识,知道自己的长处和不足。而试讲文章并不是她擅长的感情类文章,是高中的一篇析理文章,加之在大学的教学实践中C老师所关注的主要是初中文章,所以是有一定的难度。在准备的过程中,C老师不时提及上专业课时老师所讲到的注意事项,并且从中获得了不少的启示,由此可见,C老师在职前学习过程中对条件性知识的习得还是比较主动的,也具备了一定的教学设计能力。在随后的交流中还得知,其实该校在招聘教师的时候之所以会选择高中课文作为试讲题目,其实是想招聘一名高中语文教师的,而C老师在校方告知让她去做高中语文教师的时候,她却很坚决地表明自己希望做一名初中语文教师,学校还为此做了一定的调整,满足了她的愿望。而在初中三年一届带完后,学校拿出三种方案供她选择,第一,上高中;第二,再一次从初一带起;第三,接一个初二"问题班"。C老师选择了最后一个,她笑笑说,"挑战一下",话语很轻松,但是很有主见。

故事二　我就是要做班主任

以前当学生,并不去细想班主任和任课老师之间有多少区别。但也知道班主任要管理班里各种事情,工作一定比任课教师要繁忙。可是我就是一直想要做班主任，因为班主任可以有更多的时间和学生相处，建立良好的感情，也可以帮助我更快地成长。

刚签完合同，主任就对我说：给你个班，能胜任吗？

这是个问句，能还是不能，我自己也没有多大的把握。可是我心里知道，我就是要当班主任，只要给我一个班，只要给我一个班的学生，我会让他们的初中生活美好起来，让他们快乐起来，让他们成长起来！

于是我坚定地说：能！

这个"能"字不能随便说啊，既然你接受了这个挑战，就要不辜负别人对你的期望，不能让自己狼狈不堪！于是，一个暑假，我与图书馆结缘。

世上有两种经验，直接经验与间接经验。既然我没有带班的直接经验，那么就通过间接经验，思考一下若是我遇到这样的问题该怎么办。图书业的繁荣，让好多老师能写书说说自己的故事，他们的那些成功是我期待与向往的，而他们叙说的失败和教训，更是我应该思考和借鉴的。我从他们身上看到了与我一样的教育热情，更看到了他们非凡的教育智慧。原来，教育并不是我们想象中那样拿着一本书教好就行，作为一个语文老师，你还有更重要的任务：引导学生的"三观"。所以大部分的语文老师都是班主任，因为这个任务和班主任的任务是一致的。

我曾想过一万遍会接到一个怎样的班。乖巧？活泼？调皮？都不然。学生的世界是丰富多彩的，他们是独立的个体，不可能千篇一律。他们中有调皮活泼的，也有文气细心的。做老师如果像是园丁一样，把学生剪裁成一样的模具，那么这个世界会不会失去很多种颜色，变得单调乏味呢？教师的工作最像是建筑师，物尽其用，让每一个零件都坚守自己的岗位，这样才能盖起摩天大楼，桃李满园。

我的"四季班"就是这样萌生的。这个名字是我在暑假就想好的，我们班是四班，孩子们都多姿多彩，性格各异，我希望他们像四季一样，更迭变化，丰富美好，既有冬的安稳厚重、春的生机勃勃，也要有夏的繁花似锦、秋的硕果累累。

那么多老师不愿意做班主任，因为处理学生的问题细琐繁杂，总是费心费力又不讨好。其实做教师的乐趣也在其中。因为做了班主任，我与学生的矛盾冲突不断，与学生的快乐轶事也不少。我和他们有了更亲密的称呼，他们把我叫"亲生班主任"；他们的欢笑与泪水都与我分享；他们也会关心我，还会在外会面维护我的形象……

做班主任让我的嗓子哑了，再也无法朗诵优美的文章；做班主任让我的身体老化，一出校门就无精打采疲惫不堪；做班主任让我的时间被限制，哪怕发生再大的事儿，第一时间就是考虑我的班我的孩子怎么办。但是如果上天再给我一次选择，我依旧选择做班主任，无怨无悔！

C老师在入职初期就主动选择在承担语文教学工作的同时承担班主任工作，而且从她的一言一行之中无不体现出她对班主任工作的认同和接纳。由于初中学生正处于成长的叛逆期，所以班主任工作尤为繁复和琐细，对于初任语文教师来说，承担这一工作意味着更大的压力。可是，在C老师眼里，这和语文教师的工作是吻合的，都是对学生人格的培养和熏陶，都是对学生素养的培养。由于有这样的教育理念，所以在C老师看来，作为语文教师，承担班主任工作不仅是可行的，而且是必然的。在交流中她常常会流露出对班主任工作的喜爱，说到学生如数家珍，说到班级活动了然于心，班里孩子的一点一滴她都看在眼里、记在心里，难怪孩子们见了她会那么亲。

认同是做好班主任工作的前提条件，但是仅仅有认同一定是不够的。C老师在入职前做了精心的准备，归结起来就是两个方面：读书和思考。通过阅读学习，通过思考内化。设计班名，其实就是在构建班级文化，"四季班"蕴含着C老师对孩子们的期望。在和家长的访谈中，在谈到班级印象的时候，不少家长不经思索地说"四季班的整体氛围是阳光的……"言谈中让你就能够感受到，"四季班"这个班名，不仅得到了学生的认可，而且家长们也融入其中了。让孩子们各尽其能，坚守岗位，而不是被老师修剪成同一个规格的产品，"园丁"还是"建筑师"的思考虽然还值得推敲，但是，C老师自己的教育理念是比较清晰的,"让他们的初中生活美好起来,让他们快乐起来,让他们成长起来"的培养憧憬包含着 C 老师的对教育的理解和她的教育理想。

(二) 在摸索中前行

在初任的前两年的成长经历中,C 老师也经历了许多摸索的过程,这期间,有许多成长源于她对自己在教育教学实践中遭遇到的矛盾冲突的自我调适和不断的探索思考。

故事三 带班和上课的冲突

做班主任的工作,确实能够让一个教师短期内迅速适应教师职业,转变身份去适应学生和教育教学工作,但是矛盾也是处处存在的。第一次带班,学生发生的各种事情都是天大的事情,每个课间,都有关于上一节课上课出现的各种问题。

我最怕的事情就是:下一节是我的语文课,课间科任老师拽着一个学生,反映班里这一节课出现的各种混乱。

怎么办?

作为任课老师,我的第一职责是带着我备好的课,走进班里,生动有趣地讲解课文,带给学生们知识的愉悦。但是作为班主任,我要及时处理班里的突发事件,最快最好的解决班级问题,为别的科任老师创造良好的教学氛围。

所以在带班的一开始,我特别害怕走进自己的班。一进门,卫生,纪律,各种林林总总的问题一说就是好几分钟。有时因为处理早读和一、二节课的积压问题,半节课都可能过去,落下的课文,不是匆匆了事,就是找自习课再讲。可是去另一个班就不一样了,不用操那么多的心,每天都是一个好心情,一张笑脸进班。久而久之,自己班的学生抱怨声也就四起了。

有一次学生在周记本里写"C 老师,请还我们精彩的语文课"。内容大致是写,刚开学时我的语文课怎么怎么精彩,而现在却总是处理班级事情。这样一来,那些没有犯错误的学生被迫听批评,严重妨碍了他们的学习,耽误了他们的学习时间。

天呐,我竟然忽略了语文教师的本职。

作为语文教师,教好语文是第一要务,班主任属于必要的副职工作。本职没做好,副职还狼狈不堪,换来学生一片埋怨,这样的老师,算是好老师么?

深思熟虑过后,我觉得不能让班主任工作毁了我精彩的语文课。于是我在办公桌前贴了各种各样的暗示小纸条,写着"生气时不要说话,先找回理智","数十声再批评学生","他们只有13岁,谁的年少不犯错","你是一名语文教师",等等。

我还在阅读书籍时知道,魏书生老师也曾经遇到过这样的问题,他在班里找了一个学生,每当他批评学生超过5分钟的时候,让这个学生提醒他,用来保证教学时间。仿照他的做法,我叮嘱学习委员,如果我在课堂上批评学生超过三分钟,就起立暗示我。

就这样,在老教师的指引下,在学生的配合下,在自己的调节下,我终于能把教学时间保证了。我也渐渐明白,学生的问题是处理不完的,就事论事,谁的事情谁负责,至于全班的警戒,有班会和自习可以利用。

目前,带班和教学的矛盾冲突还是时有发生,但是我已经明白:只要记得自己首先是个语文老师,其次才是班主任这个主次关系,就一定能处理好相关问题。

带班和带课的冲突,是同时承担班主任工作和教学工作的老师必然要面对的问题,正因为这样,教师在初任阶段是否应该做班主任这一问题的答案因人而异。有人认为,做了班主任就和学生的关系更紧密了,对学生的了解也就更深入了,因此是利于初任教师成长的。也有人认为,做了班主任,初任教师的精力分散了,在教学方面的成长会被影响,不如等一等,两种说法各有道理。C老师是主动选择两者同时承担的,而且在真正开始工作前她也做了不少的准备和思考,但是,这并不意味着就不存在矛盾和冲突了。班级中偶发事件的不可预料性和及时解决的需要,使C老师在一开始的时候有些应接不暇,于是出现了语文课不像语文课,更像是班主任处理问题的班会课的情况,出现了作为班主任的语文课堂和作为科任老师的语文课堂的明显差异,出现了学生"请还我们精彩的语文课"的呼吁。

C老师在经历了一段时间的无措后，自己有一些感触，加之学生的周记留言，使她认识到了班主任工作对语文教学的影响，所谓"本职没做好，副职还狼狈不堪，换来学生一片埋怨"，而"这样的老师，算是好老师么"的追问，是走出矛盾冲突的首要因素。C老师在这种冲突和矛盾中逐渐有了较为清醒的专业意识，"不能让班主任工作毁了我精彩的语文课"，她认为语文教学工作才是自己作为教师的主要工作，班主任工作不能侵占语文课堂教学时间，这一认识明晰以后，C老师采取了一系列的措施来纠正自己曾经的失误，包括在办公桌前贴了各种各样的暗示小纸条，借鉴魏书生保证语文课堂教学时间的做法，利用班会和自习课时间处理班级事务等，取得了很好的效果。

故事四　备课与上课，教案与教学

现行的初中课本，已经是经过几轮改革后的精品，也加入了很多新文章新观点。看着那些老教师仅仅拿着一本书就能滔滔不绝地讲一节课，作为一个年轻老师，我要走的路还很长。

基本上每篇课文我都会在备课前读三遍以上，再认真研读教学参考等辅导书，做到对文章熟之又熟，才开始备课，才敢站上讲台不心慌。但是有时候也会遇到比较简单的文章，自己觉得没什么可讲的，也不是什么重点，就抱着草草了事的心态，课准备得也不充分。为此，我吃过一次亏，从此再也不敢不细致了。

七年级有篇课文是居里夫人所写的《我的信念》，这是一篇极短小的文章，主要讲了居里夫人在少女时期的想法。教学的主要知识点是让学生识记形容坚定信念的词语，情感认识上，要向居里夫人一样，持有坚定的信念，学习她孜孜不倦的研究精神。这么简单的课文，基本上读一遍，勾画一些词语，完成课后练习就可以了。教参中给的内容也就是居里夫人的生平事迹，以及一些词语的意思。

于是，我带着这样的想法就走进了教室。但是学生可没有这么简单，他们有千奇百怪的想法，有各种各样的问题。

我被问到了这些问题，因为没有详细备课，因此在课堂上被迫失语了。

"同样是发现放射性元素,为什么一次获得物理学奖,一次获得的是化学奖呢?"

"他们发现的元素镭和钋有什么用,为什么能赢得诺贝尔奖?"

"他们为什么钟爱于研究放射性元素?"

"他们在家里研究,怎么防辐射?"

"他们为什么给这些元素命名为镭和钋?"

我发现在学生阅读完文章后,他们没有像我想的那样去思考居里夫人怎样地热爱工作,怎样地孜孜不倦,而是对科学,对她的学科产生了浓厚的兴趣,正因为我备课不充分,才让我在课堂上哑口无言,不知从何解答。

其实这些问题,在网络上很好查到。学生心里认同的老师,特别是语文老师,应该是无所不知的,因此,这次失误,让学生对我的知识面也有了怀疑。

事后我做了大量工作研读居里夫人的资料,又给学生上了一课时,解决了他们的疑问,也增加了他们对化学知识的好奇和热爱。

所以,备课和上课,两者密不可分。没有充分的备课,就上不了精彩的课。这就是为什么公开课都很精彩的缘故。

至于教案与教学,我也有一些自己的看法,上学的时候老师再三讲教案怎么写,三维目标怎么设定。可是,教案写得再好,课能上得那么完美吗?三维目标设定得再准确,能符合课堂的实情吗?我在带学生第一年的时候,每一篇教案都把能写的都写进去,每个教案都写得满满当当。但是真正去上了课,因为学生思维不同,角度不一,原来设定的方法讲着讲着就不起作用了,需要在课堂上随机应变。这样的东西是备课备不出来的,教案里写不出来的。

随着在教学过程中的不断摸索,我觉得教案是个提纲挈领的东西,只要把思路写下来就可以,没有必要详细的像演讲稿一般。用线条式的东西展示自己在课上想要达到的目标,这样就达到了备课时写教案的作用,没有必要把所有的话都写在教案上,必要的时候可以灵活的使用多媒体来帮忙。教学环节中最重要的是上课,能把课上得精彩上得好,这才是真正的本领,也是老师应该做的事情。所以我觉得,一节好课,一定要认真详细地去准备,吃准吃透再站上讲台，这样既是对学生负责，也是对自己的负责，而准备的形式则可以更为灵活一些。

C老师在初任阶段的语文教学能力的成长是显而易见的。这个小小的故事从一个角度呈现出她对教学设计和实际教学效果的比对琢磨过程。起先，C老师按照自己的理解去全面备课，事无巨细一律用文字的形式呈现出来，并且认为这样就可以较好地完成语文教学，而且在备课中，C老师有自己对课文是否是重点的主观判断，对比较简单的文章，"自己觉得没什么可讲的，也不是什么重点，就抱着草草了事的心态，课备得也不充分"，因此，在教学中遭遇了尴尬的局面，被学生问住了。而这一经历成为促进C老师专业能力成长的契机，"事后我做了大量工作研读居里夫人的资料，又给学生上了一节课，解决了他们的疑问，也增加了他们对化学知识的好奇和热爱"。可见C老师在遇到因自己的准备不足而遭遇的教学偶发事件后，能够通过课后的继续研读来解决学生提出的问题，积极主动地弥补教学中的不足，使学生的好奇心和求知欲得到满足。而且，通过备课和上课存在的差异的思考，C老师对教案设计有了自己的看法，认为"教案是个提纲挈领的东西，只要把思路写下来就可以"。这恰恰说明C老师明白了静态的教学设计不能是一个完全固定的程式化的必须照章遵从的模板，而是一个思路的规划，在具体的教学过程中，它应该是可以根据教学的实际情况进行调整的，应该是动态的生成的。在对C老师前两年的语文课教案的分析中也可以看到，C老师的教案从七年级上册的事无巨细到逐渐简约，环节完备条理清晰，纲目明白但不琐细，可见她已经逐渐找到了自己的备课设计风格。此外，C老师除了做好教案以外，还会在语文书上作相关的批注，有的时候还会用到小纸条来提示自己，可见她在课前准备中的目标感是明确的。其实，这恰恰体现了C老师的教学生成能力的增长，而语文教学生成能力的提升正是初任语文教师专业成长的关键所在。

故事五　语文课也可以这么上

脑海里浮现着自己是中学生的时候，语文老师上课的模样。讲现代文一般都是：介绍作者、朗读、分段、词语、句子、思想感情、写作方法……讲古文则是翻译、内容串讲、中心思想。千篇一律的讲法，深挖细究的分析，让学生从文章里学来的都是功利的得分方法，久而久之也就如鸡肋一般，食之无味，弃之可惜。这语文课就成了不少同学的放松课，不重视也不下功夫。

  为什么要模板式地讲语文？我常说，我教的是世界上最富有文化意蕴的文字，最富有思想内涵的语句。那么，作为一个语文老师，教学就是细究每一个字词的用法，深挖每一个句子隐含的用意？不仅仅是！你应该从文章里让学生有所得，这个所得不仅仅是写作手法，也包括做人做事的启发，包括情感上的所得。

  所以我的语文课，基本都是从"来说说这篇文章为什么能被选入初中课本"开始的。让学生自己去挖掘课文的优点，让他们试着去探索其中的奥秘，不要否定他们对某些字词的理解，不要强制地告诉他们什么是好的，什么是公认的，把问题拿出来一起讨论，这样才能激发起学生对语文学习的兴趣！

  关于古文，我则会讲大量的古文献来铺垫作者的背景，让学生对这个人感兴趣，从而对他的文章，他的故事感兴趣。有时也会让学生来讲讲他的理解，如果被叫的同学答不上来，坐在下面的学生会特别积极地"打电话"。我也不会阻止他们的做法，因为我觉得这个"打电话"的过程就是学生自学的过程。他不会就无从"打电话"。所以，我鼓励这样"打电话"的同学，会让他们站起来"打电话"，直接讲出来，然后大家讨论正确与否。所以，每一篇古文，我们都踏踏实实地走过来，也一篇不落地在课堂上、早读时背过。这些古文就是我给学生的金刚钻，我一直都相信，那些古老而有历史的文字，永远是人生的指引，不仅仅是中考高考！

  综合性学习课，这个名词我第一次听说时不禁笑了。以前我们是叫作文课的，现在又换了这么个名字。名字换了，说明要求也不一样了。这个综合性学习课，不仅要求学生能书面表达，也要重视学生的口语交际能力以及合作能力。怎么上，好多老师都当传统的作文课来讲，可我总是想让学生在语文课上获得乐趣，所以我的综合性学习课，总是丰富多样的：

  《走进秋天》的综合性学习课，让学生到户外去照相，去远足，去旅游，把照片拿出来分享，从照片里看秋天，从风景里看文字，学着描绘照片，学着用文字记录自己看到的美景。

《古诗苑漫步》的综合性学习课，让学生整理自己喜欢的古诗歌，6人一个小组，用同样大小的纸张，自己绘画插图，自己抄写古诗，自己排版成册。

《微笑着面对生活》综合性学习课，让学生自我准备、做好演讲稿，每小组派一名学生代表参加演讲，然后根据同学们的建议修改演讲稿，每小组上交一份。

《好读书、读好书、读书好》的综合性学习课，让学生们做图书商人，上台来推荐书籍，讲讲所推荐的书吸引人的地方，下面的同学投票竞买，完成阅读后的读书报告。

《话说千古风流人物》的综合性学习课，我带着学生们做了一次穿越，走回历史现场，看看你喜爱的主人公都在做什么，说说你对他的所作所为有什么看法，聊聊如果你是他的朋友或重臣，你会怎么给他建议，写成文章。

……

这些丰富多彩的综合性学习课，让学生期待每周三的两节连排，让学生不再惧怕作文课，让学生思路开阔有话可说。

作为一个新时代的语文老师，我们面对的不仅是学生，还有无所不知的网络。学生想学知识，不仅可以通过老师，也可以在网络上自学啊，怎样让学生爱上课堂，这是最重要的。所以，语文课原本就可以这么上，那些死板教条的模式让它成为浮云，随风飘走吧。

作为初任语文教师，语文教学能力的提升尤为重要。它是教师专业成长的显性表现。C老师教学能力的提升首先源自于对语文教育教学的感性认知的思考，曾经的中学语文学习经历成为了她教学中应该注意的反面案例，食之无味弃之可惜的鸡肋式的语文课成为必须要吸取的教训。其次，提升学生的语文学习兴趣，让他们感受到语文学习的乐趣，是C老师在语文教学设计中非常看重的，所以她会想出各种各样的办法来激发学生的语文学习兴趣。在和学生的交流中，问到学生最爱上的语文课型时，学生们说到"喜欢新课，因为有新奇感，上课形式活泼，新颖，同学们可以畅所欲言，老师会讲许多新的故事，我们老师总可以将一些乏味无趣的课讲得生动，引人入胜……""喜欢综合性学习课，因为它内容丰富，特点鲜明，有趣生动、活灵活现，多姿多彩，老师会带领大家认识一些新的东西，对人生、生活的新认识，加强辨正能力，新奇好玩。知识面广，常常会收获一丝丝感动……""喜欢作文课，上作文课感觉十分兴奋，就十分想把内心的想象散发出来，老师举出许多优秀的作文例子，并分析出写作特点，列举出许多可用的修辞手法，能大幅度提高自己的作文水平……"还有学生直言"喜欢语文的所有课型"，言语中流露出对 C 老师的信赖："没有她就没有现在的语文课"。可以看出，在提升学生的语文学习兴趣方面，C 老师是比较成功的。这一成功源自于 C 老师对语文的理解，源自于她的语文教育理念。从上面的故事中不难看出，培养学生学习兴趣，关注学生的语文活动的设计，让学生乐学爱学，同时在语文学习中使学生得到人格培养和情感熏陶，是 C 老师传递出的语文教学理念。当然，C 老师能够根据文章的不同来设计教学，其专业知识和专业能力也是不容忽视的。

从 C 老师的叙说中，还可以看出，C 老师对语文综合性学习活动的理解是比较模糊的，她把这一领域看作是以前的作文课的一种演变形式，"以前我们是叫作文课的"，"这个综合性学习课，不仅要求学生能书面表达，也要重视口语交际以及合作能力"，"这些丰富多彩的综合性学习课，让学生期待每周三的两节连排，让学生不再惧怕作文课，让学生思路开阔有话可说"。其实从 C 老师的实际授课中可以看出，她的综合性学习活动课的设计在一定程度上达到了该领域的要求，如"在办刊、演出、讨论等活动过程中，体验合作与成功的喜悦"，"用文字、图表、图画、照片等展示学习成果"等，[①] 起到了较好的教学效果。但是还要看到，C 老师把综合性学习看成作文课的一种灵活变体，这样，语文教学目标的五个领域"识字写字、阅读、写作、口语交际、综合性学习"，在 C 老师的理解中就成为了四个领域了，这一理解会使综合性

---

① 教育部：《义务教育语文课程标准》（2011 年版），北京师范大学出版社 2012 年版，第 17—18 页。

学习的范围窄化，不利于语文综合性学习的深入开展，是值得思考的。在初任语文教师的职前培养中，对于语文课程中的三个维度五个领域的介绍应该是目前语文学科教学论必须要讲到的内容，但是实际上由于语文综合性学习活动的教学设计常常是一个活动系列，上课的时候多以学生展示的形式呈现，而真正地指导在课下进行，这样在职前的教学模拟中不太容易操作，而在进行教育教学实习的时候也很少被强调，因此，如何理解如何实施就主要靠语文教师职后的自我琢磨了，这是值得职前培养中关注的一个问题。

在翻阅 C 老师的教案时，还能看到她在新授课中的不少教学创意，能够展现出教师在课前准备时的深思熟虑和教学中的灵活变通。如在"陋室铭"的教学设计中，C 老师安排的教学环节是：参观古建，走进陋室；探访古人，走进作者；品味妙笔，欣赏写法；留一点思考，探讨主题；这四个环节，层层推进，步步引导，在设计中就显现出了对文本深入解读后的巧妙设计。C 老师的这一教学设计还获得了省教学设计一等奖。像这样不落窠臼的教学设计，在 C 老师的教案中常常能够看到，难怪学生对语文课的喜欢溢于言表。C 老师在语文教学中不按常理出牌，该讲到的内容不落下，切入点的变化和讲课方法的不同让学生总会感到新奇，感到有意思，能够提升学生的语文学习兴趣。不难看出，C 教师的教学能力的不断提升与她本身对语文教学的理解，与她的专业理念是息息相关的。

C 老师的专业能力不断提升的另一个原因是她教学反思的习惯性。在翻阅 C 老师的教案的时候发现，每一个课时教案后面都写了教后记，有的是对自己一节课讲法的分析，有的是对学生本节课反应的评析，有的是对该节课上的成功与否的自我评判，有的则是提出了改进的方法。虽然前两年的语文教学已经过去，但是结合着教案和教后记就会很清晰地感知到当时的教学情景。如在《从百草园到三味书屋》一文的两个课时的教后记中，C 老师分别写到"因为嗓子原因，在课上不能朗读课文，因此找了一个朗诵 DV，是拍的百草园与三味书屋的实景，配乐朗读，但时间太长，25 分钟，大半节课都过去了，因此课时内容未完成，但他们很喜欢这篇文章，就达到了另一个目的"，"因为上一个课时没讲完，这节课内容量太大了，学生在后半节课上反应很慢，问题回答不上来，因此没有进行完。在内容上来说，没有什么大问题，但学生态度不算认真，课上得很累，加上嗓子不适，又两节连上，因此十分辛苦"。分析了因为身体原因造成的教学时间安排的不足，使教学效果不够理想。在《丑小鸭》一文讲授的教后记中，一则写道"这个故事小学都学过，不妨让学生在没有看文章的情况下先复述课文，评价故事，许多同学只记得大概，不记得情节，就需要老师出示课件帮他们把情节回忆起来，总体效果不错"，第二则写道"这一课时以励志为主，主要是让学生从课文中感知到没有不可战胜的困难，当然也有学生提出：丑小鸭并没有努力呀，就因为它本来就是天鹅！这个问题我觉得讲得不好，其实这就是价值观的问题，丑小鸭能够端正面对困难，就是一种突破，下次要再讲一次"。在《最后一课》里，看到的反思是"我是以'如果明天老师不能来上课，你们会记得我吗？'开头的，一开始学生被吓到了，课堂上立刻有人表情严肃起来，气氛也就烘托出来了。当我回到课文中时，学生们长舒了一口气，也越发地理解了小弗朗士的心情，至于是否像小弗朗士一样听懂，就不得而知了"。而在《艰难的国运与雄健的国民》的反思中则写道"只能感叹：爱国不能在初一讲，因为他们不明白。老舍先生也说了，只有在民族危亡之时才最能体会出一个人与一个国家的联系，试问现在的学生，衣食富足，没有看过类似《南京！南京！》的片子，怎么去激发他们的爱国热情，上得又累又失败"。《土地的誓言》的两则教后记写到"本课时着重讲了'九一八'事件，勿忘国耻！学生历史还没有学到近代史，因此对这段历史还不了解，通过大量的图片，还原历史真相，让学生知道那个让中国人耻辱了大半辈子的事件。其间专门留了5分钟自我反思，让他们想想该怎样才能建设祖国热爱祖国，这一小段同学们大都认真，课程顺利"，"本课时抓住文本，由爱国之情——具体体现——升华爱国激情，文中对东北的描写如数家珍，这来自于作者对故土的热爱，因此去了解东北，了解历史，对这一课来说特别重要。板书由教师写骨学生填肉，比较精彩"……类似的自我评析在教后记中随处可见，是对教学的及时回望，是在分析在总结，很客观也很实在。坦言自己语文课堂教学中的实际问题，不谦言成绩也不回避不足，而且呈现更多的是对不足的剖析，经验和反思的有机结合恰恰是C老师不断成长的关键所在。

故事六 回忆中前两年的四季班

还记得自己第一次出现在学生面前的样貌，当然，这也是学生常常提起的事情。8月底的学前教育，我手里拿着四班学生名单，站在楼道里认真读熟。年级大会，我在四班队伍最前方站着，穿着紫色运动衣，牛仔裤，背着双肩包，手里拿着伞。那天大雨，从五楼向下望，学校成了一片湖，天空泛着青灰色，而我的心却因为这一帮学生，清朗如画。这就是我的学生我的班，是我朝思暮想的教育事业的起点。

大会解散回班去，三尺讲台上我独自站立，下面有49双眼睛盯着这个像高中生一样的老师，有的笑容灿烂，有的眉头紧锁。门外的家长也侧耳旁听，这么一个年轻的老师，怎么管理得了这群叛逆期的孩子们啊。

简短的自我介绍赢得了学生的阵阵掌声，因为我的幽默，让学生倍感放松与亲切。其实这段台词，已经在我心里酝酿了太久太久，从我进入师范院校第一天开始，就揣度着今天的开场白了。

我与四季班的起点，从微笑开始。

这是一个男生多女生少的班级，孩子们脸上都挂着孩童的稚气。女生清秀、男生调皮，这是开学没几天老师们对我们班的评价。于是我在心里默默地计划着，这三年，我该让这个班怎么成长：七年级，要带着学生了解初中，适应初中学习生活。初中阶段的知识学习量明显增多，上学时间明显增长，加上延点补课，很多孩子会不适应。所以，最重要的是在这一年让他们适应我的管理，适应每一科老师的教学方法，找到自己的位置。八年级是叛逆的高峰期，对人生、世界、自我有了初步认知的他们，开始用自己的弱小身躯顶撞坚固的成人世界。油盐不进、小团体意识萌生，个别学生还有可能产生一定的厌学情绪，会是他们每个人心里的萌芽。不如在八年级带着他们玩耍，带着他们过渡，让这个叛逆来得不要那么明显与刺眼。九年级是冲刺时机，学困生可能对自己的未来没了希望，就像是"非诚勿扰"上被灭了灯的嘉宾一样，失去了摄像机对他的关注。这样的学生心理压力更大，要做的是细腻地关心他们的内心世界，及时疏导，帮助他们找到未来的方向。

计划是好的，但是现实总是突如其来，让人意想不到。一场甲流，让四季班的孩子们，不需要言语的团结在了一起。

起初没有人意识到问题有多严重，我也只是每天例行检查家长送来的体温晨报单，提醒学生注意防范，不要到人员密集的地方去，一旦发现不适要立即去医院检查。然而有一天的一个电话，让我的心揪了起来。疾控中心打来电话说，我们班已确诊一例甲流患者，要紧急解散班级的学生，在家里隔离观察。

那时学生正在上课，学校安排我下一节课去班里通知这件事。年少的我一开始有些慌神儿，一则担心得病的学生身体有恙，二则担心这些年幼的孩子自己在家管理不了自己，更容易染病。所以在班里叮嘱的时候，眼泪竟然不自觉地盈满了眼眶，是畏惧，是担忧，更是不舍与牵挂。我的情绪感染着学生，他们在班里流着眼泪保证要照顾好自己不让我费心，那一节课我的眼泪再也忍不住，是这些孩子，给了脆弱的我一剂强心针，作为他们的班主任，他们的主心骨，我怎么能倒下。我要用灿烂的笑容，迎接他们隔离归来复课。

后来班里又陆续有两例，那个9月，我的班几乎没怎么上课，家校通还没有建立起来，我每天就拿着手机给学生安排在家的作业，叮嘱各项事宜。有一天从隔壁班上课回来，看着桌子上的作业本，默默地发了好久的呆。原以为作为老师，我可以做的事情很多很多，此刻才明白，没有了学生，我什么也不是。所以，要为了学生着想，时刻与学生站在一起，这样我才能称为教师，才对得起这份职业。

走过最艰难的日子，孩子们懂事了许多，班级的凝聚力也增强了。随后的那一年里我们班先后被授予校级先进班集体、区级先进班集体，学生们都积极乐观，活力四射。

八年级果然是最难熬的时候。我们年级原本非常优秀的一个班，因为学生、家长闹事，学校没有原则地息事宁人，支持了家长，处罚了老师，造成学生叛逆心四起，甚至在家长那里编谎话来诬陷老师。而老师们则被绑住了手脚不敢教育，一下子这个年级，叛逆滋事的风气膨胀起来。我该怎么办？总不能因噎废食，也不敢管理我的班了吧!

  深思熟虑后,我觉得教育是个日常工作,不可能一下子就起效。那么不如从我教的语文课入手吧。

  其实人教版的课本,内容是很好的,符合学生心智发展水平。八年级上册第二单元,我命名为"平凡的爱与伟大的回馈"。那一单元的文章,都是名家名篇,写的却是小人物的故事。在那一单元,我的目标是感动学生,因为我们每个人都是平凡的普通人,忽略我们之间的爱,就等于漠视情感,等于否定了人间真情。而老师与学生,从素不相识到日日陪伴,这样的爱,更应该懂得珍惜。《阿长与〈山海经〉》里,长妈妈那种无私的爱,不就是张老师对学生的爱吗?《背影》里父亲的背影,不就是戴老师每天疲倦走出班级的写照么?这一单元,我着重提老师与学生的关系,让他们淡忘掉门外的硝烟战火,看看身边可爱的同伴与和蔼的老师,把自己的苦衷、自己的无可奈何说给学生听,这就是我的教育方法。

  为什么要在学生面前充大,为什么要刀子嘴豆腐心?我觉得,嘴坏心好的人也不能算是好人,你对他好却不让他知道,让他一直埋怨一直记恨,有一天真相大白,他又要悔过要谴责自己,为什么师生关系非得这样。也许我是80后比较开朗又什么都不怕说的那一类吧,我自己会时常把我心里的想法拿出来告诉学生,把我的为难说与他们听,也会无时无刻,抓住任何时刻说"我爱你们",直白的表达换来的,是学生真心的理解。

  所以,一篇《弟子规》,学生什么时候说起来都愿意写。因为我讲到了,我告诉他们做错事应该接受惩罚,古之经典的抄写会让人内心平静,会带着你悔过错误。犯错后写《弟子规》不是惩罚,是改正错误的开端。我相信,手过百遍之后,总有一天他们会领悟到《弟子规》里的精华,会让经典指引他们走向更畅达的人生。

  就这样,在语文课文里,在《弟子规》里,我的学生安然度过了叛逆严重的初二。虽然输了运动会的集体奖,虽然输了跑操比赛,但是我们得到了认可,我们班被授予"市级优秀班集体"的称号。

回忆起四季班的点点滴滴，C老师有说不完的话，过去的事情仿佛历历在目，班级中曾经发生的每一件事情都记在心里，这个班倾注了她多少的热情和心血！这种如数家珍地述说，包含着她对所带班级倾注的心血，也渗透出她作为语文教师的强烈的专业认同。的确，较强的专业认同意识一直是C老师专业成长的内在动力，所以，她的入职进班的开场白是在进入师范院校的时候就开始琢磨的，她会在承担班主任工作后主动去思考带班工作，在带班之初就对初中生的三年成长有一个比较概括的思考，结合学生的身心发展特点做了一个较为理性的规划，把自己的入职三年和学生的成长紧密联系起来。她并没有过多地去想这三年我怎么成长，而是在思考"我的学生们应该怎样成长，我应该在他们不同的发展阶段注意什么，引导什么"，而这恰恰是一名教师主动成长的关键。心系学生，为学生考虑，实际上就是教师对自己职责的高度认同。而在和学生一起面对甲流的那些个日子里，C老师悟出了"没有了学生，我什么也不是。所以，要为了学生着想，时刻与学生站在一起，这样，我才能称为教师，才对得起这份职业"这个道理，可以说她的专业认同意识得到了进一步的提升。其次，C老师建构了自己的教育教学理念，比如说她认为"教育是个日常工作，不可能一下子就起效"，所以她把班主任管理工作和语文教育教学工作联系起来。结合语文教材的实际，在语文教学中渗透人格教育和情感教育，使学生能够心服口服。既实现了对学生的管理，又完成了语文教学中情感态度价值观纬度的教育教学目标。她"会时常把我心里的想法拿出来告诉学生，把我的为难说与他们听。也会无时无刻，抓住任何时刻说'我爱你们'"，很有新一代教师的作为。和学生交心，坦诚自己的观点，给C老师的工作带来了不少收获。"直白的表达换来的，是学生真心的理解"，不难看出，新型师生关系的构建正是在这样的教育理念的指引下不断完成的。即使是作为惩罚，也能得到理解和认同，"一篇《弟子规》，学生什么时候说起来都愿意写"，而这样的"惩罚"，又不仅仅是抄写那么简单，C老师也有自己的目的和用意："总有一天他们会领悟到弟子规里的精华，会让经典指引他们走向更畅达的人生"。事实上，这一做法也的确收到了较为理想的效果："在语文课文里，在《弟子规》里，我的学生安然度过了叛逆严重的初二。"

三　行程：这一年，经历课改，走过中考

（一）初三的那些日子

初三的日子里紧张而又忙碌，在目前的教育环境中，初中升高中对学生来说至关重要，走完义务教育段就面临着是否能够继续学业的问题。虽然现在绝大多数孩子都会继续进行高中学习，但是进入一所怎样的高中的确是家长和学生关注的焦点问题。由于教育资源的分配不均衡，不同的高中甚至意味着学生未来三年的成长状态和以后能否进入较好的高等院校，所以，这一年对学生很关键，对教师，也很关键。衡量一名教师的教学能力和水平的途径虽然很多，但是中考，依然是学校、家长、学生对初中教师进行考量的主要指标。

故事七　初三伊始，经历课改

各种各样的学习，今天"洋思"，明天"杜郎口"，还加上什么山东名校、内蒙古名校，只要学校一派老师出去学习，回来必然又是课改。课改课改，都在求新求异，但是自己学生的情况是怎么样的，自己学校身处的位置是怎么样的，会决定一个学校、一批老师的教学方法。千篇一律的要求，没有底线的学习，让我也邯郸学步了一会。

初三第一个学期，学校又有老师出去学习，带回来了所谓的"271模式教学方法"。这271的含义是这样的：百分之二十的时间教师讲，百分之七十的时间学生自学讨论，百分之十的时间课堂测验。天哪，这么算来一节课我就只有9分钟的说话时间了。

因为没有出去学习，这个模式操作起来真是困难。我们的语文课，学生最喜欢的就是听我的故事，听我的观点，听我的噱头，听我的问题。但是不让我讲，只给我9分钟的说话时间，我可怎么讲。比如古文，一个古人的简介我都得5分钟，让学生自学，给本参考书？学生下课就说："老师你太懒了，都不讲，让我们看全解，全解哪有你这个姐讲得精彩啊！"

但是学校拿时间来说话,讲课多于9分钟就是不靠拢模式,要反思要改革。

我们这样的班级,成绩优异的学生和后进生的语文成绩能差出50分,他们进行自学,好的10分钟就透了,差的根本不学,干别的事去了。你说拿出惩罚措施来,一不能打、二不能骂,还不能罚抄课文(因为这是变相体罚),没有了惩罚,学生什么都不怕。那些枯燥无聊的古文,本来听我讲故事还能听点,现在让自学,干脆不学了。

这么一来,不仅学生的语文成绩下降了,连我和学生的关系都疏远了,学生认为我变成了一个懒惰的老师。

所以说,立了榜样,就一定能起到积极作用吗?洋思、杜郎口这样的学校,配套的管理措施很齐备,学生像是被洗脑一样接受了这样的模式,惩罚力度也很大,学生不敢也不能够出错。而我们去学习了,回来不分情况的就去实践去运用,没有后备的管理措施跟上,让课改变成了空话。

再者说来,现在是讲大教育、大语文的时代,教书不仅是让学生学业水平有提高有收获,更是让学生成为健康的人、完整的人、有理想的人。素质教育不仅是教会学生知识,还要教会学生生活,而类似于那些榜样的学校,本就是背弃了素质教育的。让我们去学习,又让我们坚持素质教育,这无异于挂羊头卖狗肉吗!

走过了这些形形色色的学习,我觉得,教无定法,每个科目每篇文章每个知识点都有不一样的教法。我们可以出去听课,听听别的老师怎样上这样的课,去学习,而不是去看人家怎么表演,听人家怎样短平快的拿到高分。一味地学习不思考,孔子都说过"学而不思则罔"!

教学改革一定都好吗?C老师经历的教学改革应该引起我们的思考。记得在这个过程中,C老师曾不止一次地提及这样的改革给她带来的迷茫与困惑,她说"不知道该怎么教了","简直是邯郸学步",到后来学校要求写关于271模式的论文的时候,C老师对我说"这次我要'二'一回,把我的感受真实地写出来,我没有觉得有什么好,我决不会给这样的模式唱赞歌"。不仅如此，在经历了一段时间的迷茫和抱怨以后，为了弥补这种模式对自己的语文教学带来的冲击，C老师还巧妙的和学校的检查躲猫猫：上课时间是会被检查的，那就严格271；自习时间和补课时间是比较自由的，那就赶紧按自己的讲课套路进行语文教学，补回遗漏的内容。当然这种做法依然是痛苦和纠结的，所以C老师说，这种改革简直就是"幺蛾子"。C老师在经历学校倡导的这次教育教学改革中，体现出了她专业发展意识上的自觉，这是非常值得肯定的。当然，从C老师的叙说中还可以看到，对于其他学校的教育教学改革的实际，C老师了解得并不透彻，在评价中也存在偏颇之处。此外，学校经过外出考察而带回来的教学模式，是否真正领会了所考察学校的教学改革精神也是值得斟酌的。不过，C老师在经历教学改革中的所作所为，体现着一个经历者、参与者对问题的思考和分析，而不是盲目地跟从，这是值得肯定的。

在基础教育改革的大背景下，求革新的出发点是好的，有不少学校都在探索教育教学改革的有效途径。C学校进行改革的初衷也是好的，希望能够借鉴别的学校的成功做法，提高教学效率，提升学生能力，放手让学生去主动学习。但是要想真正使教学改革起到良好的效果，必须要根据学校、学生、学科的实际情况来进行改革，一刀切的方法本来就不是科学的。C学校所实行的271模式本身是按照时间来划分教学进程的，这就势必带来教学中的刻意和呆板，使教师受到束缚和局限。拿语文教学来说，文选教学、作文教学、综合性学习教学的特点各异，教学中时间分配也是有差别的，而单用文选教学来说，讲读课文和自读课文的时间分配也是有差异的，此外，不同文体的课文学习也要结合学生对该文体的已有知识积淀来选择教学时间的分配，这还没有仔细去考虑不同班级不同学生的语文学习实际情况，仅仅划定时间的改革本身就存在着很大的弊端。倒不如鼓励教师们结合其学科实际和学生实际进行教学的改革，探索出适合的教育教学革新之路。

故事八　复习课不好上

初三真是折磨人的时候，是相互折磨，特别是后期。陌生课文里，学生喜欢探索新知，喜欢了解各种各样的新奇。而复习课，是枯燥的知识总结，是无趣的内容重现。所以在刚开始的两周里，别说学生，连我也讲得没滋没味的。那个时候特别佩服我们学校的两位常年带毕业班的骨干教师，他们怎么能有那么高的热情呢？

与几个老师交流经验后觉得，其实学生的情绪低落，完全来自老师。如果我们能够认可我们此时的教育是最有力量的，那么学生也能够感受到那种热情。所以，给自己洗脑过后，我继续带学生进行复习。

分门别类的复习是必需的，也是最重要的。这个时期，我把工作分为两方面：一方面是紧抓学生基础知识复习，使学生在考试中能拿到基础分，比如字词、默写、修改语段；另一方面是带着学生认识熟知大量的题型，从试题中分析出题人的意图，再入手答题，做到有的放矢。

学生反馈给我的信息里也说，他们最大的困难是摸不透出题人的问题方向。还有学生说害怕纸质阅读，一看那么多字，立刻就心生厌恶。如果能有个人给他念念，答题的正确率一定会提升不少。从这些话语里，我觉得三年来，至少我的语文教学有失误，没有让孩子们安心阅读，没有让学生学会找重点分条理。所以，下一轮的教学，我觉得要把读书贯彻到课堂上，要培养学生对各种文章的喜爱，要让学生养成阅读的耐性。

在复习阶段，基本上每周都要写大作文，作文的指导是头疼的，我把作文大体上分为这几类："我""物""事""感""思""理"。每个作文的思路、题材、写法我们都要集思广益，开拓思路。

中考复习琐碎又匆忙，其实复习和日常教学是分不开的。平时日积月累要是丰富牢固，复习的时候就轻松愉悦，因为积累不够，复习的时候才会手忙脚乱，病急乱投医。经过一轮初三的磨砺，我也对自己的教学有了新认识，要认真安排重新规划，细致总结得失，迈向新的起航。下一轮，一定要更强更好！

语文复习课的教学如何进行？尤其是初三毕业班的系统复习而不是平时的期末考试的复习课。一般情况下，初一、初二阶段面临期中期末考试，语文教师也会带领学生们进行考前复习，但那种复习时间较短，任务也较轻，主要是针对一册教学内容展开，而且学生面临的也仅仅是学期中的常规考核，复习的压力比较小。而面临中考这种选拔性考试时，大多数学校都会提前把新课内容提前上完，最后留出好几个月的时间集中复习，还要进行反复测验、模拟考试，这对教师和学生来说都是一种压力，甚至是一种折磨。C老师在进入初三语文上复习课的初期也经历了这样的过程。在这种情况下，她首先想到的是和老师们进行交流，寻找问题所在，并且做了一个指向自己的归因分析，"学生的情绪低落，完全来自老师"。C老师在对复习课的分析上，既注重了复习中的"明线"，即复习的内容，又注重了复习中的"暗线"，即学生的复习心理。[①] 正是因为这样，她才静下心来思考解决方法，一方面探寻复习课的教学内容和技巧，争取把语文复习课上扎实；另一方面在这个过程中反思自己前两年多在语文教学中存在的问题，如要加强对学生阅读力的培养、要注重语文学习中的平时积累等，不仅针对现阶段的学生复习指导进行思考，还对自己今后的语文教学做出了进一步的规划。初任语文教师如何提升他们的考试研究能力，系统的语文复习课应该怎么上，这个问题很容易被忽略掉。在初任语文教师的职前培养阶段，往往还顾及不到交给师范生上复习课的相关内容，因为教学的时数限制，加上应聘试讲常常考核的是新授课的内容，所以复习课不是师范培养中关注的重点内容。在教育教学实习阶段，实习学校基本上不会把实习生安排在毕业年级，所以在这个阶段也很少有学生获得系统的复习课教学的感性认识，更不用说理性分析了。进入工作岗位以后，初任语文教师多是从起始年级开始任教，到承担毕业班的语文教学任务至少也在两年以后，这时，相对于刚刚入职的教师来说，他们已经有了两年的教学经验了，学校如果决定让他们承担毕业班的教学任务，应该说对他们前两年的教学是比较认可的，那么，面临复习课教学，如何去培养和提升能力，也是一个比较容易忽略的问题。

[①] 张彬福：《怎样成为一名优秀语文教师》，华东师范大学出版社2011年版，第127—129页。

故事九　和学生一起走过的月考和模考

学生最怕考试，其实老师也怕出题。这题出得既要符合学生知识水平，也要区分档次。按道理说老师对学科知识的把握绝对高于学生。可究竟怎么把题出好出稳，一度难得我抓耳挠腮。

于是在月考的时候，每次出完题，我都要先印出一份样卷，自己掐时间先做一遍，看看自己用多长时间。因为自己知道答案，因此要给这个时间乘以三，才是学生答题的时间。所以基本上每次考试，学生答题的时间都基本够用，或者只多一点点。

模考题不是我出，这个我就不操心时间的问题。但是很多题问法新而且有难度，如果老师不亲自体验应试的感觉，怎样能够找出破题点？所以，每次模考语文，我都申请监考，在考场上和学生一起答题。

我们都是开考时拆封试题，分发试卷。我先在教室巡视学生的信息填写情况，再坐在讲台前答题。等我答完题，站起身继续巡考，学生基本上能够答完试卷的一半。等考试结束后，我和学生一起回办公室拿出答案对照我做的考试题，看看老师能得几分。这个过程让他们很期待，"看看C老师这次能得多少分"，是他们非常关切的事情。发现我做题中出现的错误他们就好像拾了宝，"错了！错了"地喊着，看到我所犯的错误，像粗心啊、答题不完整啊，他们要多得意有多得意。于是我就把自己的错误总结出来给学生分享，让他们从我的错误中找到经验教训，避免犯错。

我的学生都会说：C老师也不是神，也有做错题的地方，下次不要犯同样的错误就行啦。我想，终有一天，我会见过所有的题型，不会再犯错误，那个时候，我一定会更好地指导学生备考，让他们在考场上取得高分。

如果说复习课授课方法的学习是初任语文教师职前培养和职后成长中容易被忽视的，那么命题研究和考试研究就更为缺失了。如何出好一套语文考试题，要有覆盖面、有层级性，还要有一定的创新性，这的确不是一件容易的事情。C老师在月考中也曾经面临"怎么把题出好出稳"的问题，也"一度难得我抓耳挠腮"，那么，在这方面，学校应该给予初任教师怎样的支持和培训呢？在 C 学校中，我们没有看到有力的帮助，在随后的普遍性调查中，也很少有学校在此方面进行探索，这也是值得思考的问题。

如果说上复习课是语文教师必须面对的教学任务的话，那么做考试卷则完全是教师的自我选择了。目前几乎没有哪个学校明文规定教师必须和学生一起进行模拟考试。学生考试，教师阅卷，阅卷时一定会有标准答案的，讲评卷子也完全可以按照答案来进行。不过大多数教师还是会在讲评试卷之前结合着标准答案把试题做一遍的，这样才能知其然知其所以然，能给学生讲得比较透彻。而选择和学生一起做题，让学生和自己一起根据标准答案来批阅教师所做的试卷，并分析问题所在，则是一种莫大的挑战。这就要求教师要有非常深厚扎实的语文功底，还要有敢于挑战自我的勇气。在学生心中，教师对所教的学科的掌握程度一定是很优秀的，这才能够让学生信服。教师和学生一起考试，让学生为自己阅卷，如果教师做得差，何以让学生信服？C 老师所说的和学生一起做题并不是偶尔一次的做秀，而是在初三阶段和学生一起经历学校的每一次模考。记得在第六次模考结束后她告诉我，中考的语文时间是两个半小时，为了提高学生的答题速度，校内模考一般规定的考试时间为两个小时，她在安排好学生的考试检查完学生填写的试卷信息后开始做题，包括写作文，一般需要四十分钟到五十分钟。模六的语文试题难度大，她用了近八十分钟才做完，她起身的时候很多学生都有点慌了，所以那次学生的成绩不是很理想。一共十二次模拟考试，每次 C 老师都是和学生一起经历语文考试的全过程，而且 120 分的满分试卷，她每次都能做到 110 分以上。在和学生一起为自己阅卷的时候，她把自己做题中出现的错误让学生来分析，"让他们从我的错误中找到经验教训，避免犯错"，"老师也不是神，也有做错题的地方，记住下次不要犯同样的错误"，既让学生服气，又教给了学生方法，增强了学生的信心。C 老师坚信"终有一天我会见过所有的题型，不会再犯错误，那个时候，我一定会更好地指导学生备考，让他们在考场上取得高分"，这句话说得有道理，是 C 老师的目标之一，也是她信心的体现。

（二）这样告别

故事十　初中的最后一次综合性学习课简记

3月底就结束了所有新课，但是我留下了最后一个综合性学习课：我的初中生活。那时候学生很期待上这个课，但是我一直在拖延，我想等到最后，等到离别的钟声敲响，我们再来一起看看初中生活。一是总结，二是怀念，三是为中考作文准备素材。

中考的时间是6月23—24日，随着模考不断深入，学生们进入了深度疲惫期。

到了五月底，学生们基本上到了一个高原期，冲劲和拼劲都显得不足了，疲了也皮了，于是我把这节综合性学习课安排在了六月初。原打算用两个课时来完成，不过最后却用了三个课时。

导入的时候，我带大家回忆了初一的第一次集体活动，那时是给初三的哥哥姐姐们唱"离歌"，今天，我们把这首歌唱给了自己。让大家感受"三年过去了，我们长大了"。这节课的主题是"四季班的初中生活"，我设置的大环节是：你还记得吗，那些年我们一起学过的语文书；你还记得吗，那些年我们一起爱过的四季班；你还记得吗，那些年我们的欢笑和泪水；临行前，你想对谁说些什么吗；送给大家我的诗，唱给大家一首歌。整个内容中，我选择了许多学生们的照片和视频材料，让大家和我一起回忆，一起畅聊，说说从语文书中学到的知识和道理，谈谈自己参加班级活动的心情和感受，说说我们参加的比赛，谈谈失败的泪水、成功的喜悦，想想军训、看看联欢会、忆忆爬骊山、诉诉经历的甲流，想想那名转走的学生……

其实课里的文字、照片、故事，并不只属于我，是他们串着故事的航线，带领着时间前进，让三年时光即跌宕又惊喜，既快乐又难舍。这三年我们有许多的欢乐，与学生的第一次见面，第一次考试，第一次发火，第一次流泪，第一次胜利，第一次处罚，第一次僵局，第一次破涕而笑，第一次声泪俱下，第一次无可奈何，第一次……当静下心来去整理这些的时候，才发现3年并不是碌碌无为，并不是匆匆而过，每一天都很充实。因为有学生的相伴，即便当时再难再苦，即便那时候多么想放弃，此时此刻，都要感谢自己的坚持，感谢学生的努力。

其实我们都是新手，我第一次教初中，他们第一次上初中，我的教学会一直向前走，他们只有这一次初中生涯，只有一次从12岁到15岁。这三年里有过的泪与笑，不计其数，好多的幸福、愉悦、遗憾、心结，都会随着时间流逝而匆匆不再，可当有一天翻出这些旧照片，看到这些鲜活的笑脸，我依旧会记得，这是我的四季班，我的学生我的兵，我为之骄傲的团队！

设想两节课就结束，但是我存下的他们的故事太多，在此之前的每一天我都在努力地积攒，等到离别的时候，我要脆弱一些，要娇气一些，要告诉他们我的爱。爱太多太浓，一时一刻又散不开，就让旧照片、老文字一点一点的回忆和激荡，让那些存留心底即将忘记的故事重新被朗读。让我们一起回忆，初一时朝气蓬勃斗志昂扬的自己，初二时调皮捣蛋分外叛逆的自己，初三时人心各向期待未来的自己。从我接他们进四季班起，我就一直在等待着这一天，这一天我们回顾，这一天我们也将话别。这一天以后我不再是他们的老师，我是姐姐，是朋友，是他们需要的种种角色。想说的话那么多，回忆的故事也数不胜数，两节课不够，再加一节。若有时间，真希望这节课永远不要下课，让我们还是像从前一样坐在这教室中，谈古论今，驳取四方，一辩海内。

然而，课总有下的时候，人总有离别的时刻。我相信，再多的爱也好，恨也罢，不解和困惑都会释然豁达，因为人生路上，有你有我。

坐在后面听着这样的三个小节的综合性学习课，很多时候我有泪盈眶。C老师的确是很用心地在带她的语文课，带她的四季班。丰富的语文活动，多样的班级活动，在这短短的一百多分钟里是展现不完的。C老师说，她给学生照了很多照片，包括考试、竞赛、运动会、班会、综合性学习课，给学生们以班级为名建了一个电子文件夹，等到毕业的时候会送给每人一张光盘，其中记录着他们成长的点滴。在这三年的成长中，C老师不仅做了，而且用心地积累着，这是给学生留下的记忆，也是给自己积累的成长的财富。在这个过程中，C老师养成了一种积累的习惯，"连我监考的时候都会给他们拍"，"回头我要买个再好一点的手机，这样拍起来就更方便了，还可以随时发微博"。在这里，科技成了C老师成长的助手。其实更深一层地思考，C老师的做法，包含着她对初中语文教师职业的深度热爱，蕴含着她的语文观，教育观。积累照片的时候，她关注学生们成长的点点滴滴；选择照片的时候，她想让每个学生都感受到她的关注和喜爱，"有的孩子三年来可能只主动参与过一次班级活动，他的照片很少，我也要找出来，有的孩子出镜率极高，但不能只选他们的照片"。在课堂交流的时候，她想让学生感受到她的信任鼓励和期望，所以她问"你为什么会主动举手来参加辩论赛"，并告诉学生"你是一个多才多艺的女孩子，老师希望你更加自信起来"，她叮咛"记住，人各有用，人生的舞台大的去了，在今后的道路上，老师特别希望你开心，特别希望你快乐，你在我们的集体里有一个非常重要的位置"。她告诉大家，"那次朗诵会上，你们其实还没有学过怎么朗读，但是你们读出的都是你们的真情实感，所以特别的感人"，"那次公开课后的评议，我一点也不出彩，所有的老师们都在夸我的学生，我的感受是学生是最棒的，老师有待加强"……她对学生们有着真诚的爱，所以她自称孩子们的"亲生班主任"，所以中考完后，学生们总说，"听老师唠叨了三年了，这下她不说我了，我倒不习惯了"。虽然只是一次综合性学习课，值得琢磨和品味的却很多。而且放开了去表达去传递，让学生懂得老师的爱，让学生感受到老师的期待，就是C老师对师生相处的理解和把握。不做作不矫情，真实可感，一个具有自我特点的老师清晰展现，快人快语，真性情。这不由得让我想到在我第一次和她取得联系告诉她要跟踪她的成长过程时，她不假思索地说"快来研究我，我有很多困惑很多迷茫"，交流中她也说"我不会因为工资待遇去换工作，我期望的是有一个更好的成长平台"，她的不满足是对自我成长的深层次的不满足。三年的初任成长，C老师的实践知识得到了不断的丰厚，教学能力也在不断提升，这些应该是意料之内的喜悦。因为她是有心的，成长就在她的自我规划之中，"从我接他们进四季班起，我就一直在等待着这一天，这一天我们回顾，这一天我们也将话别"。初见的开言，离别的寄语，都在预约中到来。而离别的殷殷寄语中还包含了一个目的"为中考作文准备素材",这种有意识表现在很多细节上,作为语文教师的自觉意识体现得淋漓尽致。

四 探寻:成长背后的思考

(一)C老师的专业成长状态分析

审视C老师的专业素质结构,不难看出,C老师有很强的专业意识。首先,她进入师范类专业读书时,就开始思考自己做了老师后和学生见面的开场白。在民航系统做档案工作时对职业的不满意,对待语文教师岗位应聘的下功夫,包括成为一名语文教师以后所做的很多事情,都包含着她发自内心深处的对语文教师这一职业的深度认同。强烈的专业认同意识是她做好语文教师工作的本源动力,也是在她在任何问题面前积极应对,决不放弃的根本原因。其次,最为可贵的是,相较于许多初任语文教师来说,C老师有比较强的专业发展意识,是否要做语文教师,做哪个阶段的语文教师,要不要承担班主任工作,她对自我的职业发展有着明确的认识和评估。包括在面对学校大力倡导的271教学改革面前,她也坚持着自己的观点,没有人云亦云,而是冷静思考。她每节语文课后必写的教学反思,也是其专业发展意识的真切展现。知道"经验+反思=成长"的教师很多,知道"分析教学问题,思考改进措施是利于教师成长的"这一道理的教师很多,而真正年如一日的坚持确是不容易做到的。所以朱永新教授才会在他主办的教育在线上公开宣布"朱永新成功保险公司"的开业启示,声称:公司的终旨是确保客户利益,激励客户成功。参保对象不限,但尤其欢迎教育界人士,因为教育的成功是中华民族伟大复兴的基石。投保条件则是每日三省自身,写千字文一篇。一天所见、所闻、所读、所思,无不可入文。十年后持3650篇千字文(计三百六十万字)来本公司。最终的成功标志为获得成功,理赔办法则宣告为如投保方自感十年后未能跻身成功者之列,本公司以一赔百。① 作为苏州大学的博士生导师,心理学教授,苏州市主

---

① 王晓琴:《乐在教后,想想写写》,《新课程》2009年第7期。

管教育的副市长,朱永新通过这则启事告诉广大教师,其实做一名成功的教师并不难,只要坚持在实践的过程中反思,分析,审视,就一定会有收获。C老师在初任阶段的三年里,一直在这样坚持着,而且她会很自然地告诉我"写反思就是要想自己在讲课过程中存在什么问题呀,因为每一节语文课上下来都会觉得有需要改进的地方"。可见,分析和思考已经成为她贯穿于语文教学环节的一个习惯了。问及C老师"你有没有考虑过要成为怎样的语文教师",C老师坦言,"这个问题对我来说太大了",但是下面的话语却让我能感受到她的思考"我不知道我会成为怎样的教师,因为学生在变化,每一级甚至每一年的学生都不一样,我固定了,就注定要失败,只有我紧跟着学生的所思所想更新教育理念,才能成为学生想要的老师,成为他们指路的明灯"。这个没有想过很真实,而且这不清晰的理想有她自己的思考:就是要紧跟学生,不要固定自己的教育教学模式,要用自己的成长和变化来面对不断成长的学生们。在教育理念方面,C老师初步建构了自己的语文教师观、学生观和语文教育教学活动观,如要让学生知道教师的期待和付出;理解学生的同时,教会学生理解老师和家长,学会感恩;不同年龄阶段的学生面临着不同的学业和心理问题,要根据情况采取解决方法;语文学习本身最重要的是激发学生的学习兴趣;正确积极面对不同的语文课型带给教师的压力和挑战等。C老师这样说"我明了我要的语文课:要教会学生正确的人生准则;要学会感恩;要言论自由;要大家一起读书,一起评论;不要固定的教育模式……"可以说C老师的教育教学理念是比较符合基础教育课程改革对语文教育教学提出的要求的,目前要注意的就是怎样是这些理念体系化,逐渐形成教师的个体教学哲学。在专业知识方面,C老师在语文教学过程中已经展示出她较为丰富扎实的本体性知识和运用得当的条件性知识,也具备一定的通识性知识,最为重要的是随着初任时间不断推进,C老师的实践性知识逐渐增多,呈现出统合其他层面专业知识的趋势,其知识结构呈现出不断优化的趋势。由此引发的是C老师专业能力中教育教学能力的不断提升,班主任工作中的学生教育和语文教学中的情感态度价值观层面的教育巧妙结合带来了双赢的效果。当然,还必须看到的是,在三年的初任成长中,C老师的研究能力提高不够明显。虽然C老师坚持进行教学反思,但是反思的结果还停留在指导实际的语文教学工作这个层面，并没有进一步增长其教育研究能力。所以在和 C 老师接触的过程中，C 老师说"我的教学设计在市上能得一等奖，可是我的论文能力却很差，怎样写语文教育教学的研究论文，对我来说是一个难题"。这对于初任语文教师进一步提高其专业水平，向专家型教师迈进无疑是不利的。

通过三年的初任成长，C 老师已经顺利地完成了从初任语文教师到胜任语文教师的转型。其专业意识不断增强，从入职初期开始的整个初任成长过程中，其专业认同感处于不断增强的状态之中。这一点无论从她三年的语文教育教学的点滴中，还是从下一轮的任职选择中都可以看到。其专业发展意识也比较强，有一定的专业自觉。三年的初任生涯后，C 老师告诉我，她已经把考取并攻读语文教学论专业的硕士学位作为她未来的重点规划，她说"现在学校的语文教学和班主任工作上基本上已经进入一个良性的发展阶段，大家对我也是好评多多，不过我知道自己还有很多不足，我不会做温水里的青蛙，在满足中自我陶醉，停滞不前，我还需要充电，我会考虑攻读我所钟爱的语文学科教学论专业的硕士学位"。从其教学的设计以及在不同课型中所采取的不同的教学形式等方面来看，C 老师的专业知识较为扎实，其知识结构正在不断得到优化。当然，专业知识的丰厚是没有止境的，它应该伴随教师整个的职业生涯过程之中。在专业能力方面，C 老师的语文教育能力和语文教学能力处于不断增长的状态之下，而且已经有了一个比较良好的发展态势，目前她需要加强的是研究能力，提升研究能力应该是促进 C 教师从胜任到专家的一个重要因素。

（二）C 老师的专业成长带来的启示

1. 初任阶段，让反思和成长相伴

初任阶段是语文教师面临专业成长问题最多的时候，也是迷茫最多困惑最多的时候，同时，还是他们最热情最有想法的时候。认真审视此时所遇见的问题，思考并分析问题，不仅能使初任教师较快地适应语文教学工作，逐渐走向成熟，同时也能够使他们在入职初期就养成思考的习惯，使他们不会因为走向工作后的周而复始而感到疲惫和厌倦。有的教师在经历了入职初期的挫折以后产生职业的怀疑感，选择离职或者消极应对，也有的教师在入职初期比较顺利，从而适应了语文教师的职业生涯，但最为理想的状态则是初任教师在任职初期发现问题、思考问题，并努力去解决问题，总结其中的得失，促进自己不断成长。反思无疑是最为有效的一种方法。C 老师入职前三年的教育教学过程中，一直有意识地进行自我反思，无论是班务工作还是教学工作中遇见的问题，都是她反思的对象，不断审视自我，不断思考修正，正是促进 C 老师不断成长的重要因素。此外，在职业生涯初期就能够逐渐养成反思的习惯，让反思成为一种自然而然的事情，对教师的任何一个阶段的专业成长来说都是一件不无裨益的事情。习惯的养成往往是在初期最为容易，就像小孩子的许多生活和学习习惯是在幼年和小学阶段养成的一样，在初中语文教师职业生涯的初期就把反思作为必须和必然，无疑是抓住了养成专业成长习惯的关键期。

2. 初任阶段，让语文教学和班级管理形成一种合力

语文教学属于母语教育，任何一个国家的母语教育都必须承担两个基本的任务：一是本民族文化的传承和发展；二是学生基本的听说读写能力的培养。因此在语文教育教学中，人文性和工具性必须紧密结合，缺一不可。目前各个国家的母语教育基本上都是在走过较长的一段探讨期后形成了普遍共识。《语文课程标准》中明确指出"语文是最重要的交际工具，是人类文化的重要组成部分。工具性与人文性的统一，是语文课程的基本特点。语文课程应致力于学生语文素养的形成与发展。语文素养是学生学好其他课程的基础，也是学生全面发展和终身发展的基础。语文课程的多重功能和奠基作用，决定了它在九年义务教育阶段的重要地位"。[①] 班级管理是班级授课制实施以来，教师面临的一个无法回避的问题。除了任课教师在教学过程中的班级管理以外，班集体作为学校的基本组成单位，如何构建如何管理，更是班主任工作必须面对的问题。班集体的构建是学校文化构建的子细胞，学生是在班集体中学习生活，相处相伴，不断成长的。在基础教育阶段，语文教育教学的特点和作为母语教学在课程设置上所占的课时比例之大，使得语文教师承担

---

① 教育部：《义务教育语文课程标准》（2011 年版），北京师范大学出版社 2012 年版，第 1 页。

班主任工作成为初中学校中最为普遍的一种现象。有些初任语文教师因为同时承担着这两类任务而忙手忙脚，顾此失彼，可是 C 老师的成长经历给了我们另一个视角，就是要思考这两者之间的契合之处，把管理和潜移默化的情感熏陶，人格培养巧妙结合，达到一种共生共赢的效果，使班级管理更加人性化，同时也利于大语文教育观的切实实现。

3. 初任阶段，校方支持值得重视

现代教学论认为，学校是教师成长的共同体，校方的支持对于教师的专业成长有着很大的促进作用。目前不同的学校对教师成长的支持力度各有差异。C 老师所在的学校会在初任教师进入学校的前三年依次安排初任教师进行汇报课、公开课、展示课，由初任教师执教，同一学科所有任课教师必须参加听课，其他学科教师自由选择听课，相关领导如年级组长、学科教研组长、教导主任、校长也会前来听课。在教师课堂教学完成后，由该教师先进行教学的自我反思，然后是同组评议，总结。这对初任教师的专业成长来说是一个成长的关键事件，由于要面对众多的听课者，所以教师的心态很重要，要大胆不怯场。尤其是语文课，教师结合所讲内容要引导学生进入课文情境，而面对甚至会比学生还要多的众多的听课同行，能够或娓娓道来或鞭辟入里或入情入境，都需要语文教师有一定的心理素质。这种自信的心理素质是建立在讲教师课前的精心准备、不断推敲琢磨的基础之上的。在这个过程中，当然也需要同学科教师的共同研讨，需要指导教师的指点帮助，需要初任教师自己的主体判断，才可能集思广益而不是盲目跟从，从而不断探索出适合自己的语文教学方法。在这个过程中，C 老师的确得到了不少老师的帮助和指导，比如赛前试讲会有教师专门来听，提出意见建议，也会有同级的语文教师让出自己的语文课让她试一试，不过从交流中可以看出，这是一种自发行为而非学校要求的行为。指导教师在 C 老师的成长过程中的作用并不明显，仅仅是一个代号而已。因为学校既没有专门的拜师安排，也没有明显的指导教师的工作要求安排，所以 C 老师在工作初期，一度并不知道自己还有一名指导教师，更谈不上有针对性的指导帮助了。这无疑是 C 学校在初任教师成长支持中的一个明显不足。在提及这三年的成长里，哪些人对她的帮助最大的时候，C 老师说到的是学校一位近三十年教龄的历史老师，主要提及的是在班级管理方面和家长的交流方面所获得的帮助和指导。此外提到的是李镇西的书,还有她三年来和学生一起研读的《弟子规》。C老师自己也说"也许是因为性子要强吧,这三年发生的事情,我能自己解决的,都不会求助于别人"。遇到事情自己想办法解决当然不为错,不过如果校方支持能够更有效些,效果会更好。当然,就算在同一所学校同一种要求下,指导教师的个人素质也是有差别的。"听君一席话,胜读十年书",好的指导教师在初任教师的成长中起着点拨开窍的作用,学校应该予以重视。此外,学校对教师的教研活动的有序进行和逐步深入,也应该有一个比较体系化的安排,才更利于不同生涯阶段的教师的共同成长。而指导教师和教研活动所提供的支持怎样才能属于有效支持,也是值得校方思考的问题。

第五章

初中初任语文教师教育叙事四：老师们

　　初中初任语文教师是由一个个鲜活的教师个体组成的群体，他们的成长经历和成长感触有同有异，能不能通过更多初任教师个体对其专业成长的叙说，提供多角度的成长经验和体悟。随着研究的深入，这一思考逐渐清晰起来。为此，在对三位初中初任语文教师个体以时间历程为着眼点展开的教育叙事研究的基础上，本研究展开了对更多的初中初任语文教师组成的群体进行的教育叙事研究。从纵向的专业成长的视角转向横向的教师专业素质结构的四个维度（专业意识、专业理念、专业知识、专业能力）的视角来倾听述说，分析思考。同时，初中初任语文教师是教师群体的组成部分，他们的密切接触者——指导教师，对他们的成长如何述说，也成为对初中初任语文教师专业成长思考的一个印证。为此，本研究展开了对两类教师群体的言语表达的关注，主要采用半结构化访谈的形式，同时也进行了一定的实物收集展开研究。在访谈中，更倾向于收集"软数据"，这些数据是访谈者们围绕访谈主题所做的丰富表达。[1] 期望获得更为丰富的描述性数据，通过老师们的语言描述方式和个体解释方式来洞察初中初任语文教师的专业成长历程，了解他们建构意义和解释意义的过程，从而扩大研究视野，使研究呈现立体的、多元的、开放的格局，以关注个体和群体内在世界和经验意义的"经验叙述"。[2]

---

[1] ［美］罗伯特·C.波格丹、萨莉·诺普·比克伦：《教育研究方法：定性研究的视角》，钟周等译，中国人民大学出版社2008年第4版，第1—2页。

[2] 丁钢：《声音与经验：教育叙事探究》，教育科学出版社2008年版，第5页。

一 勾勒：老师们

当教育叙事研究的视野从个体转向群体的时候，经验的述说者——老师们，来自不同地区的不同学校。研究围绕初中初任语文教师的专业成长问题，倾听了两个群体的声音，一是初中初任语文教师群体，一是初中初任语文教师的指导教师群体。老师们来自华北、东北、华东、中南、西南、西北六个地区，共计12个省市、自治区，即河北、山西、辽宁、黑龙江、江苏、福建、河南、海南、云南、四川、宁夏、陕西。

研究中的初中初任语文教师们的来源有两个方面：第一，他们是我曾经的学生，在他们的职前培养中，我曾经是他们的老师，和他们一起学习探讨中学语文教学中的问题，在他们的教育教学实习阶段担任过他们的带队教师。而且，在他们走上初中语文教师工作岗位以后，他们中的大多数都和我保持着一定的联系。他们曾经和我交流过入职后成长的焦虑与困惑。因此，他们很愿意和我就此展开交流，向我诉说他们的感受和体会。第二，他们是我的学生们的初任教师同伴。作为初任教师，当他们走上工作岗位以后，由于年龄相仿，境遇相似，他们很容易就和该学校的其他初任语文教师建立一定的信任关系。他们会在一起交流成长感悟，尤其是有的学校会把新进教师的宿舍安排在一起，这样他们相处的机会更多，就更容易熟识了。这些教师在我的学生教师的介绍下和我认识，由于我的学生教师对我的信任，这些初任语文教师们更容易接纳我，愿意向我倾诉他们的心声。

研究中的初中初任语文教师的指导教师群体也来自两个方面。第一，是上述初中初任语文教师的指导教师，和他们的交流建立在这些初中初任语文教师的引介的基础上。由于有着共同熟悉的对象，而且探讨的话题就是围绕这一对象展开，因此他们有话可说，也愿意说。第二，是我的教师朋友和教师朋友的教师同伴。我所选择的这些教师朋友有着近二十年的初中语文教学经验，已经成为所在学校的语文教学骨干，在近三年内承担过指导初任语文教师的工作。他们对初任语文教师的专业成长有感触，有评析，同时也愿意和我进行交流。

二 历程:"言语事件"的展开

本研究在 2011 年 9 月到 11 月期间初步开始和教师们进行交谈,主要采用非结构性的开放式访谈形式,话题比较自由,鼓励老师们自由表达自己的观点,广泛了解,在整个 9 月里,通过直接访谈和间接访谈(电话和 QQ)的形式共预访谈初中初任语文教师 15 名,初中初任语文教师的指导教师 10 名,在此基础上编写了半结构访谈提纲,针对半结构访谈提纲进行了再次访谈,并在此基础上对访谈提纲进行修改完善。

本研究正式访谈的展开是在 2011 年 12 月到 2012 年 8 月期间进行的,访谈以两个半结构访谈提纲为主要访谈构架,在访谈中根据访谈的具体实际进行顺序的调整和内容的跟进询问。作为教育叙事研究中的访谈,访谈过程中注重使每一位教师保持轻松、开放的心态,根据不同教师的性格特点和熟悉程度,采用不同的切入方式。[1] 在整个交谈过程中围绕着半结构访谈提纲展开又不拘泥于提纲,鼓励老师们针对问题进行相关故事的陈述。访谈以直接访谈和间接访谈两种形式进行,间接访谈采用电话访谈和网络视频访谈、网络 QQ 交流为主要形式,其中陕西省内的访谈以直接访谈为主,而其他省及自治区的教师访谈以间接访谈为主。共计访谈初中初任语文教师 69 名,初中初任语文教师的指导教师 55 名。

两份半结构化访谈内容的设计主要是在预访谈的基础上完成的,其内容从横向关注初中初任语文教师的专业素质结构的四个维度。访谈提纲一为初中初任语文教师访谈提纲,除基本情况外,涉及的主要访谈问题为 12 个,从初中初任语文教师专业素质结构的四个维度进行问题设计,涉及初中初任语文教师的专业意识、专业理念、专业知识、专业能力方面的成长现状和成长问题,并倾听他们对职前职后所接受的培养和培训的感受和体会。访谈提纲二为初中初任语文教师的指导教师访谈提纲,除基本情况外,涉及的主要访谈问题也是 12 个,从指导教师对初

---

[1] [美] 梅雷迪斯·D. 高尔、沃尔特·R. 博格、乔伊斯·P. 高尔:《教育研究方法导论》,许庆豫等译,江苏教育出版社 2002 年第 6 版,第 202—204 页。

任语文教师的专业结构的四个维度的评估角度进行问题设计，关注指导教师视野下的初任语文教师专业成长样貌，同时了解指导教师的具体指导情况。两类访谈实际上就是"述说"和"被述说"。让初中初任语文教师作为主体自己述说成长感触，又让其作为客体存在被述说，被打量，被评析。该访谈更注重老师们针对访谈内容所做出的描述性回答，关注访谈内容的情境性、故事性，关注访谈内容的推论性意义。[①]

三　倾听：成长的述说与评说

（一）选择与发展：专业意识

1. 初中初任语文教师述说的"选择与发展"

本研究首先关注了初中初任语文教师的专业意识，主要涉及专业认同意识和专业发展意识两个维度。在访谈中，首先通过初中初任语文教师对工作以来的自我感受的讲述，来了解他们入职以来对语文教师这一职业认同度的变化情况。并通过预设"重新做职业选择时是否愿意再次选择初中语文教师"这一问题来印证其专业认同意识的变化，分析其亲历感受，了解在现实冲击下初任语文教师专业认同意识的现状。其次，通过对初任阶段的教学反思意识和其专业发展规划情况的相关交流，来了解其专业发展意识现状。

在专业认同度上，大多数初中初任语文老师工作以来的感受主要集中在"从职前认识到职后亲历中感触的变化"以及"对初中语文教学工作的适应"两个方面。老师们在感受中谈得较多的是：工作前后对语文教师这一职业的认识有一定的出入，工作以后才发觉做个初中语文老师不容易，但却是有苦有乐的：

> 工作以来我觉得教师这个职业和我原本想的有点儿不一样，我以前觉得教师是个比较轻松的职业，但任教后觉得并非如此。

---

① Burke Johnson, Larry Christensen, *Education Research Quantitative, Qualitative, and Mixed Approaches*, Pearson Education, Inc, Copyright 2004, 2000, pp. 359 – 360.

工作以后没有上大学自由，很累，和以前想象中的教师生涯并不一样，忙碌，有操不完的心，每天工作很累，不过也觉得很充实、快乐。

　　工作以前觉得每天和学生在一起生活，工作，学习，交流，很简单，很好，而且我也喜欢学校这个生活环境，很纯粹。真正走上工作岗位之后，才发现和当时在大学想的完全不同。自己做学生的时候犯了错误老师可以原谅，自己也有重新来过的机会，但是成为老师，面对学生的时候，就要对学生负责，自己要是犯了错误也没有人在一边叮嘱，只有自己解决。……

作为教师的责任感和压力也会使初任语文老师有一些不适应：

　　刚开始教书的时候非常紧张，而且累，不仅身体累，心更累，既要思考怎样备课才能让他们更容易接受，又要担心他们的成绩。要是哪个学生的成绩下降了，就会想是不是自己讲课方式的问题等。

　　工作以来，我最大的感受是：力不从心——我感觉很累。我曾经以为只要我把在师范学习中习得的知识很好的运用在教学中，再加上我饱满的热情，就一定能够把工作干得很漂亮。但是我错了，我的想法太单纯了。在实际的教学中会遇到各种各样意想不到的事情，要学会巧妙处理，并不只是知道道理就能解决的。头一年工作时，我是大小事都管，搞得我很累，事情处理得也不尽如人意。……

　　一天几节课下来，确实是比较辛苦的，说实话初中的孩子们还不够成熟，却又有自己的个性，比较难管。最初讲课嗓子也受不了，每一周前三天还好，一到星期四星期五，嗓子就哑了，周末休息两天，就能好点儿，但到了周四又是那样，这样的情况持续在最初的几个月……

　　还有不少初任语文教师在一入职的时候就感受到了一种职业的压力，他们谈到了无论从目前的学生实际出发，还是从社会发展的要求出发，继续学习和自我提高、自我充实是非常必要的：

> 自己所懂得东西太少了，知识水平还有待提高，还需不断地学习。
>
> 以前当学生在讲台下听课，觉得当老师很简单，可自己真正是一名老师了反而觉得当老师并没有那么容易。工作以来我最大的感受是自己的知识面是那么有限，所懂的太少了，必须不断地给自己"充电"，充实自己。
>
> 我觉得老师得不断充实和提高自己，要"活到老，学到老"。现代科技越来越发达，新事物更是层出不穷，学生了解和接触到的或许会超出我们的知识范围，现在的教材变化也很大，老师必须也要不断学习来接受新事物和新观点。
>
> 当好一个教师真的很不容易，当一个深受学生欢迎的教师更不容易，现在的学生都是九零后的孩子，而且初中时期正是孩子的叛逆期，个性强，确实不好管理，要使他们取得好成绩，并且能健康成长，我们真的要做大量工作……

在访谈中可以发现，绝大多数初中初任语文教师的专业认同感会随着初任阶段的不断成长而增强，他们会逐渐在工作中体会到成功和快乐，感受到职业生活带给自己的幸福感：

> 工作三年了，我已经不再是那个刚当老师的新人了。刚来的那一年，真的挺辛苦的，因为经验不够，想法也单纯简单，所以很多事情都会遇到瓶颈不顺利。比如希望得到学生的喜爱，觉得对他们好就可以了，可是很多小孩根本不买你的账。比如自己觉得讲的内容已经很容易理解了，可是强调很多遍，还是有很多学生不认真，还是记不住，我就会特别生气，失去耐心，心里很烦。加上又担任班主任，各种杂事很多，也会有不少烦恼。再比如自己认可的教学方法被其他老师质疑批评等。经历了许许多多，我失去过信心，也被学生气哭过，还因为别的事情哭过。后来时间久了，处理的事多了，有了一些经验。再加上跟老教师学习，慢慢地那个度把持好

了,一切就走上正轨了。工作起来也就轻松了一点,把最开始的时候熬过去就好了。整体来说还是挺开心的……。

时间真快,一转眼从事教学工作都三年了,这期间有苦有甜。要说我最大的感受就是有了发自内心的职业责任感和义务感,这种感情促使我不断努力,提升自己,努力教育好这群孩子们。这是我上学读书时从来没有体验到的,好像一下有了很大的力量,感觉自己终于可以学有所用了,自身的价值感也得到了一定的体现。这也是我最快乐的事。

总体来看,初中初任语文教师们对语文教师这一职业的职前心理认识和职后亲历感受存在着一定的差距。现实工作的忙碌、辛苦,压力和责任,都带给他们不少冲击,使他们不得不进行思考,进行心理上的自我调适。是否从内心真正接纳这份职业应该是他们自我调适的主要内容之一,访谈中的绝大多数教师,在经历了一段时间的适应和调整之后,都能感受和体会到初为人师的收获感和幸福感,其职业认同意识得到了加强。

当探寻初任教师们"当初为什么选择语文教师职业"的时候,绝大多数老师坦言选择原因主要是自己喜欢和专业对口。

记得小学三年级时,我的每次考试语文成绩总是比数学成绩要高出好多分。高中文理分科时,由于我的文理成绩悬殊太大,所以我选择了考大学把握大的文科。上大学学专业我也选择了我爱学的汉语言文学专业。

我比较喜欢语文这门学科,喜欢文字,喜欢表达,喜欢写作,喜欢交流,喜欢感性的思维。我感觉语文教师是了不起的,他可以用我们日常生活中最普通的语言,教给孩子们知识以及做人的道理,教育并且启发孩子们。看着孩子们健康快乐的学习成长,这是一件幸福的事,也是教师职业的意义所在。

我毕业于一所师范院校,所学专业是汉语言文学。我有信心可以胜任语文教师的工作……

也有一些是受到了父母或者中学老师的影响：

> 主要的原因是父母的意见，我当时也小，一切都是父母做主。
>
> 当初做语文老师是因为我学的就是汉语言文学专业，不知道自己还能做什么其他的工作，而且觉得当老师待遇挺好的，父母都认为老师是个特别好的职业，所以就当了老师。
>
> 小学时，我遇到的几位老师都对我们十分关心。从不任意指责我们，当我们犯了错误时，他会让我们写作文，发散我们的思维，使我的学生时代温馨快乐。怀着对他们的崇敬及对这份事业的热爱，我选择了它。

交流中发现，一个普遍的现象是：无论是受到老师的影响还是父母的影响选择做了语文教师的，大都在随后的工作中自己逐渐认同了这个职业，喜欢程度也在不断加强：

> 后来慢慢地我觉得当个语文老师特别好，能天天和文学打交道，生活挺诗意的，而且天天和孩子们在一起觉得特别年轻有活力，毕竟在校园面对学生比在社会面对一群互相竞争的人们强吧。所以这一行我选对了，很适合自己的性格。
>
> 我当初是因为专业服从调剂被分到了中文系，而后才慢慢喜欢上了教师这个行业。我是一个很有耐性的人，这有利于我冷静处理师生矛盾，虽然也有苦恼，但我会慢慢学会做好。另外，女孩子在教师这个行业中有某种先天的优势，学生更愿意亲近，这无疑给了我信心。

有一位老师的话语令我深深感动，她说，"我的家乡在一个比较偏僻的地方，那里的很多孩子有着很强的求知欲，然而因为地方偏僻落后的原因，很少有人去我们的家乡任教，所以我们那里的孩子上学都上得比较晚，而且要跑去很远的地方。所以从小我就在心里暗暗地发誓，长大后要做一名教师。如果让我再次选择的话我还会选择这一职业，因为小时候父母为了我上学所付出的，以及我所吃的苦，是别人难以理解的。我现在仍记得当年的情景,我知道现在在某些落后的地方,还有很多孩子在为上学发愁,我希望为解决这一问题,奉献出自己微薄的力量。这是我的愿望,是我最初的梦想"。她的选择原因不仅仅因为个人喜好,更多了一份责任感和使命感,令人不能不为之满含敬意。

"如果再次选择,您会选择语文教师职业吗,为什么?"询问这个问题是想和初任语文教师的入职感受进行一个印证,从而分析初任语文教师在经历了入职的"波折"之后,其专业认同感是否发生变化。作为初入职的专业人员,如果初任语文教师不能充分认同自己的职业,就不可能全身心投入,他们与教学的关系会日渐式微,也会使自己处于一种尴尬和窘困的境地。① 令人欣慰的是,绝大多数访谈教师的专业认同感都呈现一个波动后的稳定上升状态。在 69 名访谈对象中,仅有两名教师明确表示不会再选择语文教师这一职业,此外一名教师表示不是很肯定,她说,"我还真不知道会选什么。也许还是这个吧",还有一名教师希望是自己能够做教师培训,"因为我听到的看到的有关教育学生方面的事情,老师的做法多有不妥,影响到孩子整个人生发展,所以对教师的培养应该是一个更加重要更能实现自己价值的职业",此外的 65 名访谈教师都表示"一定会选择"。

> 再次选择,我仍会坚持,因为语文教师职业是我的最爱,我不会后悔我的选择。
> 干自己爱干的,再苦再累心里也是甜的,我不在乎别人如何看待语文教师这个职业,至少我个人对此是持肯定态度的。
> 要说当时对语文教师职业只是简单地喜欢,但随着工作时间的推移,我更加热爱这一职业了。如果你认真学习语文,你就会体会到其中的乐趣。如果让我再选,我想我很难再选别的了。我真的很喜欢它,我想用我的灵魂去体验它。
> 我已深深地喜欢上这个职业,它会让我更好的实现我的价值和我的梦想,选择语文教师我无悔……

---

① Neil Hooley, "*Establishing Proressional Identity: Narrative as Curriculum for Pre-service Teacher Education*", *Australian Journal of Teacher Education*, 2007, 32 (1), pp. 49-60.

还有一位老师真切地说出了自己内心认同感的变化过程,"当初选择做语文教师,说真心话,也是迫不得已,因为高考失利,我被迫进入了一所师范学校,踏进大门的那一刻,我在心里告诉自己,就算学了师范,死也不当老师。可通过大学四年在师范院校的学习,我渐渐发现,自己除了做老师,没有别的一技之长了。临近毕业我去考过公务员,没考上,去国企、外企应聘过,都以失败告终,接二连三的打击,我选择了回家。一次偶然的机会母亲让我试着去考招教,我想老师也挺好的,寒暑假还可以和家人朋友去旅游,就决定试试。而真正成为一名语文老师以后,我发现自己却真的很享受上课的感觉,尤其是看见下面的学生总是带有那样渴望的眼神。现在工作一年多了,每天总能和一群朝气蓬勃的孩子们待在一起,我感觉自己和他们一样年轻,充满活力。每次和班里的同学聊天,我总是收获很多,渐渐地,我们就成了朋友,我也越来越热爱这份工作了……"

不难看出,研究中所访谈的初任教师们,随着初任时间的推移,在工作中逐渐适应,其专业认同意识也普遍得到了加强。当然,不可否认,有一些初任语文教师因为一些主客观原因,在初任阶段就选择了离职,不过这不在本研究的研究范围内,因此在访谈中并没有涉及对已经离职的初任语文教师的访谈。

对初任语文教师专业发展意识的探寻主要是从他们所做的自我专业规划的角度来分析的。访谈中,老师们对自己的近期目标都陈说得比较具体:

> 希望工作能够转正,能有更高的工资;
> 希望我所带的班级语文考试能在年级排名在前三;
> 希望能把这班学生带到毕业,在中考中取得优异的成绩;
> 希望我的学生能够和我交心,有什么困难能够想到我;
> 希望能够不断寻找到适合学生学习的方法,让孩子们的学习更优秀,使他们有一个更美好的未来……

这些目标大体说来主要是指向学生发展的和指向教师自我发展两个方面。可以看出,学生的语文学习成绩的提高、在学校得到认同和肯定是初任语文教师最为关注的。这正是处于生存关注期的初任语文教师的关注焦点,也是他们专业发展意识觉醒的初始阶段的重要任务。"我能胜任这份工作吗"是初任教师走上工作岗位后必须经历的自我质疑;[①]"你能胜任这份工作吗"是校方以及学生、学生家长对初任教师的首次审视。所以,专业发展的首要任务是"胜任工作",而胜任的主要衡量标准又是外显于学生的。因此初任语文教师们对其专业发展的起步是非常关注的。

在谈及专业发展的远期目标时发现,不少初任教师们对此还处于比较懵懂的状态,无暇顾及:

> 远期目标啊,还没有制订,根据近期目标的实现情况再作打算吧。
>
> 至于远期,我还没有想太多,我觉得自己现在是很有活力的年轻教师,很多年后,希望我还能像现在这样用我的活力感染学生,让他们喜欢上语文这门课。
>
> 远期目标?我觉得自己就像一个孩子,走一步看一步吧……

还有一些初任教师的话语表现出对其专业发展方向有一定的思考,但还是属于比较模糊的状态,不明晰:

> 希望在今后的教学中不断提高自己的教学能力,成为省级优秀教师;
>
> 成为县级特级教师;
>
> 成为一名中学高级语文教师;
>
> 坚持做个不会愧对学生的老师;
>
> 我希望自己能够有更好的发展前途,评优秀教师,有更好的就业环境。

他们把专业发展和职称提升看成是对应的,缺少理性思考。

[①] 区培民:《语文课程与教学论》,浙江教育出版社2003年版,第353—354页。

访谈中有一位老师谈及其专业发展目标的时候，说了这么一段话，"我会在三年之内建立起一个心理辅导中心，密切关注学生的心理问题，从小局面上做到真正的素质教育。我要研究出一套更适合初中孩子语文学习的教学方法，并将方法推广开来，使孩子们能够健康轻松快乐的学习语文，能够取得好成绩。我还也希望自己在三年内成为学校的优秀教师，五年内成为高级教师"。虽然其中还有不少理想成分，但是却比较具体地阐述了其专业规划，规划中包含着对语文教学的理解，对学生成长的关切，让我们看到了还是有一些初任语文教师的专业发展意识是比较明确的。

2. 指导教师评说的"选择与发展"

在所访谈初中初任语文教师的指导教师眼中，绝大多数初中初任语文教师的专业认同意识是比较强的，在访谈中虽然指导教师们的表述各有特点，但是观点还是基本一致的。

> 我所指导过的语文教师，他们都很热爱文学，对语文教育的热情极高，时常会和我讨论一些课堂中出现的问题，分享他们独到的见解，我深受这些年轻人的感染，更加觉得语文教育的活力无限大。
>
> 刚进入工作岗位的初中语文教师带有大学生的朝气与热情，都希望能够在毕业之后证明自己的能力，因而很认真，也很刻苦。
>
> 他们热情饱满，有活力、有朝气、有闯劲，给教师队伍中注入了不可缺少的新鲜血液……

言语之中充满了对初任语文教师的工作态度、工作热情的肯定。初中初任语文教师这种积极的心态和热情的付出在一定程度上能够反映出他们对教师职业的认同。

指导老师这样分析：

> 我所指导的语文教师工作状态度都很不错，他们都是刚从学校走出来的，对前途都充满了信心，因此他们很认真，积极性特别高，年轻有活力，对工作特别有激情，但是对工作太理想化，达不

到想要的目标就容易着急。

我指导的新教师工作态度很好，很受学生的喜爱。他们身上有一种老教师没有的新气息，特别吸引学生。他们与学生距离感小，但经验不足，家长和学校领导也有担心。

我所带过的初中语文教师总体而言是比较好的，他们和学生的年纪差不多，和学生交流比较多。他们在教学中遇到问题也喜欢和我交流和讨论，所以我对他们的表现印象很深刻。

我所带过的老师，能看出来他们在教学方面很上心，有激情，虽说经验很不足，但是只要他们在工作中不断学习，我想他们是很有潜力做一名优秀的语文老师的。

伴随着招生制度的改革，近年来的初任语文教师大都是在自愿报考，自由就业背景下所做的职业选择，专业认同度自然会很高。当然也有个别教师因为一些原因在职业选择上有一定被动性，不过有的教师在从事语文教学的过程中，逐渐了解这一职业背后的职责和使命，进而产生了很高的热情与强烈的认同感，我所指导的一名教师就是这样的。她进入初中语文教师行列纯粹属于偶然，她毕业于一所师范院校，大学毕业前四处找工作，她也就漫无目的地四处投简历，恰好赶上我们学校扩招，需要的教师也比较多。通过笔试和试讲，她应聘成功了。她其实并不愿意做教师，但是又不愿意丢掉这个机会，怕不能再找到合适的市内单位了，加之是农村孩子，家里还有在上学的弟弟妹妹，经济负担比较重，所以权衡后就决定先留下。工作一年多以后，她说她已经决定要一直做语文教师了，工作热情也越来越高，对教学的探索也更主动了。她的这些心理经历，也是我指导她将近一年的时候，在一次偶然聊天的机会里说起的。其实初任语文教师如果不认同教师职业，一般是不会明确告诉自己的指导老师的，但是从她的工作状态上，我还是能够感觉得到的，当然有转变的话我也是能够察觉的。

访谈中，有两位指导教师对自己所指导的初中初任语文教师的专业认同感的评价不高，但是却不否认他们在工作上还是认真的：

> 我现在所指导的语文教师目前的工作状态很稳定，认同度中等；
>
> 我指导的教师专业认同度不是很高，他工作负责，但并不十分热爱这份工作，在言谈之中曾经流露过希望转行的意愿，不过不是十分明显。

访谈中，在问及"您是否了解您所指导的教师对自己的语文教师生涯的具体规划"时，指导教师们的回答就比较有差异了：

> 我不太清楚，学校领导也没有做出相应的规定来要求我们去了解。
>
> 教师自己的职业规划要自己想，不能光靠别人，靠不住。
>
> 其实根本没有必要非让新教师预先规划好生涯，可以在他们就职后充分了解职业角色以后再进行规划。
>
> 不太了解，依我看到的情况，我所指导的这名老师很努力，很有上进心，也很会调动同学的气氛，我认为她可以做一名好的语文教师，我想她应该也有自己的追求。
>
> 基本了解，我所指导的新教师基本上都是80、90后，有的教师纯粹没有想过这个问题，有的教师很有想法，但有些脱离了现实，有些好高骛远了，还有的教师做的生涯规划有太过粗略了，只有个别老师对自己的生涯有着详细具体的规划。
>
> 还有老师感言"这个与时间有关。前几年接触的年轻老师，他们只是希望自己成为一名优秀的语文教师，但对教师生涯并未有一个清楚而长远的规划。近几年新进的老师们，可能是上大学时学校加强了这方面的教育，对自己的职业生涯有了一个相对比较具体的规划。而且职业生涯规划确实对年轻教师起到了积极的作用……

在访谈中还发现，在请指导老师们谈谈他所指导的教师的具体职业规划时，绝大多数指导教师并没有把初任教师的职业规划当作指导任务，他们获知初任教师的职业规划多是在和初任教师的闲聊中了解的，也有的是通过对初任教师工作状态的分析得来的，"有想要继续深造的，也有想先做好基本工作的";"希望教有所成,教育好每位学生的同时自己的职称、经济状况能有所稳步上升";"应该争取在试用期三年将初一、初二的课程带完,转正后,争取带初三的课程。最低目标是:试用期三年将初一带熟,转正后争取四年内带完初二、初三的课程"……不难发现,对于初任教师要不要进行职业规划、指导教师要不要指导初任教师进行职业生涯规划,指导教师对其所指导的初任教师职业规划的知晓程度和看法都是各不相同的。而且,指导老师们大都认为,这个内容不是指导内容中的组成部分,学校没有具体的要求。

(二) 目标与信念:专业理念

1. 初中初任语文教师述说的"目标与信念"

在对初中初任语文教师的专业理念的关注中,主要涉及专业理想和教育信念两个维度。对初中初任语文教师的专业理想的了解是一个比较抽象的内容,访谈中主要设计的问题是"请谈谈您想成为一名怎样的语文教师"。不少初任语文老师表示:

> 我想成为一名受学生爱戴的好老师,能够与学生们亲密相处,课堂上我是老师,课余时我们就是朋友,是亲人;
> 我想成为一名学识渊博,幽默风趣,见多识广,有责任心,有爱心的语文老师;
> 我想成为一名知识渊博又很有魅力的教师,能让我的每个学生都爱上语文课;
> 我中学时候的语文老师,经验丰富,出口成章,随时可以讲述各种典故,我也想要成为这样的老师,受学生喜欢,知识广博,幽默风趣,能和学生无隔阂地谈心;
> 我想成为一个深受学生欢迎的好老师,能够把更多的知识和能力传给学生们,使他们更优秀……

这些谈话表明初任语文教师对其职业生涯是有一定的规划的。老师们对自身专业发展的前景规划主要表现在自我的知识水平、教学能力的增长以及学生的认可度的提升上,是比较实际的。一位老师说,"我想成为一名优秀的教师,可到底怎样才算是真正优秀呢?现在很多教师似乎都在为职称而不断努力。在我看来,职称应该只是教学过程中的附属品。能带就带过来,如果不能,那就看得轻一些,教师的目光应该聚焦在孩子身上。因为有时候,看到孩子天真的眼睛,就会觉得自己其实已经很幸福了。我觉得优秀的语文老师并不是那种盛气凌人,让学生见了害怕的老师。我希望我可以取得学生们的爱戴和信任。当他们遇到困难时会想到来告诉我,像朋友那样向我寻求帮助。我不会以成绩来论每一个学生……"话语中充满了对语文教师的认识和理解,有着一定的思考和分析。

教师的教育信念的形成需要一定的时间,随着教育教学实践的不断展开,教师把自己对语文教育教学的理解放在实践中去检验,在理论与实践的碰撞中不断进行修正,最后形成其教育观、学生观以及教育活动观。因此,本研究通过分析初任语文教师目前教育教学的观点在实际工作中有没有冲突以及他们是如何应对的,由此来思考初任语文教师的教育理念现状。不少初任教师都指出,自己所认同的教学方法、师生关系等理念在实际运用中还是有一些矛盾的:

> 我希望和学生是朋友,在课堂上用轻松幽默的方式教学,但在实际中,这样有时会失掉老师的威信,课堂会失控,我现在还在摸索这两者之间的平衡。
>
> 不是要因材施教嘛,可是有那么多同学,我们要怎样摸清他们的心理。
>
> 我认同的教学方式是一种启发式的教育,而不是在课堂上对自己思想的歇斯底里地宣泄,但是在教学过程中我发现很多孩子总希望老师直接给出正确答案,不主动去思考。所以一开始我的教学工作进展并不顺利,不过通过我一年多的努力引导,他们慢慢适应了我的教学方式,上课比较活跃,也能够积极发言了,看到这些变化我从心里为他们高兴。
>
> 我一直倡导的是引导式教学、课堂互动教学,尽量与学生建立平等的关系,与他们成为朋友等。可在实际教学过程中我遇到了各种大大小小不同的问题。实践有时候真的跟理念中的东西差别很

大，两者之间会有矛盾。我所认同的教学方法在实际运用中也有矛盾。教初一的时候，我让学生们写一篇以"天空"为话题的作文，大多数人都写了天上实际存在的东西，或写成了想象类作文。这肯定也行，只是少了一些话题作文应有的思想。我给他们讲，其实这个"天空"可以有更加广泛的意思，心灵的天空，成长的天空都可以。但是他们还是不太理解。我就一遍又一遍启发他们，举例子说明，直到让他们真正理解话题作文的内涵。说到师生关系这方面，我做得还是可以的。因为我爱他们，感觉他们就是十几岁时的我，有着美好的年华，他们可爱纯真，从他们身上，我也学到了很多东西。我把他们当成是自己的朋友，师生关系是相互的，只要你真心爱他们就好。

我不会体罚或过于严厉地批评学生，我会运用其他的方法让他们认识到自己的错误。只要改过的学生，就会受表扬。但是我的一些同事不理解也不赞同我的方法，他们认为这样很冒险，容易把学生"放了羊"。他们认为课堂应该是严肃的，老师努力教，学生努力学。

我一直不希望用填鸭式的教学方法来教学生，但是我在教学中让学生自己探讨分析，学生们不适应，他们说"老师您不用再开发我们的大脑小宇宙了，直接告诉我们答案不就得啦"，而且学校的其他老师也非常不看好我的做法，觉得我是在耽误时间，降低效率。比如口语交际方面，我希望学生们的口语表达得到锻炼，我安排了课前三分钟演讲，学生们都不愿意，就算在我的强烈要求下，他们也不认真对待，因而收效不大。在写作方面，我主张口头作文与书面作文相结合，课堂上的口头作文我认为是便捷、效果明显的作文形式，但学生们普遍不愿参与其中，积极性不高。有一次，校领导突然到我们班听课，正巧我们那一节上的是口头作文，可是学生们都不开口，课堂气氛十分沉闷，就算班长和语文课代表极力打圆场，没话找话说，也没能挽回那死寂、尴尬的课堂局面，好不容易熬到下课铃响，校长还质问我是不是没有备课。我觉得很痛苦，这就是我认同的教学方法在实际应用中的矛盾。

在师生关系上我比较认同师生的朋友关系，只有学生把你当朋友，他才敢把心里所想的告诉你，学生只有喜欢这门课的老师，他才会喜欢你教的这门课。但是，在实际应用中，师生关系如果过于随意，就会造成课堂教学的混乱，所以也是有矛盾的。

教学的目的到底是为了让学生掌握更多的知识还是仅仅只是为了应试教育所要求的高分数……

从这些话语中不难看出，初任语文教师在职前培养中所学习到的一些先进的教育理念对他们还是有很大的影响的，他们已经建构了一定的教育理论体系，不过在实践教学中，有一些想法和思考与目前的初中语文教学的实际是有出入的，而且由于目前应试教育的影响，有一些想法和做法不能得到学生们和部分有经验的老师的支持和理解，他们觉得矛盾、困惑，甚至感到痛苦。

访谈中有初任语文老师说"语文新课程标准中明确提出要'积极倡导自主、合作、探究式的学习'，但对于我所在的农村中学生来说，由于他们的父母大多都是农民，思想保守。学生们大多数都缺乏积极主动性，基础知识不扎实。他们在实际的自主或探究式学习中，往往都只停留在文字表面意思，很难达到课文深层次的理解，因而也提不出一些有价值的观点。每当这时，我就面临一种两难的境地：到底是讲还是让学生费时间去做无效的思考？此外，像古诗、文言文教学到底该不该一句一句的翻译讲解？语文新课程标准中明确给出阅读浅显文言文，能借助注释和工具书理解基本意思即可的要求，然而在实际的教学中，如果教师对诗文的句意讲解不够多，学生便会学得一头雾水，结果是初中这块的基本功不扎实，我真不知道他们进入高中如何学习？而我们这些初中语文老师又是否尽到了职责，诸如此类的困惑问题还有很多"。

在众多的困惑纠结中，有的初任语文教师在实践中否定了曾有的观点，选择适应当下的语文教育教学现状；也有一些初任教师敢于坚持、勇于尝试，不断改进，在教育实践中不断地审视和打磨自己的对语文教育教学的思考，纠正问题，改进方法，不断构建自己的教育理念。一位教师提到，"我刚工作的时候，对待学生时会不自觉地把个人对学生的评判带进去，这个孩子我喜欢，就会略有宽容。有一天当我发现自己很喜欢的那个孩子在其他同学面前趾高气扬，甚至目中无人的时候，我才意识到自己无形中犯了大错。由于我的喜爱给小孩带来了本不该有的荣誉感,使他的性格骄纵不宽容,这种失误太不应该了,这时候我才深切体会到了什么叫公平对待每一个学生……"还有一位初任老师这样说,"在开始那段时间我完全按照自己的想法教学,一味地活跃课堂,我看到了孩子们上我的课很开心,可是考试成绩下来,一塌糊涂。这严重地打击了我的积极性,也让我对自己的教学方法有所反思。可有时候我也在想,现行的教育使很多老师跟机器一样,不断地强调孩子的考试,过关,而没有能真正充分带给孩子们个体生命应该有的成长的快乐,如此功利化的教学方法,语文到底在哪里",表达了她现有的教学观念和实际教学的差距给她带来的深思和无奈。通过访谈,我们深切认识到,初任阶段是语文教师教育理念形成的关键期,如果他们能够在这种矛盾冲突中思考并不断改进,就能够使其理念的构建有利于其专业的成长。

2. 指导教师评说的"理想与信念"

初中初任语文教师的专业理念包含专业理想和教育信念两个维度,由于专业理想的问题比较抽象比较个体化,往往不在指导教师的指导范围之内,因此对其指导教师的访谈内容主要集中于对初任语文教师教育信念的分析,设计的访谈问题为"在交往过程中,您觉得您所指导的初中语文教师的语文教学理念是否符合目前的教育改革需要?在他们的实际应用中是否有效?"

对于初任语文教师的教学理念是否符合目前教育改革的需要这一问题,指导老师们有着不同的观点,"不完全符合、基本符合、部分符合、比较符合、大体上符合"之类的回答占据了绝大多数,仅有两名指导教师认为"很符合、完全符合",没有指导教师提出完全否定的意见。

在谈到有效性的时候,多数教师都认为初任教师的教学理念对其实际的语文教学有帮助,但是在操作过程中存在一些问题,并没有达到比较理想的效果。如:

> 我所指导的初任教师懂得要面向全体学生,充分发挥学生的主体作用,注重抓住学生的兴趣。但因实际经验的缺乏,教育方法的欠缺,在实际应用中效果不是十分理想。
> 我所指导的语文教师比较注重激发孩子们的聪明才干,注重教

学中的创新，这正符合现在的教育改革需要。在实际运用中可以提高孩子们的学习兴趣，有利于老师与孩子的互动，让课堂很活跃。这对于学生的语文认知以及学生价值观的建立和他们今后的发展，创新思维和独立思考能力的培养有所帮助，从长远发展看是有益处的。不过从教学实际来看，目前学生的语文成绩却没有明显地提高。

现在师范学校也在适应教改，给学生们传授新的理念。但说实话，我觉得理念和实际操作有矛盾的地方，目前看来效果不是很理想。

新的教育改革表面上是减轻学生负担，其实对学生的实际操作能力要求很高，这给教师带来了不少挑战，也给教学带来一定难度，特别是像我们这种教育设备不齐全的学校。初任语文教师所学的语文教学理论与实践的距离有些远，所以在实际应用中效果较差。

从平时的听课和交谈中可以看出初任语文老师们的教学观念和目前的教育改革比较符合，但是毕竟他们的实践教学经验还不足，虽然努力将教育改革的观念应用到在实际教学当中，但操作中还存在一些问题。如他们知道要以学生为主体，而具体教学中却要么仍然以讲授为主，要么就是流于形式，使课堂一团糟。

学生一看到他们上课就很开心，没有压力，欢声笑语的，很热闹。但是一考试学生们就痛苦，发散性的、主观的题还回答得不错，基础知识就没有打牢，出错太多。

我所带过的初任语文老师当中，有几个有很多新的想法。在我们的教学中，主要是教师讲，学生听，这样的教学比较固定，而我指导的教师里有的会带学生在操场上给同学讲课，有的通过一些不同的想法来带动学生的学习兴趣，下课还主动跟家长交流，这样学生更有兴趣，更喜欢上语文课了，但是花哨的背后，学生到底掌握了多少呢？至少从目前学生的语文成绩来看，效果并不明显……

在指导教师的视角下来审视，初任教师的教学理念和教学的实际效果存在着一定的距离。一方面，有的初任语文教师所拥有的教学理念中信奉理念和使用理念存在着差异，他们知道课程标准的要求和倡导的理念，但是在实际的教学中依然会因袭以往的教学模式；另一方面，有的初任语文教师对新理念很赞同并且尝试着在教学中实施，也取得了一定的效果，但存在顾此失彼的现象，实际运用效果还不够令人满意。

我们还应该追问一个问题，那就是指导老师如此评判初任教师，指导教师本人的教学理念怎样呢，他的教学理念是否值得肯定呢？在交流中，一位指导老师说"现在新进的教师都接受了新的教学理念，但是他们的有些观点和我们这些有经验的教师的观点是不一致的。比如说很多刚刚走上工作岗位的教师都认为我们不该体罚学生，应该好好教育他们。他们认为老教师们让孩子们借身体的痛楚，记住自己犯的错误以达到下次再也不犯的目的，效果是不好的。说学生因为怕被体罚而不犯错误，形成了犯错误的后果不过就是被体罚的错误观念，这种管束只能收到短期的效果，不能使学生心服口服。这有一定的道理，可是学校本来就是集体参与的场所，如果没有惩戒，纪律性不能得到保障，会影响更多学生的学习，谁又来负责？在这个层面上，我们也很难做"，可以看出，并不是所有的指导老师所持有的教学理念都是符合目前基础教育课程改革的实际的。在和初任教师交流的时候，一位初任语文教师这样说，"我的指导老师告诉我，一般情况下班主任在安排座位的时候，会把不爱学习，也不想学习的孩子放在后排。你上语文课的时候只要他们不捣乱，不影响课堂纪律就可以了，他们不会回答以后就不要问他们，免得他们给你起哄，只要确保中等以上学生的成绩就可以了……告诉我有新课改的理念很好，但要实施下去就不容易了，毕竟我们学校的孩子成绩参差不齐，不能顾此失彼。指导老师还说她能理解我的做法和想法，她刚工作的时候也是满怀抱负，想拯救每一个学生，可现实不容许这样，也做不到……听了指导老师话，我觉得很难过，我相信她曾经是个满怀理想的好老师，可现实太残酷，把人都磨得毫无生气，我害怕终有一天我也会成为现在的他们，如果真的是这样，我宁愿没有踏上做教师的这条路"，这些很真实地反映了自己的学生观与指导教师的学生观之间所存在差异。所以，当一个初任教师进入教育的真实情境时，在矛盾冲突中构建其教育教学理念的时候，指导老师的引导起着较为重要的作用。指导老师的教学理念就成为影响初任语文教师的一个重要因素了。

(三) 间接经验与直接经验：专业知识

1. 初中初任语文教师述说的"经验"

专业知识是语文教师专业成长的基础，也是初任教师能够胜任语文教育教学的基本保障。在教师的专业知识结构中，通识性知识、本体性知识、条件性知识、属于教师能够通过理论学习认知和习得的知识，都属于间接经验，实践性知识是需要在教师的教育教学实践中进行整合并运用于教学实践的，属于直接经验。它们有机结合，构建了教师的专业知识结构。

在交流中发现，绝大多数初中初任语文教师认为他们在大学期间所学到的专业知识对其教育教学工作的展开是很有帮助的。大多数初任教师反映在大学期间所掌握的语文本体性知识比较扎实，对其语文教学是很有帮助的：

> 师范学习中基础知识的牢固掌握对我的语文教学帮助最大。像现代汉语中对于语音、语义的学习；古代汉语中对文言文的学习；现当代以及古代文学的大量阅读都极大地丰富了我语文教学的知识储备。
>
> 很多人会觉得大学学的专业知识对于初中教学来说根本没有用，因为深奥了。工作以后才感受到专业课的学习是有效果的。知识储备的深与浅在一定程度上关乎到教师教学的实际水平和表达的流畅程度。在课堂上如果老师自己都支支吾吾的，学生又怎么来信服你呢？……

可以看出，初任语文教师的本体性知识基本上是能够满足语文教学的需要的。当然，也有的初任教师觉得自己的本体性知识仍需要加强，有一位老师就表示说，"我觉得我所欠缺的知识是语文的一些基础知识。上大学的时候最看不上基础知识，但是这些基础知识在教学实践中常常会碰到，有时候不能准确地给出答案，必须得自己下功夫去查阅才行"。

在询问"哪些知识是你所欠缺的"这一问题的时候，有老师认为其通识性知识、条件性知识需要不断加强，而大多数初任语文教师认为自己主要欠缺的是实践性知识。

> 我的知识面不够广，有时学生问我与其他科目相关联的问题，我就不能很好地解答。
> 我的科普知识很欠缺，教学中遇到科普类的阅读文章，自己都觉得不容易理解。
> 我欠缺的是自然科学类知识，这让我在与学生的交流中显得很浅薄、孤陋寡闻。而且我对于艺术的涉猎面也很窄，不能随时融入到学生的娱乐氛围中。
> 做了语文老师以后我才真正体会到，当语文老师就是需要成为全才，不怕你知道得多，就怕你不知道。作为一名语文老师只有读书才会丰富内涵，开阔视野，提高自己的理论水平。肚子里没有墨水的语文老师是很难让学生认可的……

老师们朴实的话语透露出了工作以后他们对自身通识性知识掌握现状的不满意，而这种不满意应该是初任教师主动汲取广泛的文化知识的一个有效动力。

条件性知识的不断习得能使初任教师的教育教学更有针对性，对其胜任工作能起到有效的促进作用。有老师说到：

> 我知道我还有很多知识很欠缺，像现代教育理念，学生的心理学等方面了解得很少，这些在一定程度上都阻碍了我的教学。
> 我所欠缺的是教学方法和教育心理方面的内容，所以我现在一直在努力地学习这两类的知识，以便更有利于教育教学。
> 记得最开始，有一个学生上课就专门找茬儿，不听话。作为一个新老师，我束手无策，我根本不想理这个孩子，他不仅扰乱了我正常教学的进行，还影响了其他学生的学习，影响了我的心情。可是你越不理他，这孩子就越闹，不管是让他站到后面还是站到教室外面，效果都不怎么样。后来，我单独找那个孩子谈心，谈话中我渐渐意识到，孩子是要强的，因为学习成绩不好，老师对他的关注

又不够,他觉得自己像是被遗忘的。做这样吵吵闹闹的举动,为的就是引起我对他的关注。当然这些话不是孩子直接告诉我的,而是在我关注了教育心理学的知识后,再结合与孩子的交流分析出来的。后来我在课堂上多关注这个孩子,在批改作业的时候对他的评语再多倾注一些心思,慢慢地孩子改变了很多……

实践性知识的获得是初任教师最为关注的:

> 处理学生突发事件及管理学生方面的知识是我目前最欠缺的。
> 由于在大学期间真正的教学实践机会比较少,所以在教学过程中应对学生突发事件的能力比较差,与学生沟通的能力也比较差。
> 在大学学习的知识远远不够,大学学习的知识多是理论知识,但教学过程中遇到的问题永远都是千变万化的,我们不能依靠书本的死知识去解决实际问题,因为计划永远赶不上变化。
> 对我来说目前最需要掌握的主要是对于一节课时间和内容上的把握,上学的时候我们都上台模拟过,但是真正当了老师很多情况和预想的是不一样的,那时候我们讲课模拟请同学们回答问题,预想的都是学生能够很好地回答上来,就接着讲下面的内容了,真的上语文课的时候,学生不见得能够一教就会,叫起来就能回答,时间就不好掌握了。
> 我最欠缺的是和学生家长交流沟通的技巧方法方面的知识。
> 我所欠缺的是对紧急问题的处理,对突发问题的应变的知识……

这些都真实地反映出初任语文教师在实践性知识方面的缺乏给他们的语文教学带来的困难。而这些困难是初任语文教师时常面对,又必须要有效解决的。

初任语文教师在走上工作岗位以后,其专业知识的学习就不能像在大学期间一样在固定的时间内由教师通过课堂教学的方式来传递了,更多地依赖于教师自我的主动学习。刚刚走上工作岗位的他们,进行集中学习的时间和机会比较有限,能否主动地通过阅读和自主学习丰厚专业知识显得尤为关键。因此,访谈过程中着重询问了初任语文教师工作后所阅读过的相关书籍，尤其是他们觉得帮助较大的书籍。

  我刚工作，要面对一群正在成长的、性格各异的中学生们，应该有一些青少年心理分析的能力，我觉得青少年心理分析类的书籍对我很有帮助。
  工作后我看的书籍都是教育心理学类的，这些书籍教会了我如何在各种教学情境下做最合适的决定，让我更关注学生的心理健康成长。在处理学生问题时考虑很多，尽可能稳妥与人性化，给学生起码的关心与尊重……

  大多数初任语文教师在任职初期会选择教育教学类书籍、青少年心理学类书籍和班主任管理类书籍，如《中国教师缺什么》《新教育之梦》《国际教育新理念》《初中语文新课程教学法》《语文教育展望》《怎样进行课堂管理》《怎样做班主任》《班主任工作漫谈》等。还有不少老师主要是围绕课本语文阅读各种教参教辅书，如《新教材全解》《语文五三训练及全解》《倍速学习法》《语文教学创新设计》等，用来帮助自己更全面地掌握教材内容，获取相关备课资料。由此可见，在任职初期，初任语文教师在实际教学中会发现，许多教学中面临的实际问题是需要寻求相关理论书籍的指导的。上大学的时候由于还没有明确的职业定位，因此多数初任语文教师在职前学习中，对教育教学理论知识的学习是不扎实的，而且有许多遗忘，需要在入职后继续学习。而对于相关教辅类书籍的阅读则是为了解燃眉之急，把课备好。有老师认为，"我觉得这些经典教案对我的帮助比较大，因为我刚任课不久，对课本的认识不如老教师，正是这些教案弥补了我的不足，让我成为一名更加合格的语文老师"。对于这一问题，指导老师们却感觉到初任教师的教案写得翔实，上课时候却不能准确把握自如运用，和初任语文教师的观点是有一些差异的。
  也有一些初任语文教师提到会根据教学要求阅读文学类的书籍，如课标推荐中学生看的书籍以及教材中选文的一些作家的作品等：

  像《傅雷家书》《培根文选》《海底两万里》这些书，其实我在大学也没有读过，现在初中生阅读推荐书目里有，而且指导老师告诉我中考的时候名著导读考得很细致，不是看简介能行的，我就自己先看看，不然怎么给学生指导啊。

在讲沈石溪的《斑羚飞渡》之前，我买了一套沈石溪的动物小说，什么《疯羊血顶儿》《第七条猎狗》《狼王梦》等，读后对作者和作品都有了较深刻的认识，讲课的时候就可以联系起来，探讨也更深入了。学生们受我的影响，也看了不少动物小说，我们还围绕动物小说的话题做了一个主题班会呢。由此，我深刻体会到作为一名语文教师应该广泛阅读，还应该在读书中多思考多琢磨，这些对教学很有帮助，也能给学生起到带头的作用。

有一位初任教师感慨地说，"其实学校里也发一些书，都是些关于教师师德之类的，我放在床头偶尔也翻翻。因为我开始做班主任，所以经验方面很少，再加上要兼顾学生语文课的成绩，所以有的时候觉得挺难的。为此，我特地去书城买了几本关于班级管理的书，常常看看。还有就是看专业书咯，这是根本嘛。我发现现在的孩子，常常喜欢看一些漫画，女生看一些言情，为了能更好地和孩子们交流，在要求他们少看这类书的同时，我偶尔也会翻一翻。要说哪些书对我的帮助较大，说实话挺难讲的，我觉得它们都很重要。

可见，初任语文教师往往会根据自己的喜好和需要去选择相关书籍进行阅读，这些阅读对初任语文教师专业知识的积累是有一定帮助的，这样的阅读，其对知识的积累针对性比较大，同时随机性也比较大，体系化不足。

也有个别老师这样说：

看课外书？真的没有时间，家庭要照顾，学生要顾及，再加上备课、考试，哪里还有时间让我看课外书。

工作后，大量时间花在工作以及一些琐碎的小事上，读书时间少之又少，除了读一些与备课有关的书籍，其他书几乎没静下心来用心读过。

这样的成长状态对初任教师的知识体系的建构就没有什么帮助了。

2. 指导教师评说的"经验"

指导老师对初任语文教师所拥有的专业知识的整体评述也存在着不同的观点，绝大多数指导老师认为自己所指导的初任教师整体的知识水平"还不错""比较好，有足够的知识累积"，同时也存在着两种截然不同的观点。

有的指导教师言谈中表露出对所指导的初任语文教师个体专业知识水平所持的不满意的批驳态度。

> 理论知识并不是很扎实，实践知识少得可怜。
>
> 刚刚工作的新老师多是才从大学毕业的，然而现在的大学生很多人都不能充分利用学校提供的资源，虚度光阴，连专业课都学不好，就更别提博览群书了。教学中出现的主要问题是理论知识欠缺，专业基础知识不牢固，常常在平时备课时或上课时卡壳。
>
> 说实话，我觉得真不如我们当时。这是各学科普遍反映的情况，现在新来的老师，别说本科生，研究生都不少，但是在专业素质上还是差很多。很多基础知识都不知道，知识面狭窄，眼高，自大。其实这些孩子学习能力很强，接受新事物快，理解能力强。所以我建议孩子们要好好学习，即使工作了也不能懈怠。

也有不少指导教师对所指导的初任语文教师个体的专业知识表示满意：

> 知识水平要比我们那个时候高出很多，看过的书也比较多。
>
> 知识水平还是很不错的，大学师范专业教育让他们具有较全面的专业知识，因为我们学校是市重点，学校相关部门比较重视教师的知识水平，在进校之前会进行全面考核，知识水平差的是不可能进来的。
>
> 现在的教育水平整体提高了，刚刚任教的老师在大学期间都接受了良好的教育，实习期间也都接受过很好的锻炼，备课思路严谨，上课方式新颖，能很好地和学生们交流。

> 近几年新上任的语文老师思想活泛，接受新事物的能力特别强，知识面较广，对网络技术应用熟练，视野开阔。而且他们也是年轻人，更能把握学生心理活动，能够很快融入到学生中去……

由此可见，不同学校不同地区的不同的指导教师对初任语文教师的评判相差还是比较明显的。从访谈的比例来看，认为整体不错但仍需加强相关专业知识的意见占大多数，持完全褒扬和完全贬斥意见的人数比较少。

在问到"您觉得初任语文教师需要加强哪方面的专业知识"的时候，指导教师的回答也涉及到了教师专业知识的四个维度，其中认为需要加强实践性知识的呼声最大：

> 在学校里主要是学理论知识，而老师这一行业，如果没有实践经验的积累是很难适应繁重的教学任务的。只有在实践中才可以发现自己的不足，初任语文教师应该多和有经验的老师沟通，刚进入新的环境不要太傲，要虚心请教。

> 最需要加强的是课堂实践教学环节的能力与解决实际问题的能力。

> 最重要的还是要加强实践，光知道不会讲顶什么用？有的初任语文教师课备得认真仔细，环节设计也都恰当，站上讲台就按照设计好的思路进行，局限于教案的设定内容，不能根据学生的理解和反应进行调整，结果效果很不好，缺少实践知识就无法生成实践智慧。所以一定要多实践，多总结。其实这并不是个大问题，我相信经过一段时间的历练，他们就会成为出色的语文教师。

> 他们的知识储备还是相当不错的，加上认真备课，教初中的孩子们是完全可以的。不足的地方就是他们的知识是零散的，缺乏系统性。拿出来用的时候也还缺乏灵活性，无法随手拈来……

不少老师提到了关于条件性知识的实践运用问题：

> 他们很难把握与学生相处的度，往往是亲和有余威严不足，管

不住学生。其次，他们缺乏耐心，不是对学生，是对他们自己。由于刚刚走上工作岗位，缺乏工作经验，又急切地想有所表现，而语文教学又不是那么容易出成绩，最终导致期望越高失望越大，挫败感随之而来，这种情绪难免会影响他们的工作。

  我指导的初任教师，由于年龄小、教龄短，经验不足，因此在一定程度上存在对学生的心理、品德方面的教育认识不足、耐心不够、方法不当的现象，出现过一些教学上的问题，如多次的劝说教育无效使老师伤心流泪、放弃学生；老师频繁告知家长孩子在学校的不良表现后引起学生更大的抵触情绪，使处于青春叛逆期的学生对老师采取报复行为，不听课，故意扰乱课堂纪律，给老师难堪，使教学无法有序展开等，这都说明初任教师的条件性知识的运用出现了一些问题。在指导和交谈中，他也说关于学生心理的知识在上大学的时候也学过，不过遇到具体事情的时候就压根想不起来怎么去运用了。

还有一位指导教师风趣地说"当80后面对90后甚至00后，总会有点问题，要加强心理学方面的知识，才能更好地与学生们相处。此外要加强学科教学的知识，帮助他们科学地展开教学活动，了解、研究、掌握学生在语文学习过程中的心理规律和特点，设计教学，选择方法，有效组织语文教学活动"。

在通识性知识方面，有指导老师提出：

  最需要加强的是历史、地理知识，对理工科基础知识也要做相应的了解；
  要加强哲学理论方面的知识；
  作为语文老师，应该对社会，国家，国际政治，经济，军事等方面关注一些，了解一些国家大事，了解国际形势，在授课的过程中视野就会更开阔，会有更好的教学效果……

由此可见，对于语文学科来说，不少指导教师也认识到了拥有广博的通识性知识对语文教学是不无裨益的。

在本体性知识方面，访谈的55位指导教师中有近十位老师从不同角度提到初任语文教师应该加强古代汉语方面的知识：

> 古代汉语的基础知识不扎实，一知半解，导致很多文言文讲不清楚，所以在今后的教学中，一定要在这方面下狠功夫；
> 讲文言文的时候有些知识点梳理不清；
> 古诗文赏析的知识不足……

语文教学有着传承民族优秀文化的作用，而中学语文教材中所选择的古代作品本身就蕴含着丰富的文化因素和人文精神，是值得语文教师认真挖掘的。语文教师要使语文的工具性与人文性紧密结合起来，就应该有丰富的古典文学知识底蕴了，因此，指导教师所提出的这一问题是值得关注的。此外，还有指导老师指出，教师的基本功知识还应该加强，诸如三笔字、教学词汇的运用、词语的规范性问题。也有指导老师指出，语文教师要有足够的文学涵养和广阔的知识面，才能够在讲解中多角度、多方面的开阔学生思维，所以像"最基本的知识比较扎实，一旦向课本之外有所延伸，就立马表现出知识储备不足的状况"应该引起关注。初任语文教师们知识掌握的广度、深度、准确度、灵活度，是一个体系化的问题。

（四）实施与探究：专业能力

1. 初中初任语文教师述说的"实施与探究"

初任语文教师要想顺利走过初任阶段，向更高层次迈进，其专业能力起着至关重要的作用。教师所应具备的专业能力至少应该关注其教育能力、教学能力和研究能力三个方面。

访谈中所接触到的初任语文教师们具备了一定的教育能力，他们大都明白语文教育教学不仅仅是要教会学生听说读写的基本能力，还有培养学生人格和提高其语文素养的目的，而且能够想办法在教学中去实践："要用文字言辞的魅力，带给孩子们享受，给他们心灵以启发以温暖……"对语文教育教学的理解是支持他们展开教育教学活动的基础，老师们带着自己的理解和感悟在实践中尝试着，摸索着。在语文教学中，不少初任语文老师们所认同的教学方法是符合语文教育教学规律的，也是基础教育课程改革所倡导的。他们提到了所采用的启发式教学、互动式教学、引导式教学、情景教学、说、读、写相结合的教学等方法，并且详细叙述了实际的教学过程，说明他们对这些教学方法有一定的认知和把握。

从初任语文教师教学能力的角度分析，大多数初任教师走上工作岗位的时候，已经具备基本的教学能力了，也有个别教师基本教学能力尚有不足的，访谈中一名教师说道："刚工作时我调整不好状态，一站在讲台上就特别紧张，尤其是看着那么多双眼睛直直地看着我，他们都知道我是新老师，所以我很怕自己出笑话，可是越怕就越容易出错。有一次我正在讲课，一个同学不举手示意就提问题，我一愣，反应了好一会才能回答他，然后我的思路被打断后我就接不上了，这都是因为我当时太紧张的缘故。"这就需要教师能够尽快地适应教学的基本要求。而大多数初任语文教师的紧张情绪不会影响到其正常教学。在谈及"在实际的语文教学中，您觉得您最擅长什么，什么是您比较难于把握的"这一问题的时候，我们发现，不同的教师的回答迥然相异。

有老师说，"我擅长讲古文，在大学期间我最喜欢的就是古代文学这门课了，这方面我的知识比较扎实"；但也有老师说"我觉得文言文比较难把握"。

有老师说"我最擅长写作教学"；也有老师说"作文教学是我比较难把握的，现在的孩子作文基础普遍差，教起来很费劲，把作文课讲好并且让学生不把写作看成一件非常苦恼的事，确实是比较难的。因为学生如果不记很多好词好句，就写不出好的文章，这是我无能为力的地方"。

至于诗歌教学、现代文教学，也是这样。有初任教师觉得自己擅长，就有初任教师觉得自己这方面比较薄弱。

此外，还有的老师从教学方法的角度提及，"我觉得我比较擅长与学生交流。在课堂教学中会讲得很细，很踏实，调动课堂气氛，善于启发学生，引导学生发掘问题，课堂上和学生互动、沟通交流，不会让自己唱独角戏"；也有老师说"我比较难把握的是让对语文学习不感兴趣的学生喜欢上语文，引导他们积极参与到课堂学习中"；还有老师具体的阐述了自己的苦恼,"学生上课的心理是我比较难把握的。因为在讲台上,看到同学们的坐姿千奇百态,有的学生竟然趴在桌子上,我在大学就遇到过有同学天天上课都趴在桌子上,看似在睡觉,实则在听课,所以我会不知所措。还有的同学,不按时完成作业,我把他叫到办公室单独谈话,他也总是一声不吭,这让我很头疼"。

学生语文学习兴趣的提升也是初任语文教师们谈到的最多的话题,"我觉得比较难把握的是学生们的兴趣。因为我教的是语文,我有一种很明显的感觉,学生们对语文不是很上心,语文是我们的母语,从小就在学,这有什么难的?在小学,语文是很重要的科目,可是进入了中学,科目增加了很多,作业也增加了很多,数学和英语成了学生们最投入的科目,语文自然而然成了被忽视的科目。在语文课上,学生们的积极性明显不高了,我们语文老师最难做的就是尽最大努力去提高学生的学习兴趣"。

还有的初任语文老师在言辞之中表现出对自身教学能力认识的矛盾,访谈中有一位初任语文老师说,"我最擅长的是设计教学环节",然后接着说,"我觉得比较难于把握的是学习过程中对教学总进度的把握",而教学的进度不就是和教学的环节紧密结合的吗?经过进一步交流才发现,其实这位老师所表达的是,她在课前准备阶段对教学环节的设计是非常仔细的,会对教学中每个步骤的内容和时间安排有比较详细的规划,可是令她苦恼的是在实际教学中,有时候由于学生的理解不能跟上她的设计,她就不得不延长时间,这样到快下课的时候会发现预定的教学任务无法按时完成,就不得不拖堂或者占用自习时间补上。此外,像教学节奏、教学难易度、作业量的分配、学生语文自主学习部分时间的安排等问题也是初任语文教师们普遍反映的在教学中觉得难以把握的内容,也就是初任语文教师认为其教学能力中需要提升的部分。

初任语文教师的研究能力的探寻是通过初任教师的研究意识和研究的实际展开的角度来分析的,访谈中主要关注了初任语文教师的教学反思意识和语文教学论文的撰写情况两个问题,设计的访谈主要问题是"您在上完一节语文课以后会进行自我反思评价吗,您常常做反思札记吗,您撰写过语文教学的研究论文吗,您觉得有困难吗"。当然教学反思既是初任语文教师专业发展意识的重要点,也是其研究意识的关键,而研究意识是研究能力增长的起步。访谈的所有初任教师大都会在语文课堂教学后进行反思：

> 我在课堂上发生了问题，下课后都会认真仔细地思考，寻找问题的根源来解决问题，解决这些接连不断的问题对我的教育教学有很大的帮助。
>
> 上完一节语文课后，大多数情况下，我会根据学生的课堂表现和作业情况，对教学进行反思评价。对于像我一样的刚踏上三尺讲台不久的老师，授课的各个环节还不能做到游刃有余。反思有助于及时发现问题，改正错误，有助于扬长避短，达到良好的教学效果。
>
> 其实我觉得每一位老师应该都会这么做，它是出于一种本能的，举个例子，每个人做完一件事后都会想，我今天的表现怎么样啊，我这样做合不合适啊等一系列问题。当老师也一样，每当这样问自己的时候，其实表现了一种想要改善，想要把课上得更好，让学生对语文课更有兴趣的美好愿望……

而谈到是否作反思札记的时候，老师们的情况就不尽相同了：

> 我的教学反思是一种潜意识，我没有做过反思日记。
>
> 我不太喜欢过于书面化的东西，所以我一般不作反思札记，不过我会经常想，我的教学内容学生有没有听进去，他们的语文成绩可不可以得到提高，我还可以在哪些方面下功夫。
>
> 一开始会常常做反思札记，一年后就只是偶尔做了。
>
> 基本上我每周都会写一篇反思札记，总结我一周的教学工作。
>
> 我经常做教学自我反思和评价，并且会找有经验的教师聊天，听取一些他们的想法，再结合自己的情况进行反思，我每天都在日记里记录教学中的心得。
>
> 我会不断地反思和总结语文课上我所做得比较好的地方和不足的地方，并记录下来，寻求改进之处，以便提高自己，使自己做得更好。

我每上一节课都要写教学反思，并付诸于教案。在每次的教学反思中不断改进，努力完善自己，用更适合学生的方法来教学。

每次上完课之后，我都会对本节课的全过程进行一次放映式的回忆，我考虑自己讲课的每个细节，回忆讲这节课时内容详略配置以及同学们的接受情况。找出不足，然后把它记在本子上，每天睡觉的时候看一看，上课之前看一看，这样时间久了就会积累好多问题，只要照着这些问题去思考，去改变，就一定会提高。其实我觉得作为一名语文老师，你在教学的时候除了要把课上精彩之外，还要站在学生的角度去考虑是否他们能接受你讲的内容。我喜欢做反思札记，因为它是提高自己并且使自己不断成熟的一面镜子。

第一年上班带初一时我上完每一节课后都会进行反思，反思我这一节课哪方面做得不好，还可以改进，该如何做。我会认真地写在一个小本上，我会反复看，反复思索我怎样才能把课讲好，这给我帮助很大，使我慢慢地改正了我容易忽视掉的问题。后来有经验了，带初二时我不是每节课都做反思札记，但是出现问题时还是会记，以便提醒自己……

从老师们的言谈中可以看到：认为需要的时候就写反思，经常写反思，刚开始经常写后来就根据情况而定，一周写一次，节节课后都要写，每节课都写随后上课前会好好看一看……如果把频次记做从零到一百的数值，那么很可能每个数值都会存在，这可以反映出初任语文教师的研究意识各有差别，实际的做法也各不相同。反思是研究的起点，研究中发现初任语文教师能够从语文教学的实践中反思，进而进行理论研究，撰写研究性论文的还很少。所访谈的69名初任语文教师中，仅有三位老师曾经撰写过相关的研究论文：

我在工作一年的时候，写过一篇语文教学研究论文，题目是《给孩子的思想松绑，为思考插上翅膀》，写时觉得有困难，我查了很多优秀教师的教学经验和教学事迹，也听了许多本校和外校优秀教师的课，再根据自己在实际教学中的经验方法进行写作。

我在工作一年半以后写过一篇论文，题目是《语文学习和学生的成长》。我觉得写得不是很好，毕竟语文是一门很广泛的学科，有些知识我还知之甚少，所以写得不够深刻。

我是在工作两年后，写过一篇论文《中学语文教学之我见》，我觉得自己在语文教学方面深有体会，所以在写的过程中觉得不是很难，写的大部分内容都是自己的感悟和实践经验，感觉很轻松，像是在倾诉自己的心得体会，很快乐，很欣慰。

访谈后我有幸阅读了这三位老师所写的研究论文，就像老师们自己所感觉的"因为理论不太成熟，所以没有发表"一样，论文中经验总结的成分还是比较大的，从严格意义上来说，作为一篇研究性论文还是需要提升其理论水平的。

大多数初任语文教师都说自己有撰写研究论文的打算，而目前还没有写过：

我觉得写论文需要长时间的积累。

由于初出茅庐，虽然对语文教学略有一些想法和体会，还是比较肤浅，不系统不透彻，所以对撰写研究性论文没有十足的把握。我觉得这也不是我当前的主要任务。就目前而言，如果不经别人指导我独立撰写论文确实是有一定困难的，所以我打算再琢磨一两年，我想那时再写难度肯定会大大降低的。

至于语文研究类的论文，我一直在想，但是现在还没有成篇的，毕竟刚刚工作，没有经验，自己也是在摸着石头过河。

由于经验不足，我至今还未写过有关语文教学的研究论文。这件事做起来还是有点困难的，毕竟从教时间不长，又没有进行过专题研究，但还是有开始写作的计划……

还有个别老师谈到"因为平时闲暇时间都放在了教师的各种评估、考试和班级琐事上"，所以就无暇顾及。一位工作三年的初任语文老师说"在我刚刚上岗的时候，我的确会对自己的课做反思，但是，随着生活压力渐渐增大，我现在很少做这样的工作。至于论文，就更没有去写了。说实在的，我也知道这些对于语文教师真的很重要，尤其是像我这样的新手语文教师更应该做。我也想写写论文,但有的时候会发现,连挤时间都是一个难题,我也挺无奈的",真切地反映了一些初任教师因为工作压力和生活上的忙碌,没有更多的精力进行语文教育教学研究的实际情况。

2. 指导教师评说的"实施与探究"

在访谈中,所有的指导老师都肯定了初任语文教师具备一定的教育意识,能够认识到语文教学中工具性和人文性的统一,甚至有不少指导老师认为他所指导的初任教师在语文教学中多呈现的人文性因素更为突出一些。但对于实际效果,却是各有说辞:

> 我所指导的语文教师常常会结合课文内容对学生进行一些思想上的引导,如讲到《背影》的时候去讲感恩父母,讲到《羚羊木雕》的时候去谈朋友情谊的表达方式等,把教育融入教学中,效果还不错!

> 我指导的一位语文教师,她总是说要把学生当作朋友,要尊重他们,可实际上课的时候,教室里总是乱糟糟的,倒是尊重了,教学效果呢?

在具体的教学能力的评价中,指导老师认为初任语文教师在备课上都比较下功夫,教案备得都比较认真比较详细,对备课的具体内容地评价却有不同:

> 新入职的语文教师的备课能力还是可圈可点的,作为学校新鲜的血液,他们饱含着年轻人的激情,在备课中注重选择能引起学生学习兴趣的方法。

> 可能因为是新老师的缘故,会害怕突然忘记要讲的内容,所以准备很充分。

> 备课认真,设计的整个教学过程也有很多创新,但有时过于注重形式,在具体知识点的落实上存在一些问题。

> 备课过程还是过于死板,通过大量的参考资料来拼成自己的课堂教学内容,很少看到自己的想法,备课内容中缺少对学生自主思

考的引导。

教案写得挺多、挺认真，但重难点不够突出。

在课堂设计能力上有一定欠缺，往往在导课方面很精彩，能够吸引同学，但是在之后的设计中，却走了老套路，知识灌输意味比较浓。

在对初任语文教师的实际教学能力的评价中，认为"整体教学能力一般"的观点占绝大多数，认为存在的主要问题在于：

缺少教学实践经验，在课堂教学中跟学生的互动交流太少，只是一味灌输知识，忽略了学生的接受能力。

备课很好，但上到讲台上，却发挥不出实际的效果。

老师的姿态没有摆正，与学生太亲近了，课堂上乱糟糟的。

讲课时重点知识时间分配不均，应该着重强调的知识没有强调。

对时间掌控不足，常常不能在有限的时间内把教学内容讲完。这多半是因为学生表现太积极的缘故。面对一屋子七嘴八舌的学生，新教师的掌控能力有限。学生的思维跳跃性很强，老师不能抛弃自己的备课内容毫无节制地扩展课外知识，这就需要老师有较强的时间掌控能力。

缺乏对教学方法地灵活综合运用，对学生的了解不足，沟通能力不够。

不会适当运用板书，有的老师整堂课下来，一直在用多媒体，黑板连动都没动一下。

板书杂乱，比较随意。这一点可能是受大学课堂的影响，所以在讲课的时候没有考虑到初中生对板书的依赖……

大多数指导老师都认为，初任语文教师存在教学能力不强问题的主要原因在于语文教学的实践经验不足，不能够根据课堂教学实际灵活进行教学，遇见突发问题不能巧妙解决，教学重点强调不够，对学生的关注度不够或者掌控能力不够。指导老师给出了一些解决方法：

通常我会找一些优秀语文教师的教案供他们翻阅，让他们在对比中找到适合自己的教学方法，在他们不懂的时候也可以随时来找我讨论。

　　建议他多去听听其他老教师的课，取长补短，不断充实自己。

　　曾经给他录过他自己的讲课视频，课后让他自己看，找出不满的地方，但是也不能常用，毕竟我不是节节课去听……

有一位指导老师说，"对突发情况、出乎意料的答案地处理都需要经验，我们也没办法"，传递出在指导初任教师时所遇见的困惑。

在应对师生关系的时候，一位指导老师给他指导的初任教师出的主意是"上课的时候宁可不笑或少笑，也不能过于随和，让学生从上第一节课就发现你是新教师"，提出这一应对策略的指导教师在师生观上其实传递出一种传统的师道尊严观念，不笑或者少笑就可以让课堂处于掌控之中吗？由此可见，指导老师所提出的应对方法是否科学可行是值得关注的。

（五）帮助与引领：校方支持

1. 初中初任语文教师述说的"帮助与引领"

初任语文教师走上了工作岗位，开始了职业生涯的起步，在这一阶段，除了其个体主动的专业成长外，作为其成长环境的营造者和成长的促进者，校方所提供的相关支持也是很重要的。在访谈中发现，初任语文教师在走上工作岗位初期，有的学校会通过专题讲座的形式对其进行培训，担任讲座的主讲者一般是资深的骨干教师，也有教育研究单位的相关研究者，所讲内容往往是就某一专题进行讲解。这类的讲座讲授多而交流少，初任语文教师们反映收获一般。很少有学校会组织初任教师外出学习参观，至于进一步的学历学位深造，很多学校会明文规定前三年不允许。校方所提供的最为普遍的帮助形式是给初任语文教师指派指导教师，在访谈的69位初任语文教师中，有45位教师在入职初期有固定的指导教师指导，有22位初任教师校方并没有指定固定的指导教师，还有两位新教师的回答是"算是有吧"，了解后发现，这两位初任语文教师在遇见困难的时候都会去请教语文教研组组长，组长也是每问必答，尽力去帮助他们，但是学校却没有给他们明确的指派指导教师。这种情况其实类似于那 22 位没有指派指导教师的初任教师们。

初任语文教师们入职初期，如果校方没有给他们明确指派指导教师，他们也会主动在学校寻求有经验的教师的指导，从而获得一定的成长帮助：

> 我把一位经验丰富的老教师当作指导老师，有问题就会去找他征求意见。
>
> 我经常向学校里的几位比较资深的老师请教教学问题，他们也愿意和我分享他们的经验。
>
> 我在课余时经常会去听学校各科的出色的教师讲课，主要学习他们驾驭课堂方面的技巧，刚开始工作的时候多听一些资深教师的课对自己还是有好处的。
>
> 学校的所有老教师，都是我学习的对象，有问题我会去请教，他们也会给我很好的回答和教导。
>
> 我们那年招了很多刚毕业的年轻教师，学校并没有给我们派指导教师。我们多是自己摸索，我会经常和同科目老师一起交流经验，并且在网上去听优秀教师的示范课。
>
> 我在遇到问题的时候会回到原来的学校咨询专业老师……

绝大多数初任语文教师们在选择咨询请教对象的时候，往往会选择在学校里大家比较公认的教学效果好、为人比较亲和的语文教师或者其他学科的任课教师，也有极少数的初任教师会选择观看网络上的名师名家的教学录像进行学习，或者找大学的专业教师咨询。而他们一般咨询的问题主要是教学的方法和技巧，课堂上师生关系的处理等。这些老师们也会把自己的教学经验告诉他们，如上课的细节啊，如何应对调皮生啊，给他们一些有益的帮助。由于这种帮助没有任务要求的，也没有系统性，所以多是比较随机的，一般要看初任教师的选择意向和所请教问题的指向。初任语文教师们在寻求帮助的时候往往是侧重于其教学困惑，所以，如何有效地进行语文课堂教学就成了他们最为关注的问题。

至于学校明确分派指导教师，建立师徒关系的 45 位初任语文教师，其指导教师都是由学校指派的，指导教师的担任者一般会是和初任语文教师在同一年级任教的较为年长、经验丰富的语文教师，也有极个别的是跨年级的学校语文教研组的负责人。在问及他们是否知道学校对指导教师的指导有什么具体要求的时候，普遍反映是"没有固定的要求"。有老师说"学校对指导教师指导方式并没有固定要求，因为每位指导教师的经验和阅历都是很丰富的，他们知道该给我们提醒什么，指导什么，知道我们在哪些方面是欠缺的"。一般情况下，指导老师所做的指导工作有随堂听课、查看教案、沟通交流，而初任语文教师也会去听指导老师的课，和老师进行交流。

> 在我教学初期，无论是教学方法，还是与学生的交流，师生关系方面，指导教师都给了我很大的帮助，使我更快适应，更快进步。
>
> 我觉得指导教师给我最大的帮助是教会了我如何很快适应这个角色，投入到工作中，如何和同事、学生们更好地相处。
>
> 她不会随意干预我的教学方式，只在教学技巧中提点我一下，或是在某些环节给我提一些建议，或是教我如何更好地展开工作与统筹安排，与我探讨很多关于学生心理方面的问题，在潜移默化中弥补我经验不足的硬伤。
>
> 不论是在教学上还是与同学的交流沟通上以及和同事的相处方面，他都教会了我很多……

由初任语文老师们的反馈可以看出，他们对其指导教师还是比较认同的。而指导教师所提供的帮助，也是符合初任语文教师的心理要求的，多是从教学的具体方法上指导，从师生交往、课堂管理技巧上引导，针对性强体系化弱，和初任语文教师自己寻求帮助的内容是一致的。

在中学阶段，语文教师常常会承担班主任工作，初任语文教师是否承担班主任工作一般是由学校决定的。那么，承担班主任工作对初任语文教师来说到底是利于其专业成长呢还是不利于其专业成长呢？对于这一点，已经承担班主任工作的初任语文教师有着不同的观点：

> 刚工作我就担任班主任了，我觉得这对语文教学很有帮助。因为班主任对班里学生很了解，可以经常和他们交流，听取他们对教学的建议，从而采取更适合学生的方法，提高他们的学习成绩，两者不但没有冲突，而且是相辅相成的。

> 我觉得做班主任对我的语文教学是有一定帮助的。我有更多时间能接触到学生，与他们交流，了解他们的学习以及生活情况，我便能对症下药，针对性地对学生进行学习以及各方面的引导，在教学过程中也可以有所突出、强调。这些都使我的语文教学效果更加明显，这种特权是只有班主任才能享有的……

他们认为班主任有更多的时间和学生交往，学生在心理上也比较容易认同，加上班主任本身所具有的外在权威，如可以在学生出现问题的时候"请家长"等，这些都有利于语文教学的展开。

而有的初任语文教师却认为承担班主任工作后在处理班务和语文教学之间、在处理语文学科和其他学科之间有困难，有矛盾：

> 当班主任与带课这两者之间有时会发生一些冲突。记得有一次，第二天要上作文课，本来我打算利用前一天下午批改学生的作文，可没想到我们班的两个男生因为其中的一个不小心将另一个的书碰到了地上，刚好书被碰到地上的那个男生因家中父母离异，心情十分低落，所以他二话没说就给那个学生"吃"了一拳……处理这件事耗费了我整整一下午的时间，所以批改作业的任务就没有按时完成。晚上又恰好轮到我值班，值班后又要查住校学生的休息情况。尽管我晚上开夜车把作文都批改完了，可我自己心里最清楚，这对我第二天的教学还是有一定影响的。而如果我不是班主任，班内这些琐事就不是我职责范围内的事了。

> 两者之间肯定是有冲突的，比如有时候你不自觉管严格了，学生们会在心里产生一种紧张的情绪，他们会更多认为你是班主任，忽略了你是语文老师，上课的时候课堂气氛也没有我不带班主任的那个班活跃。我刚带班主任的时候，自己班的学生语文和数学的成绩都比较弱，作为语文老师，我当然希望学生先完成语文作业，当

然也希望他们能在语文上多花些时间。但是作为班主任，我还要顾及数学老师的感受，自然要让一步，我就比较纠结。如果我不是班主任，就不用顾忌科任老师的情绪了……

而没有承担班主任工作的初任老师们，也有不同的观点。有的初任语文教师渴望做班主任，认为是挑战也是机遇，甚至有的已经开始规划自己作为班主任以后的教学设想；当然也有的新老师心存畏惧，觉得自己还没有做好做一名"班级家长"的心理准备：

我没有做班主任，我所任教的这所学校是一所省重点，一般是不会让新老师担任班主任的。我觉得对于年轻教师来说，班主任是最具有挑战性的岗位，也是最快成为一名好教师的捷径。当了班主任就意味着要用更多的时间投入到班级管理之中，而时间是有限的，我想担任班主任会和语文的教学有一定的冲突。如果我担任了班主任，我会努力协调它们，处理好二者之间的关系。我期望能够早日担任班主任，多磨炼磨炼。

我是一名青年教师，加上经验不足、能力有限等原因，目前我并没有担任班主任。不过，如果有可能的话，我想我以后会尝试的。

我要是做了班主任，就会要求学生在早读前二十分钟到教室进行早早读，这个时候我就有时间和他们交流，听听他们的想法和建议，我想这样就一定会对我的语文教学有帮助。而且一般情况下，学生们在班主任的课堂上是比较安分的，所以课堂秩序也会好一些，这些对语文教学肯定是有好处的。

要是当了班主任，与学生的接触时间和机会肯定会明显增多，不过相应的琐事也会骤增，需要操心的不仅仅是语文课了，班主任就像父母一样，这些个孩子就完完全全属于你了，生活，习惯，学习，统统需要涉及，还要与家长交往，想想都头疼，依我目前的情况，我觉得还是只当个语文教师比较合适，让我去料理那么多"家务事"，肯定不行……

访谈中还有一些初任教师在初任的前一两年里没有承担班主任的工作，而在后来才承担了班主任的工作。这些教师的观点比较统一，都指出在承担班主任工作以后工作压力变大了，班务管理比较烦琐，但的确也比较锻炼人，不过其中也有老师中途提出不愿意承担这一工作。看来，对于初任语文教师来说，承担班主任工作是否有利于其专业成长也不能一概而论，要和教师本人的意愿、成长现状和能力等结合起来考虑。校方在对初任教师进行班主任工作的安排中也应该结合实际情况考虑。

2. 指导教师评说的"帮助与引领"

作为初任教师指导帮助的主要承担者，"师傅"的影响作用是比较大的。那么，师傅们在承担指导工作的时候，学校对他们有没有什么相关的培训呢？访谈中的55位指导教师所在的学校都没有对指导教师进行系统的培训，有部分学校会有一些活动，但主要是用来提出指导的内容要求的。学校会在开学的时候组织一次拜师会，让指导教师和初任教师认识，提出初任教师在一年内所应该完成的任务，如初任教师应该听的指导教师所带课程的时数底线，在学期中所要上的新手展示课和学期末的汇报课的具体要求等，一般是以对初任教师提出工作要求为主的。有的学校也会下发相关的培训资料，但也主要是针对初任教师的。有指导老师说："我觉得学校还是有必要给我们培训一下的。带新老师是个口传身授的过程，老师教给学生的主要是语文知识能力，而交给新老师的是一种教学能力，一种应变能力，好的语文教师不一定就能是一名好的指导老师。现在的新老师有很多新思想，我们也应该知道如何针对这些新特点进行指导"；也有指导老师说，"学校从来都没有培训我们如何指导新教师。不过学校指派的指导老师都是有很多年的教学经验的，对刚开始教学的老师所遇到的问题都有亲身经历，都是从那个时候过来的，就算是不培训也能够切实地为他们解决问题"。这两种观点在访谈中都比较多见。可见，已经有不少指导教师认为，在实施指导之前，对他们进行一定的培训是有必要的，教学生和教老师有不同的侧重点。也有一些指导老师认为，新教师在入职初期所面临的问题是他们曾经经历过的，因此，从自身的体会出发，指导是有针对性的，至于校方是否进行培训，对指导的影响并不大。

除了校方对指导老师的相关培训以外，访谈中还问到了学校会不会减轻指导教师的工作量，以确保指导时间，或者有没有固定的指导时间的要求。对于这一点，指导老师们的反映是，他们仍然需要带两个班的语文课，有的还需要带一个班的班主任工作，课时并没有减轻，指导的时间也不固定，多是随机指导，如在互相听课后的课间进行交流，或者在初任教师前来询问时进行交流。

谈及指导的内容时，指导教师表明指导内容比较随机，往往是根据初任教师所提出的问题予以解答：

> 他们经常与我交流怎样将语文课教得生动有趣，希望学生能在课上与他们多些互动。我的建议是加强自己的知识水平，用一些有趣味的知识代替死板的授课方法。
>
> 教学初期，我俩常常会针对课堂整体时间把握问题进行沟通，他总是不能够很好地安排教学节奏，往往前松后紧，我就把他讲的课当成例子来分析，告诉他教学环节安排上的问题和完善的方法。后来我们的主要交流问题集中在师生互动上，我就让他在课间休息的时候进教室，和学生交流，了解学生的语文学习情况，这样在课堂上就能够有的放矢了……

除了语文教学以外，初任教师如果在班主任工作中遇见问题，也会向其指导老师求助的，"有一次一个学生放学没按时回家，父母急坏了，找不到人，找到学校里来指责班主任，问他要孩子，他也是一个刚入职不久的老师，一时慌了，急急忙忙跑来找我，一见我就抹眼泪，我告诉他，先镇静，沿学生回家的路找孩子，问路人，最后孩子找到了"。

在问及指导老师是否会要求初任教师进行教学反思并写下反思笔记的时候得知，要求初任语文教师写出反思笔记的指导教师甚少，大多数指导教师都不要求他们写出来：

> 我不会让他们写出来，因为这些东西是要他们自己去摸索发觉的，我的建议只是起一个引导作用；
>
> 我会让新教师在教学改进后和我说说自己的感受。

从交流中可以得知，由于校方对指导老师的指导内容没有明确的规定，因此，多数指导教师在对初任语文教师进行指导的时候，主要是结合初任教师的实际情况提供一些可供参考的意见和建议。这些指导对初任教师的专业成长有着一定程度的帮助，但还存在着很大的优化提升空间。

对于初任语文教师承担班主任这一问题，指导教师也是各有看法。表示赞同的指导教师认为：

> 新来的教师身上总是有一股朝气，工作热情高，年轻又充满活力。他们也是刚毕业的孩子，孩子和孩子之间更容易交流沟通，他们比起我们老教师更容易和学生做朋友，做班主任能在更大程度上锻炼新老师。
>
> 新教师适合承担班主任工作。因为这样有更多的机会接触学生、了解学生心理，以便更好地进行教学，这会带给学生更大的学习动力，提高他们课堂参与的积极性，有助于师生互动地有效实现。
>
> 担任班主任可以提高他们的综合水平，在教授学生知识之外，还能从各方面锻炼他们的应对能力；担任班主任可以培养他们的自信心，让他们以后的教学工作更加顺利；新入职的语文教师对工作比较负责，有耐心，更认真，更容易和学生融洽相处。对于学校来说，新入职的语文教师担任班主任的表现，也是校方考核他们的很重要的一个方面，而且，担任班主任工作可以让语文教师快速成长……

持反对意见的指导老师认为：

> 新入职的语文教师不是很适合承担班主任工作。班主任不仅要懂得教学，更要学会管理班级各项事务，要与学生沟通，还要与家长联系，和学校领导沟通，这就需要具有一定的人际交往能力。新入职的教师在这些方面不如老教师有经验，所以应当先虚心学习，不断完善自己、提升自己，等到有一定的积累后再承担班主任工作

会更好的。

　　新教师进入教学角色需要一个过程，这时候就让他们担任班主任管理学生处理各项事务，无疑会加重他们的心理负担，这对学生和对新教师本人都是极不负责任的。应该让新入职的老师有一个适应和学习的过程，待3—4个学期之后根据其能力，再让他们担任班主任比较合适。

　　刚刚参加工作的新教师，对于学校、学科、学生都不是很了解，大部分新老师都是从大学里直接进入学校任教的，即使专业课很扎实也需要一定的角色转变时间，而且学校对于新教师的培训和考核也需要占用大量的时间，如果再担任班主任，既不利于教学又容易耽误班级日常工作。

　　当班主任不仅要关注孩子们的成绩，还要关注学生生活上的、心理上的各种问题，责任重大。而新老师在这些方面都是缺乏经验的，所以还是难当大任的。

　　新教师朝气蓬勃，而阅历却不丰富，在带班上往往是下功夫不少，教育效果却不理想。而现在各个学校对于班级的量化评比又非常严格，新教师承担班主任常常在评比中不占优势，而如果所在的班级评比在别的班级之后，或者是不如以前，势必又引起家长、学校的不满，更为严重的是打击了一个刚刚踏入教育之门的年轻人的从业信心，对以后的工作极为不利。

甚至有老师不无担心地说"他们心智还不够成熟，还依然把自己当做孩子，孩子怎么教育孩子？"
还有部分指导教师说：

　　我觉得当班主任应该因人而异，有一些新老师，别看他们才出校门，但他们早都在暑假、寒假做过家教，当过授课老师，有了一定的能力，能够胜任班主任工作。但并不是所有的新老师都适合当班主任，当班主任需要较强的沟通能力与应对能力，也与老师的性格有很大关系，看一个老师适不适合当班主任需要从各个方面去考量。

有的新教师就能迅速进入角色带好班级，有的则无法胜任班主任工作，家长一般是不放心让新教师来带孩子的，总觉得经验不足会影响学生的学习成绩。

指导老师们往往是根据自己学校的初任教师在带班时候的具体情况来对这一问题进行评判的，深入交流后发现，其中有将近半数的指导老师认为自己指导的语文教师在初任阶段担任班主任和其语文教学有一定的冲突，建议初任语文教师暂缓担任班主任，等到对语文教学把握得比较自如了再承担班主任工作。有五分之一的指导教师认为他们指导的初任语文教师基本能够把教学和班务工作有机结合起来，虽然在初期也遇到过或多或少的问题，但是通过指导能够比较平稳地渡过。因此，在指导老师的视角下，初任语文教师承担班主任工作是否有利于其专业成长，答案也是不固定的。

四 体悟：成长现状认识与成长关键点分析

（一）专业意识现状认识及成长关键点分析

1. 初中初任语文教师专业意识现状认识

在研究中发现，大多数初中初任语文教师的专业认同意识经历了一个"认同—质疑—调整—再确认"的过程。他们在走上工作岗位之前对语文教师这一职业是有一定的内心认同意识的。其认同意识形成原因有多方面的因素，如家庭教育的影响、学生时代印象深刻的教师的影响，所学专业的职业定位使然等。研究中 B 老师的专业认同意识的形成就有着很明显的家庭原因和上学过程中教师引导的影响，也许教师当时评价"你不做老师就可惜了"，仅仅是一句简单的评语，却给 B 老师留下了不可磨灭的印象。A 老师、C 老师也是一直认定语文教师职业的。访谈研究中发现，也有一些初中初任语文教师是随着大学学习的深入或者进行了教育教学见习、实习以后逐渐形成其作为语文教师的专业认同意识。他们憧憬着成为一名语文教师，在经历了招教考试或者学校的面试、试讲等一系列的入职考核后，获得了语文教师岗位。他们对语文教师职业有内心的热爱和认同。开始从教以后，繁忙的语文教学任务和班务工作会给他们带来很大的压力。由于在职前作为师范生的他们对教师职业仅仅处于"虚拟关注期"，即便是实习阶段也没有较重的工作任务，且属于实习教师和学生的双重身份，因此他们的教学经验明显不足，教学能力有待提高，加之真实的语文课堂教学并不像想象中那么理想，目前初中学生的语文学习兴趣和语文学习能力各有差异，在教学中会出现许多现实的问题。因此，初任语文教师有时会感到繁忙、无措，自我效能降低，有些老师甚至会产生"我第一次对自己的职业选择发生了怀疑，我到底适不适合做一名语文教师"这样的质疑。研究中 A 老师、B 老师都对其职业选择发生过质疑，在初中初任语文教师群体的述说中，这种现象也比较普遍。随着教学实践的深入，他们对初中语文的常规教学和管理有了切实的了解，对学生情况也不断熟悉，教学经验逐步累积，这一阶段初任语文教师的专业认同意识开始调整。如果初任语文教师的实际教学能力得到了提升，教学水平得到了认可，那么他们会较快地获得对语文教师职业的再次认同，且这一认同较之于开始更为深入更为理性。当然，如果调整期语文教师的教学实践仍然不够理想，那么他就会面临学校、学生、家长、同行诸多方面的压力，就不利于其专业认同意识的再次确立。

此外，还有的初任语文教师在入职初期专业认同意识并不高，在职业生涯的过程中进行调整，其最终走向有三个：一是确立认同意识，主动寻求其专业成长；二是并未确立专业认同意识，保持质疑和消极状态，其专业成长效果不显著；三是离职改行，脱离教师行业，停止作为教师的专业成长。这些教师最初往往是由于各种客观原因而选择了语文教师职业，并不是真心认同这一职业。在从事语文教师这一职业的过程中他们有可能会逐步萌发从教意愿，认同语文教师职业。著名的语文特级教师韩军曾在《四十回首》一文中写到"1981年，19 岁，我从一所高等师专毕业，我的选择是，做电台播音员"，"10 年后的 1992 年，30 岁的我对教师职业仍没有本心的认同"，"不认同这个职业，一点也不表明我不敬业……我任劳任怨地为这个职业而努力，为孩子们付出，踏踏实实卖力苦干，我心无旁骛，几乎把所有心思都耗在学习上和学生身上"，而到了四十岁的时候，他的理想成为了"梦想做语文课堂艺术家"。① 其专业认同意识就是走过了由不认同到认同，再到走向深度认同、主动成长，最终成为语文教育大家这一漫长路径的典范案例。后两种走向也是值得引发我们思考的，尤其是没有离职也没有获得较强的专业认同的这类语文教师，访谈中这类初任语文教师把自己目前的职业比作"鸡肋"，弃之可惜食之无味：离职又担心自己无法找到更适合的工作，坚守则觉得自己并不喜欢这个工作，他们很难感受到语文教师职业的快乐，其人生的幸福感也会受到严重的影响，这一问题值得关注。

　　研究发现大多数初中初任语文教师的专业发展意识是比较模糊的。在任职初期，生存成了他们思虑最多的问题，"我适合做语文教师吗"，"我能胜任这份工作吗"成了他们对自己的主要追问。因此，他们有一定的专业成长的忧患意识。但是却无暇去思考、也很少意识到应该去思考长远的专业成长。从三位合作教师的情况看，C老师的专业发展意识相对清晰，有一定的自觉意识，但是仍缺乏理性的自我发展规划。在访谈研究中发现，不少初中初任语文教师的专业发展意识仅仅停留在职业生涯初期的工作适应规划上，很少有初任语文教师对其专业成长制定有层级的目标，也就是说迫于职业压力所必须设定的实现目标占很大比例。不少初中初任语文教师对于自身的可持续发展意识不强，能够明确做出规划的很少。这样很容易导致初任语文教师在经验的积累过程中适应了教育教学的日常要求，量的增加却不能有效地促进质的飞跃。教师的专业成长是贯穿于教师职业生涯始终的，这一专业成长属于自为还是他为，是主动还是被动，教师自身的专业发展意识至关重要。有目标就会有前进的动力，专业发展意识会促使教师主动分析和评价其专业成长现状，规划和展望其未来专业成长。它能使初任语文教师在入职初期遇到困难和阻力的时候保持理性的思维，清晰地认知现状，调节和监控自己的成长路线，使之向着积极的方向前进。所以，如何养成初任语文教师的专业发展意识也是值得思考的一个问题。

　　2. 初中初任语文教师专业意识成长关键点分析

　　结合对三位合作教师的研究以及对初任语文教师群体的访谈研究，

---

① 韩军：《四十回首》，《中学语文教学》2003年第3期。

可以看出，对于初中初任语文教师的专业成长来说，在专业意识这一维度，首先应该重视增强初任语文教师的专业认同意识，这是初任语文教师专业成长走向良性发展的第一步。只有其专业认同意识得到确定和增强，其专业成长才能成为可能。① 初任语文教师在职业生涯的初期，其专业认同意识会经历一个再确认的过程，这一心理历程和初任教师的入职经历息息相关。他们在入职初期所经历的教学事件、师生交往、所接受的指导和帮助以及学校整个教学环境都对其专业认同意识的确定程度有一定的影响。尤其是他们在入职初期所经历的关键事件，所接触的重要他人都会对其专业认同产生影响。而专业认同意识的确立又是心理构建过程，无法用显性的规章制度去要求，因此，关注初中初任语文教师的专业认同意识，促使其专业认同意识的加强，需要从初任教师自身专业意识的唤醒，初任教师指导教师的指导内容要求和指导方法培训以及学校提供的专业成长环境等多层面入手才行。其次应该有计划的对初任语文教师进行专业发展意识的培养，这是初任教师实现发展飞跃的核心要素，应该通过引导和帮助，激发其专业发展意识，并给予一定的专业发展规划方面的指导。② 初任语文教师在入职初期阶段，其专业发展意识多处于比较懵懂的状态，在生存压力下，他们更倾向于寻求专业适应。唤醒其专业发展意识会使其在职业生涯的起始阶段就能够站在职业生涯发展的角度来对待成长初期的各种经历和波折，使其专业成长更有目标性，也更为理性化。

（二）专业理念现状认识及成长关键点分析

1. 初中初任语文教师专业理念现状认识

专业理想是教师专业发展意识的未来指向。在研究中发现，初中初任语文教师的专业理想不够清晰，他们中绝大多数都希望自己成为一名优秀的语文教师，但是何为优秀，标准到底是什么，他们的心中有很多的困惑和迷茫。之所以造成这种原因，从自身来分析是因为他们对语文教育教学的理解和认识不够深入，不知道如何确定其专业理想。而从语

---

① 李彦花：《中学教师专业认同研究》，博士学位论文，西南大学，2009年，第54页。
② 韩淑萍：《我国教师专业发展影响因素研究述评》，《现代教育科学》2009年第9期。

文学科自身的特点上来看，语文教学是极富创造性和个性的，即便是讲授同一个版本的教材中的同一个内容，不同的教师都会有不同的教学策略、方法和风格，即便是同一个教师对待同一个教学内容，在不同时期所选择的教法也是不同的。因此，无论从横向还是纵向上分析，语文教师的教学都是具有差异性的，是个性化的，并处在不断发展变化之中。同时我们还应该意识到教育教学也是在不断超越、更新、发展的，随着初任语文教师的专业水平的不断发展、不断完善，其专业理想的变化和调整也是发展的必然。因此，对于初任语文教师来说，专业理想有一定的方向性却不是一个显性的顶点，也是有其客观原因的。从对三位合作教师的叙事研究中可以看出，即使他们目前有对自己专业理想的陈述，内容也比较空泛，而制定一定阶段的成长目标显得更为切合实际，随着初任教师对语文教育教学的不断适应和深入，结合其教育理念的构建再来确定其专业理想就显得更为实际一些。

初任语文教师的教育信念是指导教师从事语文教育教学的思想基础。有什么样的教育信念就会有什么样的教育教学行为，语文教师的教育观、学生观、教育活动观以及关于语文教育教学各方面的信念是支持语文教师进行教学活动的内在心理基础。这些信念既来自于相关专业知识的学习，也来自于教师自身的实践经验、自身感悟和主动反思。初中初任语文教师处于教育信念建构阶段，初任语文教师在职前培养中学到了语文教育教学的相关理论知识，又有十几年身为学生的切身体验以及通过自身的所见所闻获得的教育教学体会，这些就是他们形成教育信念的基础，可以称之为教育观念。在研究中可以发现，初任语文教师的教育观念体系的来源有两个层面：一是通过学习获得的应然性体系，诸如教育学、心理学、语文教学论等相关课程的学习中所得到相关理论。二是初任语文教师们自身在教育教学生活中所感受和体会目前初中语文教育教学的实际的基础上形成的实然性体系。在目前中国的教育现状面前，语文教学无法真正做到理论倡导的层面，所以会有不少初任语文教师觉得理论知识的实际指导意义不大。正因为这些观念的影响，才会出现"上有政策下有对策"，"轰轰烈烈说素质，扎扎实实做应试"的情况。理论知识对解决教育实践问题真的不起作用吗？实际上，当理论和实践处于"两张皮"的状态的时候，就很容易出现说的和做的不一致的现象。而这种不一致就会使许多初任语文教师们认为那些应然的理念只是说说而已,实际操作中就不一定要践行了。目前由于我国基础教育课程改革处于深入阶段,实际的语文教学中确实存在着一些实际困难和问题,因此就会出现初任语文教师走上工作岗位以后,被目前以考试为评价的主要手段的衡量标准拉入原来的轨道,用自己曾经最讨厌的教学方法来进行教学,教学方法僵化,忽视学生主体性等各种现象。有研究表明,如果在教师专业成长的初期有意识地干预其教育观念,其专业发展的路线就可能会有所变化。[1] 因此,在初任语文教师专业成长阶段,应该重视其教育理念的形成过程。研究中 B 老师在成长中就切实感受到了自己的教育观念和实际教育教学的不合拍,而且因此发生了一些冲突,在冲突中的摸索和调试使 B 老师构建了适应教学的一些教育观念,而这些观念指导下的教学活动有其有效的一方面,也存在着一定的问题,这些问题导致了 B 老师课堂教学以及师生交往中的矛盾现象。这恰恰就是教育观念变化引发的教学行为和师生交往行为的变化,怎样使这一变化符合教育发展的要求,值得思考。

2. 初中初任语文教师专业理念成长关键点分析

从以上分析可以看出,对于初中初任语文教师的专业成长来说,在专业理念这一维度,首先要理解初任语文教师的专业理想在客观上存在的不明晰现象,作为初入职的教师,其专业理想的确需要在职业生涯的成长过程中不断清晰起来,而"成为一名优秀的语文教师"是绝大多数初任语文教师理想的主方向,至于优秀的内涵认识,与语文教师的专业结构的各维度密切相关,也是需要逐步明晰的。其次,初任语文教师的教育理念呈现出应然体系和实然体系的不一致,需要在成长过程中使其信奉理念与使用理念不断切近,用先进的语文教育教学理念来指导自己的教育实践。教师教育理念的确立会对其教学行为产生深远的影响,甚至决定着教师个体专业成长的方向、速度、效果。有研究指出"教师信念在教师职业品质中居于核心位置,统摄着教师其他方面的品质"[2],

---

[1] Widen, M., Mayer-Smither, J. & Moon, B. A., "Critical Analysis of the Research on Learning to Teacher: Making the Case for an Ecological Perspective On Inquiry", *Review of Educational Research*, 1998, Vol. 68, No. 2, pp. 130 – 178.

[2] 赵昌木:《教师成长论》,甘肃教育出版社 2004 年版,第 28 页。

对于处在教育理念建构的起始阶段的初中初任语文教师来说，从其自身和其成长环境两个方面来关注对其教育理念的建构和引导显得尤为重要。

(三) 专业知识现状认识及成长关键点分析

1. 初中初任语文教师专业知识现状认识

初任语文教师在其职前学习中，通过学校教育习得了一定专业知识。目前，不少高等院校的汉语言文学专业教师教育方向的课程设置上，对本体性知识类课程即语言文学类的课程，如现代汉语、古代汉语、语言学概论、古代文学、现代文学、当代文学、外国文学、文艺学、写作以及相关的选修课程，开设的时间长、比例重，学生通过学习能够掌握一定的语文学科本体性知识。而对于教育学、心理学、教育心理学、语文教学论，以及与之相关的条件性知识类课程，开设形式较为单一，很长时间以来学生的重视程度不是很高。随着基础教育课程改革的不断深入，教师职前考评对条件性知识考核比例的加重，高等院校已经开始逐渐加大这类课程的比例，并且对教学方式进行一定的改革，已经取得了一定的教学效果。目前多数高校对于师范生通识性知识的获得重视不够，开设的相关课程极为有限，此类知识的获得多数情况还是源于师范生结合个人兴趣和爱好的自我学习。我们常说"文史不分家"，"要有大语文的观念"，"语文教师更应该是一个杂家"，这都要求语文教师要掌握较为广博的科学文化知识。因为语文的内容包罗万象，而一个语文教师知识的广博程度会影响到教师思维的广度，视野的开阔程度。此外，语文教师拥有宽阔的知识视野还有助于应对基础教育课程改革对语文教师提出的挑战，有助于保持语文教学的时代性，有助于引导学生全面发展。实践性知识的获得依托于语文教师的教育教学实践，并需要教师结合教育教学实践进行反思，才能够把这些经验转化为实践性知识。初任语文教师刚刚走上工作岗位，职前培养中的实践机会有限，而且在职前的语文教育实践中如在教育见习、教育实习中，作为师范生的他们对语文教师职业的心理认同多处于较为模糊的状态之下，加之当时所承担的语文教学任务与走上工作岗位以后的实际情境还有很大的差别，因此他们实际的语文教学实践体验还是比较匮乏的。从三位合作教师的专业知识现状分析，其本体性知识相对来说都比较扎实，能够适应初中语文教学的要求，其中 C 老师敢于选择和学生一起做每次模考题，且由学生批阅，更能够展示其较强的本体性知识素养。对于通识性知识，三位教师表现各有差异，在教学中有一定的运用。条件性知识在实践运用中的具体情况各异，实践性知识在一开始都比较缺乏，随着教学经验的累积而不断丰富，但是具体的运用情况也各有差异。结合群体访谈的反馈分析可以看来，虽然个体在职前的学习经历、实践经历、兴趣爱好等的不同，入职以后的面对的具体情境各异，但是目前大多数初中初任语文教师的专业知识结构的普遍现状处于一种不均衡状态，本体性知识基本能够符合初中语文教学的要求，通识性知识有待拓展，有一定的条件性知识作为支撑，但需要在实践运用中进行不断建构整合，实践性知识较为匮乏，总的来说，初任语文教师的知识体系需要进一步优化。

2. 初中初任语文教师专业知识成长关键点分析

在专业知识这一维度，其关键点就是要优化初中初任语文教师专业知识的内在结构，对其专业知识进行合理的结构性完善，其中最为重要的是要不断丰富初中初任语文教师的实践性知识。美国管理学家彼得提出的水桶效应（Buckets effect / Cannikin Law）指出"一只水桶盛水的多少，并不取决于桶壁上最高的那块木块，而恰恰取决于桶壁上最短的那块"，也就是说如果组成木桶的木板长短不齐，那么木桶的盛水量不是取决于最长的那一块木板，而是取决于最短的那一块木板。[①] 对教师来说，通识性知识、本体性知识、条件性知识就是其专业知识的三块"桶板"，水桶能够盛水的多少取决于这三块桶板的高度，所以，要首先丰富初任语文教师的这三类知识。目前初任语文教师在职前学习中这三类知识都有一定程度的累积，不同教师本体性知识的扎实程度和准确程度有所差别，但在实际教学中大都能够通过相关资料的查阅来弥补自己存在的问题，也有一定的通识性知识和条件性知识的积累。更重要的是要认识到这三种知识的简单叠加并不能形成其完整的知识结构，还必须由实践性知识来进行整合，实践性知识就类似于"桶箍"，起到融会贯通前三类知识的作用。因此，初任教师专业知识的成长的关键，在于其知识贯通能力的增强。即初任语文教师在拥有一定的本体性知识、通

---

① 肖川：《教师的幸福人生与专业成长》，新华出版社 2008 年版，第 51—52 页。

识性知识、条件性知识的基础上，通过在教育教学实践活动中的积累和反思，逐渐丰富自己的实践经验，最终内化为其实践性知识，从而使初任语文教师的知识体系得到优化。

（四）专业能力现状认识及成长关键点分析

1. 初中初任语文教师专业能力现状认识

专业能力是教师有效展开教学的重要能力。初任教师要具备一定的专业能力，要从知道教什么和怎么教，转变为实际能教和具体会教。教学具有一定的间接性，因为教学的成败，不只是看一个教师自身拥有多少知识，更重要的是看教师使学生学会了多少知识。不少研究表明，在教师的知识水平达到一定程度以后，教师的学历层次、文化素养与其教学水平并非线性相关，而教师的专业能力和教学效果的紧密程度更为显性。

通过调查和研究发现，目前初中初任语文教师具备一定的教育能力，比较关注学生的思想品德教育和心理教育，在班务工作和教学工作中，适时的对学生进行相关的成长教育。不过，其教育内容受其教育理念的支配，教育能力的程度大小也各有区别。研究中三位合作教师的教育能力就呈现出一定的差异性，而这种差异性与其教育观念的指引是密不可分的。在对指导教师的访谈中，指导教师们也普遍反映初任语文教师的教育能力和其教育观念存在一定的内在关系。初任语文教师的教学生成能力有待提高，尤其是在实际的课堂教学活动中，他们往往更倾向于完成课前预定的教学目标，应对实际课堂，而其灵活处理课堂问题，调整教学预设，巧妙应对课堂偶发事件的能力不足。这一点在初任语文教师的群体访谈中初任语文教师也反映得比较普遍，他们陈述了自己在任职初期语文教学中所遭遇到的许多实际教学问题，以及在处理过程中不尽满意的地方。而三位合作教师在语文教学中也出现了这样的问题，如A老师在公开课中对学生讨论问题的点评，B老师在教学初期的课堂教学中提问时所遭遇的师生矛盾冲突，C老师在讲《我的信念》一课时面对学生提出的各种疑问，这些都需要教师有一定的教学生成能力，去启发引导学生，巧妙应对课堂偶发事件。此外，初任语文教师在语文教学实际中所遇见的很多问题是值得深入探讨和研究的，这种基于问题的研究恰好能够提升初任语文教师的研究能力，但由于初任教师的精力有限和认识不足，他们能够借此展开研究的并不多。虽然目前绝大多数学校已经要求教师进行教学后的反思了，但是无论是与合作教师的交流还是在对初任语文教师的群体访谈研究中发现，能够主动并深入地进行反思的初任语文教师并不多，很多人仅仅把它当作任务来完成，研究意识不够，结合问题进行的深入探讨不足，因此，初任语文教师的研究能力亟待加强。

2. 初中初任语文教师专业能力成长关键点分析

从初中初任语文教师的专业能力成长维度来看，要想顺利地完成从初任教师到胜任教师的转型，其教学能力的提高至关重要。它是初任教师"站稳讲台"的关键因素所在，也是初任语文教师专业成长的显性标志。这其中，初任语文教师的教育能力的提升是一个随着其教育教学理念的逐渐构建而不断提高的过程。而在其教学能力中，最重要的是重视其语文教学生成能力的养成和不断提高。也就是说，要使他们能够在真实的语文教学实际中有效地开展语文教学活动，能够基于课前预设又不囿于此，学会根据语文课堂教学的实际情况调整教学预设，灵活地进行教学。对于初任语文教师的研究能力的提升，关键是使他们能够在语文教育教学实践中具备发现研究问题的意识，在此基础上能够有一定的展开研究的实际能力，在教学研究中不断深化其教育教学理论知识和实践能力，提升研究水平，促使自己站在一定的理论高度来分析成长中所遇见的问题，用研究促进其专业成长。

教师的专业素质结构是一个有机的整体，其中任何一个维度的成长都会使整体的专业素质结构发生变化。初任语文教师专业素质结构的各维度之间存在紧密联系，在研究中我们从每一个维度去分析其成长的现状和促进成长的关键点，其最终目的是促成初任语文教师专业素质结构的整体优化。而整体的优化和提升又离不开每个维度中的具体的内容指向的不断丰富和完善。如教师的专业发展意识的增强可以促进教师的研究意识的增强，从而促进教师有目的地进行教育研究，提升其教育研究能力；教师的实践性知识的增长有利于教师教学能力的提升，教学能力提升了，其专业认同意识的就会得到增强；教师的专业理念影响着教师对条件性知识的选择性吸收，影响着教师实践性知识的实际内容……因此，教师的专业素养并不是其内在专业结构中各维度中具体内容的简单相加，它们之间也很难呈现一种线性相关的关系，而是相互渗透、交错影响的，专业素质结构中的各维度的内容最终都要统一于它的承载者——教师的身上。初任语文教师在专业成长过程中其专业素质结构的不断完善是一个较为复杂的变化过程，可谓牵一发而动全身，因此要关注其专业成长的各个维度，使其形成一个良好的成长合力，多角度地促进初任语文教师的专业素质结构的不断优化和完善。

教师专业素质结构的完善是一个永无止境的前进之路，初任阶段的成长对教师整个职业生涯中的专业成长起着重要的奠基作用。随着社会的变革、教育的发展，教师的专业成长总是面临着各种各样的变化，存在着各种各样的挑战，因此语文教师的专业素质结构在其职业生涯中也会处于一个不断变革的过程之中。从纵向上来说，初任语文教师专业素质结构的成长属于教师专业成长中的一个起步阶段。这个起步的状态对其后来的发展有着重要的影响。从横向上来说，初任语文教师是教师行列的后来者和接班者，其快速稳步的专业成长对语文教师整体素质的提升起着至关重要的作用。如何抓住初任语文教师专业成长的关键点，有效地促进其内在结构的整体优化，是不容忽视的重要问题。

第六章

叙事背后的思考：回望与面对

当一个个初中初任语文教师的声音汇聚起来的时候，他们的日常成长经验就构成了一系列的教育事件，这些教育事件从不同角度展现了初中初任语文教师在职业生涯初期的专业成长经历。这些故事之中蕴含着什么？初中初任语文教师的成长经历、成长现状、成长困惑能带给我们怎样的启示和思考？教育叙事研究不仅仅是讲故事和写故事，而在于"重述和重写那些能够导致觉醒和变迁的教师和学生的故事，以引起教师实践的变革"。① 作为教师职业生涯的起点阶段，教师初任阶段的成长现状是对其职前培养情况的一个综合反馈，初任语文教师的成长状态本身就展示了其职前培养的效果，揭示着其职前培养中可能存在的问题。同时，教师在初任阶段所面临的困惑，又是其职后成长中必须面对和应对的。那么，在初中初任语文教师的职前成长阶段，如何培养更有利于其专业成长，使之能在初任阶段尽量减少挫折，在遇见问题的时候能够有效解决呢？在初任阶段，他们又该如何面对和规划其职业生涯呢？怎样做才能有利于其职后的专业成长呢？为此，本研究从初中初任语文教师的职前培养和职后培训两个方面展开，探究那些成长故事背后带给我们的思考和启示，展现对研究中所获知的初中初任语文教师成长故事的反思。作为叙事教育研究，研究无意于为初中初任语文教师的专业成长搭建一个完整的理论体系，而是侧重于从故事中获得的反思与体味，从而为读者提供一定的理论思考空间，也邀请读者在研读故事中进行思考，构建更为丰富的意义诠释。

---

① Connelly M. & Clandinin J., "Telling Teaching Stories", *Teacher Education Quarterly*, 1994b, 21 (1), p.1.

一 回望：对职前培养的思考

师范院校或者综合院校的师范专业作为我国教师教育的主体力量，在教师的职前培养方面起着至关重要的作用。虽然随着教师资格考核的社会化，进入教师岗位的不仅仅是师范专业毕业的学生，各高等院校非师范专业的学生也可以通过教师资格考试取得教师资格证书，再通过招教考试或应聘考核成为教师。但是，目前在高等院校的培养目标中，真正有意识地把学生当作职前教师进行培养的，只有各高等院校的师范专业。师范专业会根据教师教育课程的要求和基础教育对新型师资的要求来设置相应的教育教学课程，展开教学，有计划、有目标地进行教师职前培养。有效的教师职前培养"对他们日后的卓越表现起着一定的先决作用，有不少优秀教师的个性品质和特殊能力在大学时就初步具备或基本形成"。[①] 语文教师的成长也不例外，有效的教师职前培养会使教师在入职前获得一定的专业储备和专业能力，帮助他们较为顺利地通过入职前的各种应聘考核，并利于其入职适应和职后成长。维果茨基曾经说过，"世界上最好的教育一定是引导发展的"，[②] 高等院校师范专业的教师职前教育，更应该着力于师范生的成长和发展。目前大学生就业形势相对严峻，同一个专业的学生其职业选择也是多元的，因此在师范专业的教师职前培养中，不会过于严格的限定培养的学生将来到底会成为基础教育的哪个具体学段的教师。在研究中，绝大多数初中初任语文教师的职前培养都是在高等院校的教师教育方向完成的，也有部分语文教师的职前学习是在综合院校完成的，但其专业都是汉语言文学专业，有的还在此基础上完成了硕士研究生的学习。因此，在思考初中初任语文教师的成长经历对其职前培养的启示的时候，本研究着重思考探寻高等师范院校汉语言文学专业在师范生的职前培养中应该注重哪些方面，才更有利于促使师范生在职业预备期形成一定的专业意识和专业理念，拥有

[①] 阳利平：《传承与嬗变：语文教师专业素质研究》，浙江大学出版社2010年版，第195页。

[②] ［英］苏·里奇：《如何成为优秀教师》，王亦兵译，中国青年出版社2012年版，第9页。

一定的专业知识和专业能力,为未来的专业成长打下坚实的基础。

(一) 思考一:关注成长意愿——幸福感的养成

在研究中发现,初中初任语文教师之所以会在求职时主动选择语文教师这一职业,是和他们职前的成长意愿有着密切关系的,拥有幸福感是其成长意愿的关键所在。幸福是不同年龄、不同职业的个体都在追求着的生存状态和生命感受,处于职业生涯准备期的师范生也不例外。师范生的幸福感会影响其未来的职业走向和专业成长状态。关注师范生的幸福,注重师范生幸福感的养成,不仅是师范院校教育责无旁贷的任务,更是促进初任语文教师职前专业成长的有效路径。

1. 幸福感与汉语言文学专业师范生的幸福感

(1) 幸福与幸福感

《现代汉语词典》中对"幸福"的解释是:使人心情舒畅的境遇和生活;(生活、境遇)称心如意。《辞海》解释为人们在为理想奋斗过程中以及实现了预定目标和理想时感到满足的状况和体验。《哲学大词典》认为"幸福"是伦理学范畴之一,是"人们在社会的一定物质生活与精神生活中由于感受或意识到自己预定目标和理想的实现或接近而引起的内心满足"。[1] 亚里士多德认为最大的幸福就是最高的善。康德指出:"幸福乃是尘世上一个有理性的存在者一生中所遇到的事情都称心如意的那种状态。"[2] 托马森认为幸福是不幸的反面,是现实的、协作的、运动的、安全的和有意义的生活。[3] 我国学者孙正聿指出,幸福"在最宽泛的意义上,总是离不开人的生理和心理需要的满足"。[4] 伦理学研究主张人的幸福只能来自于他的社会性道德行为,指出"幸福是人性得到肯定时的主观感受"。[5] 20世纪90年代以来,一些心理学研究者认为"幸福不仅仅意味着因物质条件的满足而获得的快乐,而且还包含了通过充分发挥自身潜能而达到完美体验"。[6] 的确,价值观不同则幸

---

[1] 冯契主编:《哲学大词典》(修订本),上海辞书出版社2001年版,第1712页。
[2] 康德:《实践理性批判》,韩水法译,商务印书馆1960年版,第127页。
[3] 郝文武:《教育哲学研究》,教育科学出版社2009年版,第147页。
[4] 孙正聿:《哲学修养十五讲》,北京大学出版社2004年版,第167页。
[5] 刘次林:《幸福教育论》,人民教育出版社2003年版,第32页。
[6] 邢占军:《心理体验与幸福指数》,《人民论坛》2005年第1期。

福观也不同。其中成为共识的是幸福存在于主体的认识和实践活动之中，是主体的一种心理感受，是主体的某些需要得到适度满足而产生的一种心理上的满足感和愉悦感。

幸福感是一种心理体验，它和幸福是密不可分的，主体认为的幸福实际上就是主体感受到了的幸福——一种心理上的满足感和愉悦感，幸福的感受者永远是主体自己，主体的幸福与否发言权永远只能是主体自己。但是幸福这个概念使用的范围要大于幸福感的使用范围。作为一种生存状态，幸福可以有一些外在的衡量标准，如物质条件的满足，社会公众的认同，自我价值的实现等，人们可以通过这些对他人的幸福进行推测，而幸福感更侧重于主体的内心感受，即主体对自我的存在状态的一种主观心理体验，是他人无法感受和判断的。当然，这种心理体验是以一定的社会经济、文化背景和价值取向为基础的，是由主体的内部心理因素与外部生存状态交互作用而形成的。"幸福感更多地表现为一种价值感，它从深层次上体现了人们对人生的目的与价值的追问"。① 有时候，一个人的生命状态用外在的衡量尺度看也许不能用"幸福"来定义，但是不影响主体自己对幸福的感受。安贫乐道就是一个典型的例子。此外，幸福可以是现实的、已然的存在状态，也可以是未来的追求目标，而幸福感则更注重当下感受，是现存的已然状态，是伴随生命体当下成长的心理状态。

（2）汉语言文学专业师范生的幸福感

每个人在生命的历程中都希望自己是幸福的，每个主体都希望拥有持久的幸福感。教师的幸福感、医生的幸福感、农民工的幸福感等是从职业身份的角度来思考；小学生的幸福感、大学生的幸福感是从年龄层次上来关注。现在，很多地方还进行居民的幸福感调查，关注人们的幸福指数，这是从多个层面来总体衡量；而大张旗鼓的"最具幸福感的城市"的评选活动则关注了人居环境，把视野放得更开阔。拥有幸福感是人们生活追求的理想状态，是人生的永恒主题。师范生的幸福感是指学生在进入师范院校后到走上工作岗位之前的大学生活期间，在作为未来教师职业生涯的准备阶段的学习和生活的整个过程中，对自我的生存状

---

① 邢占军：《心理体验与幸福指数》，《人民论坛》2005 年第 1 期。

态满意的一种愉悦的心理体验。汉语言文学专业师范生的幸福感则限定了学生在大学期间所选择的专业为汉语言文学专业，因为针对语文教师培养所应有的相关专业知识的学习，其对应的学科专业就是汉语言文学专业。

2. 关注师范生当下幸福感的必要性

（1）从师范生的生命历程看，每个个体在每个阶段都有追求自身幸福感的需要

幸福是个体的生活追求，有幸福感是主体向往的生命状态。很多人关注教师的幸福感，因为作为教师职业的生命历程相对来说是比较稳定和长久的，如果一个人在工作后就从事教师职业，在职业生涯中没有大的变化，那么作为教师的角色可以延续几十年。师范生从进入师范院校到入职，一般的大学生活也就是四年时间，而且不是所有的师范生在毕业后都进入学校从事教师职业，所以对师范生幸福感的关注度远远小于对教师幸福感的关注度。其实这恰恰是一个误区。幸福是人们的追求目标，而追求的过程本身也至关重要。汉语言文学专业师范生从其职业指向上看是指向语文教师职业的，我们是等到他们走上工作岗位以后再关注其作为语文教师的幸福感呢，还是在他们成为语文教师之前，在其职前教育阶段，在他们的职业虚拟生存期就关注他们的当下幸福感呢？回答当然是后者，虽然作为追求的幸福是指向未来的，但幸福也必须关注当下，不关注当下，就很难成就其未来，未来是由不间断的当下构建起来的，不是虚拟和空幻的。汉语言文学专业师范生作为生命存在，和所有的个体生命一样，在其生命活动中，认识人生和改造人生，力图把其生存变成自己所向往和追求的生活，即理想的幸福的生活，在这个过程中，他们一样希望时时体会到、感受到幸福。大学生活是他们成长的组成部分，在这个过程中，让他们充满幸福感的成长是师范院校教育的必然选择。

（2）从师范生的未来发展看，师范生的幸福感影响着师范生对未来职业的规划

当学生进入大学选择了不同类型的学校和不同的专业时，他们就开始了对自己未来职业的规划，也许这种规划还是潜在的、不确定的，但确实是一种真实存在。不是所有的大学生在走上工作岗位后都从事了与

自己所学专业相一致的工作。如果汉语言文学专业师范生在大学求学的过程中没有幸福感，其未来职业规划就很难指向语文教师职业。也许有人认为，职业与专业的不对口在目前是一个比较普遍的情况，不值得大惊小怪。从某种程度上来说，这样想不算错误。现在社会需要复合型人才，专业不对口不见得就不能做得出色，而且人是可以不断学习不断成长的，大学没有学习的专业在工作后也可以继续学习。但理性思考一下，如果师范院校汉语言文学专业的师范生在毕业后都不选择从事语文教师职业，那将会是一种怎样的情形？师范教育又将何去何从？师范生如果在其大学生涯里能够感受到幸福，就会增强他们的职业认同感，使他们自然而然地把自己的当下生活与未来职业相结合，这种关注当下又指向未来的生命状态恰恰是主体拥有幸福感的理想状态。语文教师是从事教育教学工作的，语文教育又具有丰富的人文性，具有浓厚的情感关怀，进一步说，教育的终极目的是使人幸福，使受教育者幸福。而受教育者的幸福与教育者的幸福息息相关。一个有幸福感的语文教师，更利于学生的幸福感的养成，利于学生人文素养的提升。所以，在认同未来职业的基础上成长是汉语言文学专业师范生理想的生命状态。

（3）从师范生当下成长看，师范生的幸福感影响着师范生的专业成长的速度

师范生的专业成长状态影响着他们毕业求职的理想程度，也影响着他们的未来发展状态。师范生的幸福感是师范生在职前专业成长的关键因素。一个人的专业成长不仅需要外在动力，更需要有主体自身持久地坚持和不懈地努力。人们常说"外因是基础，内因是关键"，师范院校的硬件设施、校园文化、师资力量等因素是师范生成长的客观保障，而师范生的内在动机才是其成长的关键。师范生的幸福感就是内因中的核心。"知之者不如好知者，好知者不如乐知者"，幸福感是一种主观认同和主观体验，汉语言文学专业师范生在指向语文教师职业的大学学习生活中感到幸福，就会激发他们主动学习专业知识，锻炼专业能力的内在动机，促使他们把获取专业知识、提升专业能力作为自己的理想目标，主动克服成长中遇见的困难。而且他们在学习中的成长和收获又会使他们进一步感受到幸福，这样循环向上的发展，就会加快他们作为语文教师的职前专业成长速度。

3. 注重师范生当下幸福感的养成

养成就是培养而是使之形成或成长，一般是侧重于人的道德品质和行为习惯的。幸福感是主体的内心感受，这种感受的获得和体验建立在主体的认知和实践的基础之上，它是可以通过培养逐渐形成的。师范教育应该注重师范生成长的每一个阶段每一个细节，从而促进师范生幸福感的养成。

（1）增强职业认同感是师范生当下幸福感的基础

教师职业是一个特殊的职业，它不仅关乎教师自身的未来发展，对学生未来的影响更是长远而不可逆的，所以尤其需要建构坚实的职业认同。职业认同感是指一个人对所从事的职业在内心里认为它有价值、有意义，并能从中找到乐趣。职业认同感是教师实现自我成长的内在动力。职业认同感既指一种过程，也是一种状态。"过程"是说教师从个体经历中逐渐发展、确认其教师角色的过程。"状态"是说作为教师主体对其所从事的教师职业的认同程度。汉语言文学专业师范生的职业认同感是指汉语言文学专业师范生在师范院校学习的过程中从自身的成长经历中逐渐发展、确认自己未来作为语文教师职业角色的过程。这种过程指向未来的生命状态。在汉语言文学专业师范生的培养中，教师要注重师范生的语文教师职业认同感的培养，给师范生营造具有幸福感的心理氛围。

增强师范生的职业认同感，要提高当下教师的经济水平和社会地位。师范生的职业认同感建立在对未来职业的审视和思考中。当下语文教师的生存状态就是汉语言文学专业师范生的审视对象和思考标准。教师的经济水平决定着教师的物质生活现状，教师的社会地位则决定着教师受尊重的程度。按照马斯洛的层次需要理论，这是维持生存的需要，属于人最基本的需要。人的生命具有生物属性，所以保持生存就成为首当其冲的需要。[①] 因此，适当提高整体教师的工资待遇，改善教师的生活状态，提高社会对教师职业的尊重和理解，都是促进师范生提升其职业认同感的有效途径。目前随着国家对教育的不断重视，教师的经济水平和社会地位已经得到了很大程度的提高和改善，《国家中长期教育改

[①] [美] 马斯洛：《马斯洛人本哲学》，成明译，九州出版社2003年版，第62页。

革和发展规划纲要》的出台又为教师的发展和成长提供了政策支持和保障，在很大程度上有利于师范生对教师职业的认同。师范生在教师职业认同的基础上成长，就有了感受幸福的前提。

增强师范生的职业认同感，要注重师范生教育信念的培养。师范生的教育信念是指师范生对教育事业、教育理论及其基本教育主张、原则的确认和信奉。它关涉到师范生的成长和发展，也会影响师范生将来的教育教学行为，对师范生的发展具有动力性、基础性的作用。许多优秀教师，都是在教育信念的指引下不断进行教学实践的楷模。李镇西说"对于教育来说，教育者的理想和激情是至关重要的"，要"不仅仅把教育当作谋生的职业，而是把它当作与自己生命融为一体的事业"。[1] 窦桂梅也曾说过："对教育虽有埋怨，但心中却一直充满理想主义的激情。我以为，教师应该在教育的大地上诗意地栖居！"[2] 师范生教育信念的形成是师范生形成职业认同的高级阶段，也是师范生幸福感的不竭源泉。目前随着教育改革不断深入，语文教师的教育活动也会面临各种各样的艰难，经历难以预料的坎坷，不少调查表明许多教师有着不同程度的职业倦怠感，提高教师的经济水平和社会地位只是师范生职业认同的外在原因，树立其教育信念则是职业认同的内在动因。在通向幸福的路上，"为了幸福的教育应该尽量幸福，实际也有幸福，但未必全是幸福"，[3] 这就要求师范生认可教育的价值和意义，真正愿意投身教育事业，增强克服困难的能力和信心，充满热情地努力成长。

（2）促进专业成长是师范生当下幸福感的核心

师范生的专业成长是师范生专业知识和专业能力的获得、丰富和完善的过程。幸福要从可能变成现实，就必须获得相应的追求幸福的能力。主体在确定自己正在向幸福迈进的时候，这个追求的过程就会充满了幸福感，而过程也就是幸福的。因此，汉语言文学专业师范生的专业成长直接关系到他们未来的语文教育教学能力，师范生的专业成长越充分，其指向未来的构建幸福的语文课堂的能力就越强，其幸福感就越强烈。

---

[1] 李镇西：《与青春同行》，高等教育出版社 2005 年版，第 6 页。
[2] 窦桂梅：《玫瑰与教育》，华东师范大学出版社 2006 年版，第 39 页。
[3] 郝文武：《教育哲学研究》，教育科学出版社 2009 年版，第 86 页。

促进师范生专业成长，应该注重师范生专业知识的习得。师范生应该具有的知识结构主要由通识性知识、本体性知识、条件性知识和实践性知识四类组成。通识性知识是指师范生应有的综合性的文化知识，本体性知识指师范生所学的学科专业知识，条件性知识指教育学、心理学知识，包括对教学过程规律性的认识，对教育对象的了解等，而实践性知识则是在对教育教学经验进行反思和提炼后形成的，并通过行动做出来的对教育教学的认识。通识性知识的掌握使师范生获得广泛的科学知识，指向"通才"；本体性知识的掌握使其获得专门的学科知识，指向"专才"；而条件性知识则使其获得教育学心理学方面的知识，指向"教育者"；实践性知识的获得能使其把所学知识融会贯通，自如地运用于教育教学之中，成为真正拥有实践智慧的教师。这四类知识的习得和综合运用是师范生有能力成为合格教师的保证。因此，师范院校汉语言文学专业的课程设置和教学内容都应该重视学生知识的整体习得，使他们感受到个体在职前学习中正在逐渐获得作为一名语文教师所需要的各种知识，是在专业成长的路上迈进，使他们从中感受到成长的幸福。

促进师范生专业成长，应该重视师范生专业能力的锻炼。教育教学不仅是一个严谨的知识接受过程，也是一个充满灵活性、创造性的艺术过程。没有高超教育教学能力的教师就不会收获教育的成功，更不会体验到教育的幸福。汉语言文学专业师范生要成长为出色的语文教师，就必须锻炼自己的语文教育教学能力。师范生应该具备的教育教学能力主要包括一般能力和教师专业特殊能力。师范生通过自身的不断学习在智力上达到一定的水平，具备应有的注意力、观察力、记忆力、思维力、想象力等，以保障正常的学习和教学，这是师范生应该具备的一般能力；同时他们还应具备与语文教育教学实践直接联系的专业能力，如教育教学语言表达能力、语文教学设计能力、课堂教学组织管理能力、语文学科教学能力等，应具备有利于对语文教育教学实践深入探究的相关研究能力。教学能力的获得和提升是师范生迈向教师职业所具备的综合素质的外在显现，科研能力的培养和形成是师范生在职业生涯中不断走向成功的必要保证，具备这些，师范生才能够成为有能力获得幸福的主体。因此，师范院校对未来语文教师的职前培养，应该注重学生专业能力的获得和丰富，在课程实施和教学过程中注重师范生的能力培养和锻炼，加强实践类课程如教育见习、教育实习，举办各种丰富多彩的活动，锻炼学生的实际教育教学能力，加强师范生的研究意识的培养，使其在能力的历练成长中感受幸福。

（3）搭建就业平台是师范生当下幸福感的保障

汉语言文学专业师范生的未来职业指向是语文教师，但是在毕业求职的时候，他们是否能够找到相应的语文教师职业，甚至是否能够找到工作都无法给予肯定的回答。每年逾百万的大学毕业生，其中有几十万的师范生，加上不少综合院校的毕业生也会将求职目标锁定在教师岗位，就业形势严峻，教师岗位竞争激烈，这使不少师范生对其未来职业充满迷茫。众所周知，当主体在向着理想目标前进的时候，当主体在不断努力中获得成长的时候，如果这一成长又与他的渴求或理想紧密结合，主体就会产生愉悦感、满足感，就会感到幸福。师范院校想要使师范生在学习和锻炼中有幸福感，就应该关注师范生的就业，使师范生感受到自己当下的学习成长与未来的职业路径是一致的，那么，即使在这个过程中的成长充满着压力，需要他们坚持努力，其内心的认可也会使其在迈向目标的前进路上感受到幸福。

提起就业平台的搭建，不少人会自然而然地想到为师范生提供招聘信息，组织师范类招聘会，或者为师范生提供就业指导等相关的学校活动，认为这基本上是学校层面的宏观把握，甚至有人会说举办招聘会类的活动不仅仅是学校动议就可以完成的，凭借个人的力量是无法实现的。这种理解是狭义的，片面的。不错，就业平台的搭建是为了学生找到理想的工作，但仅仅关注招聘信息是不够的。很多师范生在招聘会上走一遭，不是找到了合适的工作，感受到了幸福，而是遭到了巨大的打击，感受到了痛苦。他们会说，来招聘的学校都众口一词地要求要招有经验的教师，作为学生的他们，怎么会有丰富的经验？高师院校应从广义上理解就业平台的搭建，提升师范生的能力，为其创造就业机会。师范院校可以和实习基地建立密切的联系，加强师范生的见习环节，为他们提供获得感性的直观的语文教育教学经验的机会；可以和当地的教育管理机构、教研机构取得联系，如与市区县各级的语文教研室、语文教研员进行密切联系，让师范生作为听众参与各级各类语文教师技能竞赛等活动，获得有冲击力的实践经验；还可以在校内举办各种类型的教师技能展示或竞赛活动，促使师范生提前进入角色，在模拟的教学实践中得到一定的教育教学能力的锻炼……在此基础上，再对师范生进行就业的相关指导，提供相应的就业信息，使师范生在求职的时候有能力把握住机会，真正实现自己的职业理想。

追求幸福是人的本性，幸福是人生活的永恒目标。学校教育的终极目的是为了学生的幸福。促进学生获得幸福体验，提升其幸福意识，生成其幸福能力是学校教育的必然选择。学校教育以幸福为目的既是一种实然的事实存在，也是一种应然的价值追求。"教育过程中的幸福既包括学生的幸福，也包括教师的幸福"，[①] 师范院校的教育有其独具的特点，师范生现在是学生，不久的将来则应该是教师，师范生需要在成长过程中获得幸福体验，生成幸福能力。汉语言文学专业师范生的幸福感会指向他们未来的语文教师职业角色，会影响到他们入职以后作为语文教师的生命状态，而这也关系到他们所教的学生的生命状态。没有教师的生命幸福，就很难有学生的生命幸福。师范生的幸福感关系到自身成长、关系到学生未来的成长、关系到教育质量的提高和社会的发展。师范教育要使师范生能够有幸福感，就需要积极创造和不懈努力，在师范教育中挖掘幸福源、培养幸福感、创造实现幸福的条件，使师范生在积极的追求过程中感受到幸福，并在幸福中不断前进。

（二）思考二：给予成长动力——成长能力的养成

任何职业的职前培养都仅仅是其专业成长的起点阶段，它不可能也无法承担起该职业主体在真正走上工作岗位以后的专业成长的全部责任。随着现代社会知识更新速度的不断提高，学习化社会的到来也使学习、工作的阶段划分越来越模糊。那么，在职前教育中，我们更应该给予学生什么呢？这是一个值得思考的问题。作为师范专业教育，无论最初的培养有多么完整和系统，都不可能指望它能满足教师任职后处于真实教学情境之中的所有需求。因此，在教师专业成长的预备期，师范院校的教师职前教育更重要的是使师范生获得专业成长的必要储备，并且具备走向持续的专业成长的能力。

---

① 郝文武：《教育哲学研究》，教育科学出版社2009年版，第150页。

1. 优化课程结构，使汉语言文学专业师范生在职前成长阶段获得必要的成长储备

（1）丰富通识性课程，丰厚汉语言文学专业师范生的知识底蕴

随着教育改革的不断推进，注重学生的基本素养教育，给予学生较为宽广的知识基础和开阔的视野已经引起了高等院校教育教学的普遍关注。对于语文教师来说，掌握广博的知识是其必备的专业素养之一。我们常说，语文教师应该是一个杂家。目前我国基础教育阶段所使用的语文教材主要是文选型的，在全国范围内使用比较普遍的版本如人民教育出版社、北京师范大学出版社、语文出版社出版的语文教材。其选文编排主要是以主题为单元划分的标准，围绕主题进行文章的选用。因此，选文所撰写的时间不同，国别有异，文体有别，同一单元的选文围绕同一主题展开，不同单元的选文则会涉及多方面的知识。其中除了语文学科的知识以外，像生物学的、历史学的、天文学的、建筑学的、物理的、化学的知识，都有可能在选文中出现，语文教师丰富其通识性知识，扩展其知识面，有助于语文教学的有效展开。而且不同学科的学习对人的思维提升的侧重点不同，语文教师的职前培养属于汉语言文学专业的培养范畴，更侧重于对学生形象思维的培养，如果能够再选择开设一些长于逻辑思维的相关课程，不仅可以扩展师范生的视野，还有助于他们思维能力的多维度提升。

各师范院校的汉语言文学专业在职前教育的课程设置上，应该丰富通识性课程的门类，增添跨学科的选修课程，并规定一定的选修课程的时数，既能保证师范生选择一定数量的选修课程，又能有利于激发其兴趣和爱好，从而使通识性课程的学习落到实处。汉语言文学的师范专业可以开设相关的历史研究类课程，帮助师范生深入了解历史知识，增强其在语文教学中结合作者时代背景研读文章的能力，更利于知人论世；可以开设艺术类课程，如音乐鉴赏、美术鉴赏等课程，提升其鉴赏能力，敏锐其审美能力，提升其将来语文教学中的美育能力；可以开设哲学类、心理学类的研究性课程，深化其思辨能力，使其思维的高度得到提升；可以开设自然科学类的相关课程，如数学的、物理的、化学的等相关课程，开拓其视野，锻炼他们的逻辑思维能力。这些课程的设置按照大的类别进行编排，每一门类设置若干门相关的课程，聘请相关学院

的学科专业教师授课，学校各院系之间互相协作，如和历史学院、音乐学院、美术学院等建立师资和课程的共享，课程以选修课程为主，规定学生必须从不同类别的每类中任意选择，给每一种课程设置一定的必选学分，使职前培养期间师范生的通识性知识的获得得到有力的保障。选修课程的教学方式亦可以多样化，如讲授学习类、专题讲座类、课题研讨类等等，充分调动师范生学习探讨的积极性，使通识性课程的教学学习真正落到实处。

（2）完善语文学科专业课程，夯实汉语言文学专业师范生的专业基础

语文教师应该对所教的语文学科专业知识有深入透彻的理解，才有胜任语文教学工作的可能。目前师范类院校汉语言文学专业在对语文教师的职前培养中，设置了一定数量的语言、文学两大门类的相关课程，如古代汉语、现代汉语、语言学概论、古代文学、现代文学、外国文学、文艺理论、写作等课程都属于职前培养中的常规课程，而且每个学校还会根据其培养方案和实际的师资情况开设一定比例的选修课程，注重学生的语言文字、文学、文艺学、文章学等方面知识的获得。相较而言，在这两大板块中，语言类课程的设置比例比文学类课程的设置比例要小一些。一项研究通过调查问卷的形式，对抽样的两所部属师范大学，3所省属重点师范大学，3所省属一般师范大学的410名汉语言文学专业师范生进行了相关的调查，结果表明这些学生对于所学专业课，尤其是语言类课程的一些基本知识掌握得不够扎实，对字词及相关知识的辨析能力也比较差。① 随着信息时代多媒体的运用和计算机、网络的普及，不少汉语言文学专业师范生的语言文字功底也逐渐弱化，这远远不能满足基础教育阶段对语文教师素养的要求。随着基础教育课程改革的不断深入，对语文教师的学科专业知识的要求也在不断变化之中，这也是语文教师职前培养阶段必须考虑的问题。

各高等院校的师范专业在语文教师职前教育的课程设置上，应该不断完善语文学科专业课程结构。汉语言文学专业师范生的培养目标是为

---

① 宋祥、马云鹏：《中学语文教师专业知识素养的调查与思考》，《现代教育管理》2010年第12期。

基础教育培养合格的中学语文教师,而不是语言文学的研究专家,语文学科知识作为语文教师的本体性知识,是语文教师专业知识的内核所在,显性地体现着"语文"的本体特征。因此,在语文学科专业课程的设置上,应该把学生自身语文素养的提升和基础教育课程改革对语文教师的学科知识的基本要求结合起来,完善学科专业课程的结构。首先增加语言类课程的设置比例。目前初中阶段的语文教育改革淡化了对于语法知识的考核要求,但是对语言学习的要求却融会在对文章的品读之中了。像现代汉语的语音、文字知识是学习语文必须要掌握的基础,语文教师在引导学生品读文章之前必须要让学生疏通文字扫清障碍,而且随着学生学习所在年级的升高,这种能力是需要教师引导学生习得的,这就要求语文教师本身具有较强的语言文字功底和运用能力。而词汇的知识和语用的知识则是品读文章必须要有的基本知识,作者用词的妙处,修辞格的选用,句式的选择,无不浸含着其语言文字的修养。即便是被淡化的语法知识,也是在学生进行品读文章或自我表达的时候必须涉及的内容,只不过是不强调系统的语法学习罢了。古代汉语中常见的文言实词、虚词和句式,更是学生品读古典文学作品需要掌握的。而理解交际用语的基本要求,学会与人交往中恰当使用交际用语,也是中学生应该在语文学习中习得的。因此,汉语言文学师范专业的课程设置中应该根据基础教育的课程改革的需要适当地、有针对性地加大语言类课程的设置比例。当然,由于语言类课程本身的特点更侧重于学生逻辑思维的培养,因此课程的知识性和趣味性的结合也是应该考虑的。其次,在语文学科专业课程的设置上注意课程的层级性。目前的基础教育对语文教师提出了许多挑战,如语文课程资源的开发就要求语文教师不仅仅是教材知识的引导者,还应该是校本教材的设计者,是语文资源的开发者等。所以在语文专业课程的设置上,可以进行层递性设置,如设置基础类的专业学科、语文学科各基础类别中的深入研讨性课程、语文学科的融合性课程,通过层递性的课程来满足基础教育对新型语文师资的要求。如在古代文学这一基础学科必修课学习的基础上,开设以时代或者以代表作家作品为专题的选修课,也可以开设"诗词与音乐"等内容的拓展性课程;在现代汉语这一基础学科的学习基础之上,开设语音、词汇、语法、语用的专题课程,开设修辞与信息时代的微表达技巧类的融合课程等。层递性的语文学科专业课程有利于语文教师职前培养中师范生语文基础知识的掌握,有利于师范生深入研读语文学科知识,还有利于师范生从综合的角度来灵活掌握学科知识。

(3) 优化语文教育类课程,提升汉语言文学专业师范生的教育素养

在语文教师的职前培养中,教育类课程的设置,既要实现师范生作为未来教师的普遍性教育素养的培养,又要实现语文教师独有的教育素养的培养。师范生的培养不仅仅要学习相关的学科知识,更要让他们明白如何把语文学科的知识转化为符合中学生认知水平的教学内容,如何通过语文课堂教学以及师生的课内外交往去实施,从而实现中学生语文素养的全面提升。因此,仅仅知道"是什么"是不能满足语文教师职业的需要的,还应该明白"应该怎样教"。这就有赖于师范生语文教育类知识的获得和运用。在研究中发现,目前针对汉语言文学专业师范教育的教育类课程主要包括教育学、心理学、语文课程与教学论这三大板块。其中前两项内容属于所有师范专业通修的教育类课程,语文课程与教学论课程是针对汉语言文学专业师范生开设的学科教学论课程。当然,也有不少院校围绕学科教学开设了一些相关的课程,如中学语文教材分析、语文美育、语文教师素养研究等,丰富了语文教育类课程的门类。但是研究中仍有很多语文教师认为自己在职前的师范学习中获得的这类知识非常贫乏,无法支撑其职后的语文教育教学实际,他们的大多数"应该怎样教"的知识更多的来自于自身求学期间的感性认识,这无疑延缓了他们职后的专业成长,因此,优化语文教育类课程,使师范生的语文教育素养得到提高是汉语言文学专业师范教育的必然要求。

各高等院校的师范专业在语文教师职前教育的课程设置上,应该不断完善优化语文教育类课程的设置,使其真正提升语文教师的教育素养。教育学、心理学、教育心理学类的一般教育理论课程,具有超越学科的广泛性,是普遍性教育课程,在课程设置上也比较成熟。而作为语文教师所应该拥有的语文教育理论类课程,目前的设置还比较单一,比较随意,不同的院校所开设的课程类别各有差异。优化语文教育类课程就是要结合基础教育课程改革对语文教师的具体要求来设置汉语言文学专业师范生的语文教育类课程。教师的"教"是为了达到"不待教"

而培养学生自学能力的一个过程，作为一名语文教师首先应该了解学生的语文学习心理，再从学生的语文学习心理出发来探讨语文教学的心理。因此，设置相关的语文学习心理研究类课程，有助于师范生学会把握语文教学的核心，提升其语文教育教学的能力，这应该是语文教育类课程的领起性课程。在此基础上，结合语文学科教学论课程开设相关的研究性专题讲座，如语文分文体教学研究、语文各课型教学研究、语文课堂偶发事件研究、语文课师生交往艺术研究等，作为语文学科教学论的拓展性课程，使学生的语文能力培养更具有指向性。此外，为了培养汉语言文学专业师范生的语文职业发展意识，还可以按照语文教师专业成长的需要，开设语文教师专业成长类的课程，如语文教师素养研究、初任语文教师面临问题分析、语文教师职业规划研究、语文名师分析、语文教学的研究方法学等，站在语文教师职业生涯的高度来安排和呵护语文教师的职前成长。

（4）强化语文实践类课程，生成汉语言文学专业师范生的实践智慧

"纸上得来终觉浅，绝知此事要躬行"。语文教师的实践性知识的最佳源头是语文实践活动。汉语言文学专业的师范生处于职前专业成长阶段，存在着实践性知识践行不足的客观原因。语文教师的实际教学能力的锻炼需要实际的语文教学实践，而且目前教师岗位的应聘和招教考试的竞争日益激烈，更要求师范生在职前成长中获得较强的语文教育教学能力，才有可能实现其语文教师梦想。语文学科专业知识类课程让汉语言文学专业师范生获得语文教学的实际内容，也就是明白语文实际需要教些什么，语文教育类课程让他们获得一定的教育理论知识，懂得实际应该怎样去教，而语文实践类课程就是要让他们在实践中去教语文，展现出实际所教的语文课的状态，呈现教学的实然状态，在语文教学中不断生成其语文教学实践智慧。

各高等院校的师范专业在语文教师职前教育的课程设置上，应该不断强化语文实践类课程的设置，真正锻炼师范生的语文教学能力，生成其实践智慧。汉语言文学专业师范生的实践类课程的主要体现在于教育实习和教育见习，目前已经有不少院校开始加大此类课程的比重，延长师范生教育见习、实习的时间，由以往的6—8周延长为10—12周，甚至是一学期，在一定程度上起到了强化实践课程的作

用，但是对于师范生语文实践知识的获得和语文实践能力的增长来说效果还是不够明显。有不少师范生期望通过教育见习、实习形成一定的专业能力，完成学业，他们把教育见习、实习视为以知识为中心的学习过程，而不是实践智慧的获得过程。语文实践类课程真正的强化应该是体系性的、常态化的，把语文实践类课程贯穿于师范教育的全过程，而不是仅靠一两次的教育见习、教育实习。在课程设置上把教育见习和教育实习分散于汉语言文学专业师范生四年的师范教育过程中，每一学期安排一定的时间进行学习。随着师范生的各类知识的不断丰富，对教育见习、实习的要求可以不断深化，如从开始的听课获得直观语文教学感受，到分析评价语文教学，再到走向语文教学实践，而后进行语文教学的反思修正，使教育见习实习不断深入。师范生在真正走到中学语文教学一线之前，必须获得一定的实践性能力，不能把师范生的初始阶段的实践知识的获得建立在对中学生语文教学实践的实验上去，这对于正处于生命成长的关键期的中学生来说是不公平的，也是有违教育的意义的。因此，应该在师范生走上中学语文课堂教学实践之前，就对其实践能力进行培养和锻炼。开设语文教师基本功实践类课程，给师范生提供语文表达（包括口头表达和书面表达）能力的实践锻炼机会，重视模拟语文课堂教学的实践类课程，使之在虚拟情境中获得语文教学能力的锻炼，在一定程度上熟悉语文课堂教学的基本环节，预设在实际的语文教学中可能发生的实际问题，进行应对练习，为走上真实情境的教学实践做准备。当然，预设和实际情况不一定都一致，在教育见习和实习中，师范生可以通过观察、感受和具体应对来进一步丰富其语文教学实践能力。

2. 重视教学实施，使汉语言文学专业师范生在职前成长阶段获得一定的成长能力

体验课程认为，课程不仅仅是静态的书面文件，而是教师与学生在教育情境中不断生成的活生生的经验，而教学恰恰是课程开发的过程。通过教学实际，课程内容不断的生成和转化，课程的意义得到不断的建构和提升。[①] 汉语言文学专业师范教育在课程设置上进行改革和优化，

---

① 张华：《课程与教学论》，上海教育出版社2000年版，第90—92页。

为语文教师的职前培养提供一个培养的框架，为其职前的专业成长提供了可能，而仅仅有静态设置的课程体系还是不够的，其成长能力的培养还必须依托于每一门课程的具体实施，依托于具体教学的逐步展开。汉语言文学专业师范教育既要让师范生在职前的成长阶段获得一定的成长储备，还要使之获得职后可持续成长的能力，因此师范教育中具体的教学实施过程不容忽视。

（1）明确教学目标，强化汉语言文学专业任课教师的整体师范意识

对于教学目标的界定，不同学者研究所依据的哲学基础不同，采用的研究方法各异，因此对其阐释也不尽相同。美国教育学家心理学家布鲁姆认为目标就是预期的结果；拉尔夫·泰勒指出教学目标就是形形色色的行为方式的变化；苏联学者巴班斯基指出教学目标就是教学任务。我国学者则倾向于把教学目标和教学目的联系起来，认为教学目标是教学目的的下位概念，是教师预期教学活动要实现的教学结果，或者说是学生通过教学活动后要达到的预期的学习结果。裴娣娜指出，教学目标是教师和学生立足于当下基础上的，以具体的教学活动为依托，指向于未来时空的一种结果。① 教学目标是课程目标的具体化，而课程目标又是培养目标的细化，因此，各级各类学校的培养目标都要通过具体的课程、课程的具体教学来实现。一般情况下，教学目标的制定往往是指向该学科本身的知识能力的获得的，而对于师范教育来说，教学目标则具有双重性。

汉语言文学专业师范教育的教学目标的设定应涉及两个层面。任何一门学科的教学都应该设定该学科本身所应完成的教学目标，也就是教师结合学生的认知实际、教学内容的实际和自身的教学特点等来设定的，该学科本身应该掌握的相关知识技能和思维方法等教学目标，这是所有高等院校的汉语言文学专业教学中都应完成的教学目标。如在现代汉语的教学中，根据不同的章节，在具体的课堂教学中设定学生对语音、词汇、语法的相关知识的掌握和语言能力的培养训练的教学目标，使学生获得语言知识和分析语言的能力，掌握该学科的学科前沿动态等。这一教学目标也是教师们在教学设计中很容易能

---

① 裴娣娜主编：《教学论》，教育科学出版社2007年版，第95—96页。

想到的，因为这就是本体性知识技能的教学应该完成的任务。而对于汉语言文学专业师范生的培养来看，这只能算是一个层面的目标。教师教学目标的明确有着更深一层的含义，就是要有整体的师范意识，教师在教学目标的设定上应该指向师范生的师范能力的培养。也就是说，教师应该在这个过程中培养师范生作为未来的中学语文教师该如何学习和把握该课程。不只满足于他们知道了、了解了、掌握了，还要交给他们学会如何去传递其所掌握的知识和能力。也许老师们会说，这应该是学科教学论课程教师的职责，而不是我们的任务。作为未来的教师的培养者，师范院校的教师们应该对其教学有独特的理解，把教学工作和培养未来教师的责任紧密结合起来。其实，这个层面的目标不需要专业老师去做过多的教学论方面的准备，只需要在教学过程中告诉师范生们，他们所学到的这些学科的专业知识在其将来成为语文教师以后还需要传授给他们的学生，而这种传授应该和大学的传授方法有区别，学生的学习目的也是有差异的，让师范生有这样一个意识就可以了。也就是在本体性知识的学习中不断地提醒师范生，他们的专业学习不仅是为了学习，还要为了将来的传授，让他们在学习过程中不断思考"我知道了、掌握了、学会了，那么我将会怎样教给我的学生，让他们也能学会、也能掌握"。这样，他们就不仅仅把自己当成正在求学的学生，还会把自己当作未来的教师来衡量和审视。如果所有的教授汉语言文学专业师范生本体性知识的老师都把这种思想的开启作为教学目标的一个重要方面，形成一种合力，那么，师范生在未接触到教学论的学习之前就会有一种思考和准备，而随后的条件性知识的学习就会更有主动性和目的性，效果就会更好。

此外，目前我国基础教育课程改革中，语文课程的教学目标是依据知识和能力、过程和方法、情感态度和价值观三个维度进行设计的，这三个方面相互渗透，各个学年段相互联系，螺旋上升，从而促进中学生语文素养的整体提高。现在的师范生都是在基础教育课程改革后经历的中小学学习，应该说对中小学语文教学目标的三个维度并不陌生，但是从目前的基础教育实际来审视，由于受到升学压力的影响，加之不同的语文教师对三维目标的实际理解程度不同，这三个维度的教学目标在具体实施上还是很有差异性的。在汉语言文学专业的师范教育阶段，升学压力已经不再是高校教师在教学中所必须面对和解决的问题，因此，更有利于教师结合教学实际来促进这三个维度教学目标的达成，教师可以参照这三个维度进行教学目标设计，结合所带科目的学科特点，在给学生传递知识和能力的同时，注重教学过程，重视在学习过程中师范生所获得的体验和感受，教给他们学习汉语言文学专业中不同科目的方法，授之以渔，并适时地对师范生进行情感态度价值观的教育，同时重视师范生完善人格的培养，这样就会使师范教育的目标和基础教育课程目标接轨，从而使师范生受到一种潜移默化的感染和熏陶，使师范生在职前的成长中就有能够获得三个维度目标相互渗透进行教学的真切的感性认识。

（2）灵活教学方法，培养汉语言文学专业师范生的专业成长能力

教学方法是教师在教学活动的过程中采用的方法，它是达成教学目标，完成教学任务的必要保证。教学方法的类型是多样的，每一种教学方法都有其独特的功能，有一定的侧重点，多样的教学方法的有机结合和优化使用才能促进教学目标的顺利达成。教学论研究中，目前还没有一个统一的教学方法的分类标准，不同研究者根据不同的研究需要、研究标准，将多样的教学方法分为不同的种类。这里根据教学方法的外部形态和学生在此形态下的认知活动特点，把教学方法概括为四类：第一类是以语言传递为主要形态的教学方法，如讲授法、谈话法、讨论法、读书指导法；第二类是以直接感知为主要形态的教学方法，如演示法、参观法；第三类是以实际训练为主要形态的教学方法，如练习法、试验法、实习法；第四类是以探索研究为主要形态的教学方法，主要是指发现法。在教学过程中如果不选择合适的教学方法，就无法真正实现教学目标，完成教学任务。[①] 在初任语文教师的职前培养中，师范专业所设置的课程体系中的各种知识要真正为师范生所掌握所内化，需要通过具体教学来完成，而采用有效的教学方法有利于师范生知识的获得和能力的增长，从而实现教学的最优化，使师范生在职前成长中夯实其专业能力，并具备一定的职后自我可持续成长的能力。

---

① 陈晓端：《当代教学理论与实践问题研究》，中国社会科学出版社 2007 年版，第 133 页

汉语言文学专业师范生培养的教学内容各有特点，要根据具体教学内容的特点来进行教学方法的恰当选择，合理搭配，从而形成一种能力培养的合力。如在进行学科知识的讲授和传递的时候，可以主要采用以语言传递为主的教学方法来完成，在对学生的知识巩固情况进行检查的时候，教师可以使用以实际训练为主要形态的教学方法如练习法。在学生实践能力的培养上可以采用实习法；在拓展学生知识视野的时候可以采用读书指导法，在引领学生进行探索质疑的时候可以采用讨论法、发现法……任何一门学科的教学都担负着传递知识、培养能力、提升学生素养的多项任务，在教学中教师要根据教学内容的实际和学生的具体情况采用灵活多样的教学方法，使课堂教学具有生动性和有效性，使师范生从应该去学转向乐于去学。师范生在学习中不仅能获得知识能力，还能感受到快乐和自信。他们能够通过教师在课堂教学中的传授和引领，积极主动地去探索、去研究、去实践。例如在语文教学论课程的教学中，教师可以采用讲授法来传递基础教育课程改革中语文课程标准的相关理念、原则等，让师范生对目前的语文教育教学理论有一个整体的认识；再采用演示法、观察法让他们观看视频材料，感受中学语文课堂教学实际，让学生去感受在课程改革不断推进的现今的语文课堂教学现状；并通过讨论法、发现法进行分析探究，寻找存在问题，思考应对策略；然后通过练习法、实习法让师范生模拟语文教学实践，进行试讲和实习讲课。这样，师范生既能掌握相关的语文教育教学理论知识，又能够把理论和自己的思考分析结合起来，使理论得到内化，还可以通过实践进行检验和进一步地改进，使其专业能力得到真正的提升。教师在教学中灵活采用多种教学方法，就能够使之各显其能，取长补短，在协同配合中实现整体教学的最佳效果。

在汉语言文学专业师范生的培养中采用多种教学方法的有效结合，还能够给师范生提供一种可供参考的教学范例。师范生在走上教师工作岗位以后所采用的教学方法，一方面来自于在相关的条件性知识的学习中所了解的教学方法；另一方面来自于自身学生阶段对教师教学的直接感知。实际上，师范生常常会模仿自己曾经的老师的教学方法来进行教学，因为直接经验更容易被认知。榜样的力量是无限的，学生时代所信服和敬佩的教师所采用的教学方法是最容易被他们在今后的教学中进行学习和模仿的。在对汉语言文学专业师范生进行教学的时候，教师如果能够在课堂中采用恰当而有效的教学方法，就会给师范生提供一种最切近的、可供参考的教学范例。如何对文学作品进行感知品读，如何对语言现象进行分析评判，如何进行作文的布局谋篇……这些教学方法往往是师范生将来作为语文教师必须掌握并能够熟练运用的。如果师范生不仅仅在学科教学论类的课程中学习到相关的教学方法的理论体系，还能够在相关的文学类、语言类、写作类课程上切实体验感知这些方法，再经过实践类课程中的练习和把握，那么对教学方法的掌握就更为深入和全面了，运用起来也会比较得心应手。

（3）改革评价方式，激发汉语言文学专业师范生的专业成长潜力

评价是人类有意识活动的表征形式之一，它有助于促进人类活动的不断完善，体现了人类行为的自觉性与反思性。在教育领域中，课程与教学评价有利于确保课程与教学的有效性和合理性。课程与教学的评价所涵盖的内容比较广泛，这里侧重于探讨在教学过程中教师给予师范生的学的评价。学的评价是教师对学生个体在学习的进展、变化和成效的评价，它在教学中有着非常重要的作用，既有助于教师了解其教学情况，及时调整教学设计，有针对性地改进教学方法，也有助于教师及时了解学生学习中存在的问题，从而找寻原因，解决问题，还有助于学生了解和把握自己的学习状态，明确目标并有针对性地选择有效的学习策略。[①] 评价具有导向的作用，教师用什么样的方式去评价往往影响着学生学什么和怎样学，如何对师范生四年的学进行有效评价，使评价成为激励他们不断奋进的动力，从而激发其专业成长的潜力呢？要想促使师范生在职前培养阶段全面成长，就应该使评价方式多样化，让他们关注自己的全面成长，激发他们全面成长的潜力。

首先，评价方法多样化，采用考试和考查相结合的方法进行评价。用纸笔考试进行分数的衡量，属于量化评价的一种方式，它比较客观、有利于对学生大范围的进行考核，而且比较省时、公平，利于对学生的认知学习的考查。因此，这种方式目前仍然是教师们普遍使用的评价学生学的方法，在这种评价方法下学习的师范生会比较重视对所学知识

[①] 钟启泉等编著：《课程与教学论》，华东师范大学出版社2008年版，第278—279页。

的认知和识记，注重学科基础知识的掌握，这对于师范生来说是必须的。但是用考试的形式来评价师范生不便于频繁使用，在大学的学习期间，一般情况下学科考试往往是在一学期的末期进行，对学生的本学科一学期以来的学习情况进行一个总结性的评价。如果仅仅依靠这种评价方法，往往会使师范生认为成绩的评定更重要的是"一考定优劣"，部分学生有可能会因此忽视平时的学习和积累，看重考前的突击复习。当然，绝大多数学校对学生的考核都会采用平时成绩和考试成绩相结合的方式来进行，但是其从比例上看，考试的成绩还是占到了绝对的优势。这样的考核有利于同伴之间的比较，但却很少考虑到师范生学期末的考试成绩与其开始时的水平相比到底有没有进步，有没有变化。① 所以，在对师范生的学业评价中，应该加大考查的评价力度，规范考查评价的方法，重视在平时学习过程中对师范生进行的形成性评价，使评价伴随其学习生活的全过程。如采用课堂考查和课后考查相结合的方式，通过师范生的课堂发言、课后作业等形式来考查，让他们意识到学习不仅仅是为了最终的成绩，通向成绩的这个努力过程也是至关重要的，这样有利于激发师范生在学习全过程中的主动性。

其次，评价内容多角度，全面评价师范生的专业成长情况。作为一名未来的中学语文教师，其职前培养阶段不仅要掌握相关的专业知识，还应该不断坚定其专业意识，逐渐形成其专业理念、锻炼专业能力，使自己获得一定的专业成长。在对师范生进行学习评价的时候，教师要关注师范生专业成长的每一个方面，并根据实际情况给予其相应的指导和帮助，发挥评价的引导激励作用。因此，对师范生学的评价的内容也应该涉及他们专业成长的各个方面。这其中，专业知识的评价是我们一直以来非常重视的，也是比较容易通过各种的评价方法来衡量的，专业能力的评价相对来说要复杂一些，仅仅通过纸笔考试的评价方式是不能够全面评价的，还应该借助表现性评价等方法展开。通过对师范生在实际中完成具体的某项任务或者完成一系列的任务时，在理解和技能方面的表现进行评价，评定师范生应用知识的能力以及把所学的学科知识进行

---

① 联合国教科文组织国际教育发展委员会编著：《学会生存——教育世界的今天和明天》，教育科学出版社2009年版，第107页。

整合的能力，还能对其决策能力、交流合作能力进行一定的考核。而专业意识和专业理念的成长则更为隐性，是不是有较强的专业认同意识，是不是有一定的专业发展意识，师范生习得的教育教学理念是不是得到一定程度的内化，其信奉理念和使用理念的吻合程度如何，这些方面的评价是用纸笔测试的方法无法检查的，就可以使用档案袋的方式在其职前成长过程中进行跟踪式记录，对描述性的材料进行比较分析，重视对师范生专业成长过程的动态分析，进行质性的评价。全面地关注和评价，有利于引导师范生注重其专业成长的各个维度，引导其在成长过程中不断优化其专业素养的内在结构。

　　再者，评价主体多元化，提供多维度的专业成长建议。评价主体就是进行评价的个人或者组织。对师范生的专业成长进行评价，常常是由教师和校方来完成的单方面评价活动。师范生得到的评价等级或者成绩往往是单一化的，这不利于调动其学习积极性，也不利于评价的民主化。扩大评价主体，有利于评价者和被评价者之间展开互动，使评价成为师范生促进自我专业成长的有效方式。因此，在对师范生进行评价的时候，教师可以采用学生自评、学生互评的方式来进行。如在师范生进行了课堂的模拟试讲以后，教师可以让学生谈一谈对自己讲授的满意度，把反思与评价相结合，让学生说说自己的课前预设是怎样的，再说一说自己认为实际教学和预设有多大差别，问题出现在哪里，值得肯定的地方是哪里；教师也可以请同学们来评一评，讲得怎么样，建议应该怎么修改，让学生参与到对同伴实践能力的评价中来，引导他们学会静下心来思考，用审视的眼光来分析和评判，就是一种理性能力的增长。此外，我们还可以请校外优秀的在职中学语文教师参与到对汉语言文学专业师范生成长的评价中来，结合目前中学语文教学的实际和中学生实际对师范生的实践性知识和能力的现状进行客观的评价，引导师范生在职前就较为深入地思考语文教学现状，把自己放在实际的教学一线来衡量和考评，从而促进其职前成长的针对性和有效性。其实评价主体的多元性也是基础教育课程改革对于教师的教学评价的一种改革要求，《义务教育语文课程标准》中明确指出要"恰当运用多种评价方式，注重评价主体的多元与互动，突出语文课程评价的整体性和综合……应注意将教师的评价、学生的自我评价及学生之间的相互评价相结合，加强学生的自我评价和相互评价，促进学生主动学习，自我反思。评价要理解和尊重学生的自我评价与相互评价"，① 要求教师注重评价主体的多元化，使评价不再是衡量学生优劣的"筛子"，而成为激励学生成长的"泵"。作为承担教师教育任务的师范院校，当然也应该顺应这一改革的趋势，变革单向评价为多向评价、互动评价，给师范生提供多维度的专业成长建议，从而有效地促进其专业成长。

教师的专业成长不应被看作是教师走上工作岗位以后才应该去考虑的问题，事实上，职前培养的情况在很大程度上影响着其职后的专业成长状态。革新教师职前教育体系，使之从定向的封闭状态走向灵活的开放状态已经成为国际上师资培养的一种普遍趋势。② 从我国的现状看，目前随着竞争压力的不断增大，师范生想在毕业后比较顺利地通过各种考核获得教师这一职业岗位，必然要求教师在职前学习阶段有一定程度的专业成长。语文教师承担着母语教学的任务，因此教师一方面要交给学生相应的听说读写的知识和能力，另一方面还要传承民族文化，提升学生的精神品质，为学生的全面发展奠基，其责任重大。汉语言文学专业的师范教育从课程结构的角度去完善，使其课程设置能够不断得到优化，满足未来语文教师培养所需要的各种专业知识；从教学实施的角度去落实，重视未来语文教师培养所应具备的各种能力素养，两者动静结合，使汉语言文学专业的师范教育能够给予语文教师职前专业成长所需要的丰厚完备的知识基础和一定的专业成长能力，为其职后的专业成长提供可持续发展的基本保障和持久动力。

（三）思考三：完善知识结构——实践性知识的生成

教师的专业知识是教师从事教育教学工作所应具备的系列知识，它是教师开展教育教学、保证教学品质的必备条件，是教师专业成长的基础，没有专业知识的累积就不可能有专业成长。在教师的专业知识结构中，通识性知识、本体性知识、条件性知识都属于能够通过理论学习认

---

① 教育部：《义务教育语文课程标准》（2011年版），北京师范大学出版社2012年版，第26—27页。

② 朱旭东、李琼：《教师教育标准体系研究》，北京师范大学出版社2011年版，第104页。

知和习得的知识，属于教师的间接经验，教师在教育教学实践中对其进行有机整合，使之转化为教师的直接经验，从而内化为教师的实践性知识。实践性知识是具有个性特征的知识，是教师形成其教学风格的必要条件。在对初中初任语文教师的叙事探究中，他们常常会谈到实践经验的匮乏给自己初任成长带来的波折或者困惑，不少初任教师的指导教师也认为，初任语文教师在经历了教学实践的磨砺后，会逐渐适应并胜任语文教学工作，教学实践经验的积累对初任语文教师的专业成长至关重要。其实，教学经验的累积也就是教师实践性知识的累积。那么，在初任语文教师的职前专业成长阶段，能不能获得一定的实践性知识，从而为其初任阶段乃至整个职业生涯的专业成长奠基呢？这也是汉语言文学专业师范教育应该思考的问题。

1. 初中初任语文教师职前教育中实践性知识的现状分析

（1）明确：关于实践性知识

对于实践性知识的研究，从二十世纪六十年代开始，国内外不少学者已经做了许多的相关探索。

施瓦布是"实践性学识"研究的鼻祖，他提出的"实践性样式"这一术语，指出"实践性样式"的知识特征是"熟虑术"和"折中术"，也就是以多元的观点深入思考事物的技法，和在做出实际决策时采用综合多样的理论与方法的技法，引起了后来研究者的关注。

埃尔瓦斯最早对实践性知识进行研究，她基于对一名教师的访谈资料对实践性知识进行了静态的描述。指出实践性知识包括了自我的、环境的、授课的知识以及关于课程的、学科的知识，是高度经验化、个人化的知识。[①]

克兰迪宁和康纳利认为教师的个人实践知识是由情境形成的知识，贯穿于教师的整个实践过程中，它既是对教师过去经验的重建，又有将来的意义。因此，他们提出用叙事研究的方式来思考和撰写经验，在课堂生活、学校生活以及任何教育情境中的生活中关注和探究教师的实践知识。[②]

---

① 陈向明等：《搭建实践与理论之桥》，教育科学出版社2011年版，第3页。
② ［加］克兰迪宁、康纳利：《叙事探究——质的研究中的经验和故事》，张园译，北京大学出版社2008年版，第20—21页。

佐藤学指出在教师的专业领域中，实践性知识和实践性的思考方式发挥着重要的作用。他概括出教师的实践性知识的基本特征：它是依存于有限语脉的一种经验知识，缺乏普遍性与严密性，但却很具体生动，具有功能性和弹性；它是作为"特定的儿童的认知""特定的教学内容""特定的课堂情境"所规定的"案例知识"的积蓄和传承；它不能还原为特定的学术领域的综合性知识，主要在于问题解决，它综合多种学术领域的知识，深入研究不确定状况，洞察具体情境中蕴涵的多样可能性，从而更好地探究知识；它不仅作为显性的知识存在，而且作为隐性的知识发挥着作用。实际上，在需要教师做出决策的场合中，无意识的思考以及暗含的知识和信念发挥着重要的作用。因此在探究教师的实践性知识的时候，应该从多样的视角出发去探究教学的深层复杂性和丰富性；它具有个性，以每位教师的个人经验为基础。因此，仅仅靠知识的相互交流是不能得到有效提高的，应该创造机会来保障教师间进行相互共享实践经验。[①]

除此之外，波兰尼所关注的默会知识，斯腾豪斯在其提出的"教师即研究者"中对教师在教学实践中的独特认知的肯定，舍恩提出的"反思性实践家"，推动了教师教育模式以教师的实践性知识的形成为轴心发展，范梅南所关注的教育情境中师生"生活体验"的世界，沃勒普、贝加德、梅杰尔等所探索的"构成教师实践行为的所有知识和洞察力"等，都在不断地推动着研究者对教师的实践性知识的多层面探究。

在国外研究的影响下，我国学者从20世纪90年代初开始，开始介绍国外的教师实践性知识的研究成果，并结合我国的教育教学实际进行相关的探索研究，寻求其本土化的理解和重新构建。钟启泉指出实践性知识是教师作为实践者发现和洞察自身的实践和经验之中的"意蕴"的活动。[②] 陈向明所主持的课题"教师实践性知识研究"历时三年，课题组成员由大学研究人员和中小学教师组成，从实践性知识的概念、内容类型、表征形式、构成要素、生成机制以及生成媒介

---

① 佐藤学：《课程与教师》，钟启泉译，教育科学出版社2008年版，第228—229页。
② 钟启泉：《"实践性知识"问答录》，《全球教育展望》2001年第4期。

等各方面提出了研究见解，受到了研究者们的广泛关注。① 此外，与实践性知识相关的翻译著作、比较探究、理论探索和实地研究也不断展现，表现出对实践性知识研究的重视。由于不同研究者探究的视角不同，所以对实践性知识的陈述也不尽相同，仔细分析，其中有一些核心要素是公认的，即实践性知识属于知识范畴，它是教师个体所拥有的，能够直接影响其教育实践。在这里，我们采用陈向明对实践性知识的界定，"教师的实践性知识是教师对自己的教育教学经验进行反思和提炼后形成的，并通过自己的日常行动做出来的对教育教学的认识"。② 它体现了教师的专业生活方式，是具有实践感、个体化、情境性、行动性和可反思性的。

（2）认识：初中语文教师职前教育中实践性知识的现状

实践性知识是教师专业成长的知识基础所在，而教师的专业成长是一个连续的整体过程，包括职前、入职和职后三个阶段，其中每一个阶段都应该注重教师的实践性知识的获得。

本研究在对69名初中初任语文教师进行访谈调查的时候，有54名教师提到自己入职以后欠缺最多的就是实践性知识。不少老师指出，师范院校学习的是课本知识，但这些知识在实际的语文教育教学中并不能运用得得心应手，在教学实际中所遇到的问题永远都是千变万化的，仅仅用理论知识去解决是行不通的。而把知识融合起来在实践中具体运用的能力，需要在语文教育教学实践中去积累和磨炼。在对55名初任语文教师的指导教师的访谈中，有45名指导教师认为所指导的初任教师的教学实践经验不够，因此在教学实际中或多或少地存在着一些教学问题。

初中初任语文教师入职后所存在的实践性知识的不足，归根结底是因为他们在职前学习中所获得和积累的实践性知识的不足导致的。那么，语文教师在职前成长过程中其实践性知识获得情况怎样呢？本研究通过反观思考的方式，对初任语文教师群体的职前教育情况进行了相关的访谈，在交流中着重关注了他们在职前成长过程中实践性知识获得最

---

① 陈向明等：《搭建实践与理论之桥》，教育科学出版社2011年版，前言1—3页。
② 同上书，第12页。

为丰富的教育教学实习环节。通过访谈得知，绝大多数初中初任语文教师认为自己在职前的教育教学实习中把精力主要用在了研究教材和课前的教学设计上；绝大多数初中初任语文教师坦言他们在职前的教育教学实习中进行教学设计主要会参照教科书和教参；有一半的初任教师指出他们当时在备课时会参照可以查阅到的教学设计；在实习中能够真正考虑到所教学生的实际情况的实习生不足一半；不少初中初任语文教师认为自己职前实习时在教学中遇见的最大的困难在于上课，并指出要胜任语文教学工作，在职前学习期间最需要加强的是个人实践知识。在交流中老师们也提到，职前学习中，学科教学论课程的老师的确讲到了备课既要备教材也要备学生，可是当时总觉得，备教材是实实在在的，备学生却很虚，不知道怎么操作。初上讲台时，能够按照备好的教学内容完成教学任务就不错了。随着实习时间的推移，上讲台的次数多了，慢慢地对学生的情况有所了解了，教学就会逐渐顺畅起来。不少初任语文教师还觉得"现在回想起来，在大学课堂上学了三年，不如实习短短三个月的收获大"。由此看来，虽然实习生在实习过程中的实践性知识的积累是有限的，他们还是体会到了获得一定的实践性知识给教学带来的益处。但从总体情况看来，语文教师在职前成长中实践性知识的获得是非常有限的。

(3) 分析：实践性知识现状对职前语文教师的影响

实践性知识的欠缺影响着语文教师的职前专业成长。处于师范教育阶段的职前语文教师专业成长是其职业生涯的萌芽阶段，首先，师范生实践性知识的欠缺会导致师范生专业知识结构体系建构不完善。在教师知识结构的四个组成部分中，其通识性知识、本体性知识、条件性知识是可以通过理论学习习得的，但是仅仅习得并不能够做到灵活运用，教学的"不确定性"使教育教学的过程充满了未知的易变更的情境，要能够根据实际情况来分析并恰当运用所学的理论知识才能够做到有效教学。实践性知识能够起到融会贯通理论性知识的作用，在实际教学中发挥着重要的作用。因此，实践性知识的掌握情况直接关系到职前语文教师知识结构的体系性建构。其次，实践性知识的欠缺会直接影响到师范生专业能力的提升。为一名职前语文教师，其衡量标准不仅仅是"自己学会了什么"，更重要的是"在教学中使学生们能够学会"，而这一过程离不开具体的语文教学实践。语文教师的职前教学能力的获得是其能够成为一名合格语文教师的基本保证,而教学能力又与师范生实践性知识的掌握相辅相成,这也就是为什么师范生们会觉得教学实习中得到的教学锻炼远远大于在大学教室里获得的知识的原因。实践性知识能够整合理论性知识,使之成为教师个体知识结构中的有机组成部分,才能够运用自如,也才最有利于教师专业能力的提升。而师范生专业能力的提升就能够使其在教育教学实习中体会到语文教师职业带来的成就感,使其心理上得到作为教师的自我价值的满足感,从而增强其专业认同意识。

　　实践性知识的欠缺影响着语文教师的入职适应。师范生职前成长中实践性知识的欠缺会延长师范生入职后的适应时间。汉语言文学专业教师教育方向的培养目标是为基础教育输送合格的语文教师,但就目前的情况看,多数语文教师进入教学岗位以后出现了种种不适应,不少师范生认为大学所学的理论知识实际用处不大,不能够指导其教学实践,于是在遇见相关问题的时候会去寻求有经验的老师的帮助,认为只有经验才是指导成长的法宝,这是比较片面的。还有的初任教师在遭遇到现实的波折后甚至对其职业选择产生了怀疑,从而产生放弃和逃离的不利心理倾向。在目前基础教育课程改革不断推进的现今,这样的成长状态显然不是初任语文教师专业成长的理想状态。如果初任语文教师在职前成长阶段积累一定的实践性知识,就会有利于他们进入工作岗位以后的语文教育教学活动的展开,使他们能够较平稳地度过入职适应期。此外,这种实践性知识的积累和学习意识的形成,也有利于语文教师职后的专业成长。

　　2. 初中初任语文教师职前教育中实践性知识的生成路径

　　(1) 感知:加大实践性课程的教学比例

　　实践性知识具有情境性,需要在具体的实践活动中来实现其自身的价值,仅仅靠理论课程学习是无法真正获取实践性知识的。目前我国各师范院校的汉语言文学专业的课程设置在分类和命名上有所不同,但是基本类别还是有相通之处的,我们选取了三所师范院校汉语言文学专业师范类的课程设置,对其实践性课程的设置比例进行探讨。

表 6-1①　华东师范大学汉语言文学专业（师范类）课程设置

华东师范大学汉语言文学专业（师范类）		
课程类型	学分	学分所占比例（%）
通识教育平台课程	56	35.0
学科基础平台课程	30	18.7
专业课程	44	27.5
教师教育课程	30	18.8

表 6-2②　东北师范大学汉语言文学专业（师范类）课程设置

东北师范大学汉语言文学专业（师范类）		
课程类型	学分	学分所占比例（%）
通识教育课程	48	31.2
专业教育课程	77	50
教师职业教育课程	25	16.2
毕业论文	4	2.6

表 6-3③　陕西师范大学汉语言文学专业（师范类）课程设置

陕西师范大学汉语言文学专业（师范类）		
课程类型	学分	学分所占比例（%）
通识模块	47	29.0
学科基础模块	25	15.0
专业课程模块	60	37.0
教师教育模块	17	10.0
实践模块	15	9.0

---

①　华东师范大学中国语言文学系：《教学活动之培养计划》（中国语言文学系 2009 级—2012 级培养方案）（师范班），2012 年 9 月（http：//www.zhwx.ecnu.edu.cn/s/64/t/289/83/a6/info33702.htm）。

②　东北师范大学文学院：《人才培养之培养方案》[汉语言文学专业（师范类）本科课程计划]，2012 年 9 月（http：//chinese.nenu.edu.cn/index_show.php?typeid=51&show_content=133）。

③　陕西师范大学文学院：《人才培养之本科教学》（2011 级教学计划）（师范班），2012 年 9 月（http：//www.lit.snnu.edu.cn/newsbrow.asp?stype=本科教学&type=人才培养&id=1888）。

以上三所学校汉语言文学专业师范类学生培养的课程设置中，针对语文教师的教育类课程所占学分和学分在总课程中的设置比例都是比较有限的。东北师大汉语言文学专业的课程设置中，"教师职业教育课程"所占学分为 25 分，占 16.2%，而这其中包括"教育理论类课程""教育技能类课程""教育实践类课程（含教育实习）"三个类别，其实践性课程的设置至少是小于 16.2% 的；华东师大汉语言文学专业的课程设置中，"教师教育课程"占 18.8%；陕西师大汉语言文学专业有明确的实践模块，为 9.0%。国际劳工组织与联合国教科文组织对世界 70 多个国家的教师教育课程进行了相关调查，结果表明，国外教育专业类课程和实践平均约占总学时的 40%。① 目前，欧美国家在师范教育课程设置中，十分重视实践课程，除了强调实习以外，还设定了一定的有利于提高学生实践能力的课程，而且课程设置越来越突出学生实践性知识的获得。②

比较之下可以看出，我国目前在语文教师职前培养中实践性课程还没有得到足够的重视，师范生在大学期间学习到的更多是理论性知识。而作为未来的语文教师，不仅仅应该学会理论知识，更重要的是要在实际的语文教学中能够灵活运用这些知识，通过有效的方法展开语文教学，使中学生能够习得相关的语文知识。这就要求师范生能够通过实践性课程去获得感性认知，并运用知识，尝试探索，逐渐学会灵活贯通，获得个人意义的实践性知识。因此，汉语言文学专业教师教育方向的课程设置应该加大实践性课程的比例，给师范生们提供一个可以在实践中感知的机会，让实践类课程和相关的教育教学理论类课程相辅相成，把师范生所学到的学科专业知识、教育教学理论知识及其所掌握的通识性知识，通过实践类课程的练习进行展示，在这个过程中去思考探索，不断丰厚其实践性知识。如结合语文教学论课程的讲授，开设语文教学设计与训练类型的实践课程，让学生进行教学的设计和模拟讲课；开设微格教学类课程，让学生通过先进的媒体设备来获得自己进行语文教学的视频资料，予以分析；还可以增设案例类课程、活动类课程、专题研究

---

① 苏真：《比较师范教育》，北京师范大学出版社 1990 年版，第 381—383 页。
② 吕春辉、孙可平：《教师专业发展新视角：师范教育中的实践性知识》，《当代教育论坛》2009 年（上半月刊）第 9 期。

类课程，提供给学生获得感受体验和探究的机会。当然，还应该重视见习和实习，使见习和实习常态化，系列化，使其在四年的职前成长中得到频繁走进中学语文教学实际情境的机会，促进他们获得真实教育情境中的实际体验。

（2）经历：改革实践类课程的教学方法

开设实践类课程给师范生们提供了感知和体验语文教学实践的机会，仅仅有课程还是不够的，如何来经营实践类课程，使之真正发挥作用，是承担师范生语文实践类课程的教师必须思考的问题。教师应该明白，实践性知识必须通过学生的亲身体验才能够获得，这是教师无法替代的。教师应学会放手做一个实践性教学课堂的引领者、帮助者、指导者，放手让学生去操作、去实践。因此，实践类课程的授课中，教师应该让师范生作为学习的主体在教学活动中积极地"动"起来，教师进行适时点拨。只有师范生置身于实践之中去亲历，才能真正感受到自己是否能够把学到的内容游刃有余地表达出来，传递出来。师范生自身十几年的学生经历，使他们对语文教育教学已经有不少真切的感触，结合已有的感性认识和理论知识，让他们去主动构建自己追求的语文课堂，通过反复实践不断总结不断改进，其实际的语文教学能力才有可能得到提高。同时教师还可以把教学中的评价权交给师范生，引导师范生结合自身经历感悟去分析语文教学现象，积极思考理解，让他们以一名曾经或正在遭遇者的身份去分析，比照研习，教师再加以理性地引导点拨。这样，师范生就会从心灵深处去认识新的教育理念，让教学理论通过感性的介入内化成个体的教育教学知识、态度、信念和价值，从而把它融入个体的认知体系中，转化为个体的实践性知识。

在实践类课程的教学中，师范生的实践也不可能是一个班级中所有学生同时进行的，这就要求教师要重视实践课中师范生学习方法地引导。例如师范生进行语文教学模拟演练的实训类课程，需要每个学生进行语文教学的模拟练习，即教学试讲。在教学中常常会出现这样一种情形：师范生们非常关注自己讲授的课文内容，却并不关心其他同学所讲的课文内容，满足于完成一次语文教学的演练过程。假定一个班有45名同学，一名同学试讲用10分钟，全班同学讲一遍则需要用450分钟，这还不包括老师的指导点评。而绝大多数师范生的收获却仅仅是自己讲述的一篇文章而已。这时候,教师可以对师范生进行一定的引导,如可以要求他们把自己设定为三个角色来参与试讲活动:一是中学生,以中学生的眼光关注试讲者讲授的内容,依照中学生的年龄特点、接受能力进行审视,予以评价;二是语文教育同行,以语文教师的要求来衡量所讲课文,评析课文思路、详略安排等方面;三是教育专家,要求师范生站在一定的理论高度,用相关理论课程中所学习的语文教育教学理念的标准来评价试讲。引导师范生把自己当成一名全方位的参与者,提高其听课的积极性,增强其听课中的理性思维成分,这样全班同学每人试讲一篇,每个师范生的收获就是全班人所选语文教学内容的总和,甚至更多。因为在师范生试讲以后,师生共同参与的评课讨论会使大家对试讲的认识评析更加深入。

(3) 反思:促使实践性知识的有效生成

实践性知识的获得需要师范生的主体建构。实践性知识是教师的个人知识,它是经过教师个体体验而沉淀下来的个性化的体验。[1] 即使是对同一种教育现象,不同的教师基于个体经验的不同理解,也可以建构不同的认识。因此,思考和领悟对实践性知识的获得至关重要。[2] 师范生应该在实践中进行反思,积累语文教育教学经验,构建对教育理论的理解,提高语文教学能力。在实践类课程的学习和实践性活动的历练中,师范生应该以自己的教育教学实践活动作为再认识的对象进行全面而深入地思考,总结自己在实践活动过程中所做出的行为、决策以及由此产生的结果,并结合所学的相关理论和已有的教育教学理念,进行审视和分析,从而提高其自我觉察水平,促进其能力发展。

波斯纳指出:没有反思的经验是狭隘的经验,至多只能成为肤浅的知识。他提出了一个教师成长公式:经验+反思=成长。他认为如果一个教师仅仅满足于获得经验而不对经验进行深入思考,那么即使他有20年的经验,也许只是一年工作的20次重复……除非他善于从经验反思中吸取教益,否则就不可能有什么改进。[3] 虽然波斯纳更倾向于给在

---

[1] 崀永进:《走向批评的行动研究》,华东师范大学出版社2012年版,第107页。
[2] 彭云:《促进师范生实践性知识生成的探索》,《现代教育科学》2011年第2期。
[3] 张立昌:《自我实践反思是教师成长的重要途径》,《教育实践与研究》2001年第7期。

职教师指出成长的途径，但这个建议对师范生一样有用，甚至至关重要。实践性知识的获得要来自真正的实践体验，但是拥有同样的实践机会的师范生，其成长速度却各有差异，其原因是什么呢？学会思维就会加速成长，要使师范生在实践性活动中真正得到成长，就应该学会进行反思。师范生对自己所参与的实践性活动进行分析和评价，以自己作为反思的主体，同时，又以自己作为反思的客体，来反观自己的实践性活动的具体问题，从思维到实践，这就使他们处于一种思维的主动与精神的自觉之中。他们不仅仅以一个感性的参与者的身份来体验语文教师的教学实践，同时以一个理性的思考者的身份来叩问审视自己的实践活动。这个过程可以帮助师范生将已学过的教育理论和自身的教育实践尝试紧密联系起来，进行分析、评价、修正和改进，真正关注自己的职前成长。在实践性课程中，师范生要进行语文教学的试讲模拟，要听同学们的试讲课。在实践性活动中，会有更多的实践机会，如在教学技能竞赛中的历练，在教育见习中的听课，在教育实习中从事语文教学等。师范生在这些环节中体验作为一名语文教师的工作生活，可以有意识地审视自己的未来职业，反思自己的专业意识；可以把实践活动中获得的语文教学的感性认识和相关理论知识结合起来，反思教育行为背后的价值和意义，构建自己的专业理念；可以对自己的知识水平进行动态检验，反思自己的专业知识；可以审视自己实际的语文教学水平，反思自己的专业能力。反思的过程就是师范生对专业结构的优化过程，是融会知识贯通能力的过程，是实践性知识的有效生成的过程。

实践性知识的生成能够使汉语言文学专业师范生在职前成长阶段获得对语文教育教学实践的感性认知和多维理解，使其知识结构得到完善，符合基础教育课程改革对未来语文教师的知识与能力需求。注重师范生实践性知识的获得，有利于夯实其知识基础，增强其入职以后作为语文教师的胜任力，为其持续的专业成长奠定基础。

（四）思考四：提升实践质量——反思能力的生成

在研究中不少初中初任语文教师都感言在职前学习过程中，对自己影响最大的是教育实习。教育实习是促进师范生专业发展的关键环节，师范专业的教育实习的质量直接影响着师资培训的质量。因此，《国家中长期教育改革和发展规划纲要（2010—2020年）》也明确提出要"深化教师教育改革，创新培养模式，增强实习实践环节，强化师德修养和教学能力训练，提高教师培养质量"[①]。在访谈中发现，初中初任语文教师在职前学习中所进行教育实习的时间从3个月到半年不等，实习方式有自主实习、集体实习、顶岗实习等多种方式，实习内容也涵盖了语文教学和班主任工作两方面，这都为提升师范生的实践能力提供了很好的机会。俗话说"师傅领进门，修行靠个人"，要想切实提高教育实习的效果，提升职前教育实践的质量，应该在汉语言文学专业师范生教育实习的过程中重视其反思能力的培养。

1. 师范生教育实习反思的原因

师范专业的学生在走上工作岗位之前，其身份至多只是"准教师"。他们自我的职业定位比较模糊，专业发展意识比较淡漠。教育实习时师范生第一次以双重身份进入学校实习，在指导教师面前，他们是学生；在学生面前，他们是教师。他们从大学课堂模拟的讲台走到实际的课堂中，第一次以老师的身份面对不同年龄的学生，进行角色的实际转换，这是师范生一生教学生涯的起点，也是他们专业成长的关键。学会反思，则是关键中的关键。教育实习是一种实践活动，是师范生职前的实践锻炼活动；它又是一种认识活动，是师范生对教师职业的真实感知和理性审视。这其中的理性审视就是反思。反思是主体对自己的思想、心理感受等的思考。教育实习反思是师范生以其教育实习活动作为再认识的对象进行全面而深入的思考，总结其在实习过程中所做出的行为、决策以及由此产生的结果，并结合其教育理念，进行审视和分析的过程，是一种通过提高参与者的自我觉察水平来促进能力发展的途径。

没有反思的经验是狭隘的经验，善于从经验反思中吸取教益，才有利于主体的自身成长。很多师范生认为，在高师院校的理论学习时间虽然不短，但真正有用的却是为期几个月的教育实习，可见教育实习对他们的影响之大。教育实习能使师范生真正体验、感受教育实践，这种投入式的认识对师范生的冲击是强大的。可同样是进行教育实习，实习生

---

① 教育部：《国家中长期教育改革和发展规划纲要（2010—2020年）》，人民教育出版社2010年版，第52页。

们的成长速度却各有差异，其原因是什么呢？学会思考至关重要，要使师范生在实习中真正得到成长，就应该教会他们进行反思。师范生对其教育实习进行分析和评价，以自己作为反思的主体，同时，又以自己作为反思的客体，来反观自己的实习过程，从思维到实践，这就使他们在实习的过程中处于一种思维的主动与精神的自觉之中，他们不仅仅以一个感性的参与者的身份来体验实习生活，同时以一个理性的思考者的身份来叩问审视实习生活，这个过程可以帮助实习生将已学过的教育理论和自身的实习实践紧密联系起来，进行分析、评价、修正和改进，使师范生真正关注自身的专业发展。

2. 师范生教育实习的反思内容

在教育实习中学会用反思关注实习生活，是促进师范生成长的原点和关键点。那么，应该从哪些方面进行实习反思以促进师范生的专业成长呢？

第一，师范生应该有意识地反思自己的职业信念。汉语言文学专业师范生将来应该从事的职业是语文教师，其职业信念是对教育事业、教育理论及其基本教育主张、原则的确认和信奉。师范生在进入师范专业学习之后，对职业属于虚拟关注，处于一种朦胧模糊的意识状态，甚至不少师范生本身对教师职业的认同度并不高，并没有形成坚定的职业信念。[①] 在进入教育实习阶段时，师范生已经学习了相关的学科专业知识和教育教学理论知识，又以一名"准教师"的身份重新回到学校，这时候，他们是一个参与者，而在某种程度上，又是一个旁观者。他们还没有真正进入语文教师行列，能更理性地对未来职业进行反思审视："我是否认同这个职业"，"我是否决定选择这个职业并为之付出"……这种对未来职业认同度的反思是师范生在真正走上教师岗位之前必须深思熟虑的。[②] 并不是所有的汉语言文学专业师范生在毕业后都必须选择做语文教师，他们可以从事其他工作，也可以继续求学深造，要允许师范生对其职业定位进行选择和调整，而且，如果他们经过反思主动选择从事语文教师职业，那么就蕴藏了不断成长的内动力。

[①] 叶澜等：《教师角色与教师发展新探》，教育科学出版社 2001 年版，第 282—283 页。
[②] 黄秀琼：《论师范生教育实习中的角色定位》，《四川师范大学学报》（社会科学版）2009 年第 6 期。

第二，师范生应该有意识地反思自己的教育理念。教育理念是教师在对教育工作本质理解基础上形成的关于教育的理性信念。是否具有对自己所从事职业的理念，是专业人员与非专业人员的重要差别。师范生在他们十几年的学生生涯中，通过观察感受已经内化了许多有关教师的价值观念，在师范专业学习中，又在教育学、心理学和学科教学论等课程的学习中获得了相关的教育教学理论知识。在教育实习中，师范生开始有目的地进行教育实践，师范生可以把自己对教育教学的感性认识和理论知识结合起来进行反思，在理论和实践的碰撞中，主动审视教育行为背后的价值和意义，对教师职业和个体人生价值、意义的关系进行解读和重构，从而培养和树立自己的教育理念。我国的基础教育正处于一个改革和创新的时代，师范生在实习中观察教育现状，对比自身的教育经历，结合教育理论进行反思，并在反思后进行教育实践，在实践后再一次进行反思，这个过程会使师范生在教育教学过程中不轻信不盲从，理性思考教育教学中的问题，从而逐步构建自己的教育理念。

第三，师范生应该有意识地反思自己的知识水平。知识是连接师生的中介和纽带，是教师教学决策和行动的基础。渊博的知识积累不仅是教师自我完善的要素，还是教师业务水平的标志。师范生在实习中反思自己的知识水平，并在实习中实习后继续充实完善自己的知识素养，会有助于其专业成长。在教育实习前，师范生已经在师范教育教学计划的安排下系统地学习了相关的知识。在实习的时候师范生就进入了对自己知识水平的一个动态检验过程：在备课阶段，要对讲授内容进行梳理整合，并结合学生的实际设计教学方案；在讲课中，要清晰而有重点的把知识讲授清楚，完成既定的教学目标，当然，还要针对学生的不同情况不同问题进行引导。师范生可以反思其备课授课过程，问问自己："我对所要讲授的知识清楚吗"，"在语文教学中，有没有什么知识是我目前比较薄弱的"，"我可以不借助任何参考资料独立进行备课吗"，"我可以很快回答出学生针对内容所提出的质疑吗？"……这些反思可以促进他们去审视自己的知识结构，对掌握的知识进行"查漏补缺"，清除自己理论上的误解和偏执，增进对教育实践及其复杂情境的洞察和见识，借助于实践与反思夯实他们从事教学的知识基础，增长知识水平的实践性。

第四，师范生应该有意识地反思自己的教学能力水平。教学能力是教师在教育教学活动中形成并表现出来的决定教育教学活动的实施与完成的能力的总和。在实习中，师范生在指导老师的指导下选定讲授内容进行教材处理，之后还会经过自我试讲、小组内试讲，指导教师同意后方可实施教学。在这个过程中，反思自己从开始准备到教案定稿的过程所做的安排及调整，思考其中的原因，会使处理教材的能力不断提升。课堂教学中，教师要对学生进行引导、点拨、答疑、解惑。师范生在实际的课堂教学中可能会遇见不少状况，如教学时间的安排，教学环节的衔接，教学重难点的突破，师生交往的安排，教学意外的处理等。真实的课堂是鲜活的，也是富于变化的，在围绕教学目标的推进过程中，有顺畅的时候，也会有阻塞的情况，这些教学经历都是成长的宝贵财富。师范生应该在每次课堂教学后对教学过程进行审视，"这节课我最满意的是什么""这节课我遗憾的是什么""哪些地方我在下次上课的时候应该注意""我在上课时关注学生了吗""学生在我的课上有什么收获""学生在回答问题时的出错原因在何处？"……反思会使师范生理性地分析自己的教学，总结经验，借鉴不足，会促进他们从学生到教师的能力转型。

3. 师范生教育实习的反思方法

实习反思的过程就是师范生重构自己对教育教学理论与实践基本看法的过程，是师范生专业成长的有效途径，一般说来，可以采用内省、讨论、撰写实习日志和实习总结等方法进行反思。

内省就是在内心省察自己的思想、言行有无过失。内省法也是心理学基本研究方法之一，指人对于自己的主观经验及其变化的观察。师范生进入实习学校后，从理论学习进入实践学习会给他们带来不小的冲击。可以说实习的每一天都会有新鲜的感受和想法，师范生如果能够在实习过程中注意每一个细节，遇到问题在处理之前都认真思考，处理之后都主动总结反思，把曾经学过的理论知识和实际实习情况进行对比，就会不断增长自己的实际能力，也会使理论知识更有价值。内省法不受时间地点的限制，在实践的过程中，只要师范生有这种内省反思的意识，就可以随时随地地监控自己的思想和行为，做行为的主动思考者，而不是盲目应对者，使自己不断辅正行为的不足之处，促使自己有效成长。

　　对话和讨论也是反思的有效途径，师范生不能囿于个人经历和已有的感性经验，应打破自我封闭的藩篱。有时候，自我认识的视角和方式受到个人能力和思维水平的限制，只能认识到问题的一个角度或一个方面，而与同伴和指导教师的对话和讨论会起到点拨开窍的作用，能打开思路，加深认识，有助于个人的专业成长。[1] 在实习中，师范生要经常有意识的展开对话和讨论，和实习伙伴进行探讨，向指导教师虚心请教，寻求解决问题的有效方法，追求多种见解的分享，从而启迪思维，改善教学。师范生可以在课堂教学之后和指导教师进行交流讨论，反思自己的教学过程，并请指导教师予以指导；也可以和实习同伴们就大家所听过的指导教师的授课及同伴们的实习授课进行交流讨论比照，思考在职教师和实习生在教学时间安排、重点难点处理，师生互动以及教学智慧等不同方面的差异，总结经验；还可以交流各自在教学过程和班级管理过程中的经验和困惑，大家一起支巧招想妙法，集思广益，共同思考，共同进步。

　　实习日志是实习生实习过程的记录，撰写日志是实习生用来记录、澄清自己思路的方法，也是洞察实践意义的方式。写日志的过程也是对实习进行反思的过程，它可以追问教育理念，检查在实习教学过程中的不足，并为教学过程中的不足寻找解决方法。日志可以客观陈述实习过程，可以主观思考实习感受；可以细致描述，可以概括分析，可以批评思考。这是一种和自己对话的有效方式。因为实习日志是已经撰写出来的文字材料，师范生可以在记录以后随时进行查阅回顾，深入思考，也许同样的一次实习经历，由于认识逐渐深入，当时的观点会和一段时间以后的观点有所不同，定期的回顾思考会使认识更全面、更客观、更理性。如有的师范生在刚刚进入实习的初期阶段会不自信，和学生交往不能把握自我角色，对语文教师职业充满恐惧的心理，经过一段时间的实习，会逐渐变得成熟起来，自信心增强了，和学生交往也比较自如，得到了学生的认可，并喜欢上了语文教师职业。及时的实习日志就会反映

---

[1] 邵光华、顾泠沅：《中学教师教学反思现状的调查分析与研究》，《教师教育研究》2010年第2期。

出这种对职业认识和对自我认识的变化,会使其更理性地梳理职业认同感和职业信念。再比如有的师范生在上课时遇见突发事件,当时采用了一定的方法进行了处理,也许再过一段时间,随着实习的深入,会想出更巧妙的处理方法。及时的日志记录是提高师范生教学能力和教学智慧的最好的反思材料。因为实习时,每天发生的事情和当时的感受不同,如果不记录下来,很难保证那些有意义的感性材料会很好地保存在记忆库里,并能够随时调取以供思考,实习日志恰好起到了一个记忆库的作用,有利于学生分析、认识、改变和超越自我,可以促进学生的专业发展。

实习总结是师范生在实习结束之后对实习的总体思考。在实习结束后,按照实习要求,师范生应该对自己的整个实习过程进行全面系统的理性思考。有不少学生把这项工作当成一项程式化的任务来完成,按照实习作业的要求进行模板化写作,这就大大降低了实习总结的反思力度和有效性。其实,实习总结是一种非常有效的反思方式。师范生结束了实习生活,与实习时的忙碌相比,时间相对宽松了,回到自己的学生身份,再对实习的整个过程进行梳理,会更加理性化。师范生应该把实习总结作为对自己的深度反思来完成。师范生可以较详细地对整个实习进行回顾,找出实习中的优缺点,对经验和教训进行分析、研究、概括,并上升到理论的高度来认识,从而提高自己的教学能力。师范生还可以反思自己所观察到的教育现状,从而树立自己的教育理念。把实习总结作为一次全面的深刻的反思,会促进师范生在实习后的职业定位,并使他们随后的努力更有方向性。

教育实习是师范生顺利实现角色转换、尽快适应教育工作的必经之路。它为师范生提供了必要的实践空间,使师范生获得对教育实践的感性认知和多维理解,学会把所学的知识和技能与教育实践结合起来,从而确立教育教学理念,锻炼实践能力。反思是一个能动的、审慎的认知加工过程,人是具有反思自己及自身实践的可能性的。当师范生把自己的教育实习活动作为反思的对象时,就增强了教育教学实习的有效性。师范生应该把反思贯穿于教育实习的方方面面,不断面对自己、提醒自己、审视自己,使自己不仅是教育实习的实践者,还是观察者,思考者,批判者,在不断的自我认识中发展和成长,从而促进其专业发展和未来职业成长。

二 面对：对职后成长的审视

初入职的教师进入了专业成长的一个全新的阶段，他们面临着来自生活和专业两个方面的压力，"骤变与适应"成为这一阶段的主要特点。如何适应现实的冲击，获得有效的专业成长是所有初任教师共同面临的重要问题。初中初任语文教师也不例外。初任语文教师的专业成长是语文教师整个职业生涯中的起点，研究中的初中初任语文教师在这一起点都不同程度地经历了波折，也有各自的成长困惑，他们采取的应对方式也各有不同。我们知道，影响专业成长的因素是多方面的，那么在初任阶段，他们如何规划自己的专业成长，促使自己顺利地度过专业成长的最初关键期呢？在初中初任语文教师的职后成长方面，本研究思考探究作为成长主体的初中初任语文教师，自身如何规划其专业成长，如何结合语文学科特点采取相应的成长措施和成长努力，同时思考校方可以给予的促进其专业成长的有益支持。

（一）思考一：主动规划成长——构建电子档案袋

当今的初中初任语文教师对信息技术并不陌生。教育信息技术、计算机知识是他们在入职前的学习中必修的课程，而通过网络进行资料查阅、相互交流也是他们比较熟悉的。在研究中，很多初中初任语文教师都或多或少地运用了教育信息技术，如制作并使用教学 PPT，在网上查阅教案和相关资料，通过邮件或者 QQ 和其他老师进行交流，创建班级 QQ 群和学生以及家长进行交流等。初任语文教师可以在专业成长的初期有意识地构建其专业成长的电子档案袋，从而有目的地、主动地、系统地规划其专业成长。

1. 初任语文教师电子档案袋的含义

（1）档案袋和电子档案袋

"档案袋"（portfolio）一词由 port（携带）与 folio（页码）组合而成，其本意是"带着走的作品集"，源于艺术领域，原指艺术家把自己满意的作品收集起来，带给委托人，希望通过这种形式争取展览或者出版。它也是艺术家保存作品、记录自己的艺术追求和艺术探索历程的一种方式。人们可以根据档案袋中的作品的变化沿革了解其成长过程，从而深入地分析和评价其艺术成就和艺术发展历程。档案袋的这种功能引起了许多其他领域研究者的注意，尤其是作为一种评价手段被广泛应用。

随着电子技术的迅猛发展，"电子档案袋"（E-portfolio）应运而生。美国 Helen C. Barren 博士（2000 年）指出，电子档案袋是运用电子技术，档案开发者以各种格式（音频、视频、图片和文本等）来收集和组织内容和素材。[①] 2003 年 10 月在法国举行的第一届电子档案国际会议（the First International Conference on the Digital Portfolio）中，大会组织者指出电子档案袋是与网上数据库接驳的扩展性、动态履历。[②] 它记录的是个人在学习、工作中与自身能力有关的资料，为学生提供反思学业发展的材料以及与人共享知识的机会。可以看出，电子档案袋是在电子技术环境下，档案袋制作者通过文本、数码照片、动画、视听文件、超文本链接、超媒体等多种媒介来收集、管理、组织、呈现个人的信息和学习成果。它依托现代信息技术，却不仅是技术含量的简单增加，相较于一般的纸质档案袋，电子档案袋节省存储空间，容易备份，便于携带，易于保存且存储时间长，易于接近，能促进制作者的计算机应用水平和信息技术能力。

（2）教师成长档案袋和初任语文教师成长电子档案袋

起初在教育领域中运用档案袋，主要用于收集学生认为能够证明其在一个或多个方面成长与发展的作品，以及同伴、老师、家长对作品进行优劣评价的文档。主要作用是为了对学生进行评价。1980 年，加拿大大学教师协会首先出版了教学档案袋指南，将"档案袋"运用于大学教师评价。20 世纪 80 年代末期，美国斯坦福大学教师评价项目组的 J. 巴顿（James Barton）和 A. 柯林斯（Angelo Collins）第一次探索和尝

[①] 王保中：《高中信息技术课程评价方法研究——应用数字化档案袋评价方法的个案研究》，硕士学位论文，东北师范大学，2003 年，第 24 页。

[②] 张红霞、王同顺：《电子档案袋——外语写作测评的新理念和新方法》，《外语电化教学》2004 年第 2 期。

试了在教师教育中使用档案袋进行评价的可能性①。目前，教师成长档案袋作为一种评价工具在美国的大中小学广泛地发挥作用，并影响到了世界上其他的国家和地区。在我国基础教育改革中，不少学科的课程标准在"评价建议"中都提倡加强形成性评价，鼓励建立学生档案袋。随着改革的不断推进，人们逐渐认识到课程改革根本保障是教师的专业成长，呼唤对教师进行形成性评价，为此，一些学校开始使用教师成长档案袋，由教师提供其专业成长过程中的代表性材料。

初任语文教师成长电子档案袋是教师成长档案袋中的一类，限定了教师的从事职业的时间、具体学科和档案袋的形式。初任语文教师电子档案袋是指在电子技术环境下，初任职的语文教师创建个人的专业成长电子档案，采用多种媒体形式来收集自己在专业成长的各个方面的相关资料，用来记录和反映其专业成长过程。初任语文教师处于专业结构建构和发展的开始，有意识地在职业生涯的初期就创建电子档案袋，是促进其成长的有效途径。

2. 初任语文教师电子档案袋的作用

（1）电子档案袋是支持初任语文教师专业成长的工具

电子档案袋的制作有助于促使初任语文教师主动关注其专业成长。初任语文教师的专业成长是一个逐渐深化的过程，职业生涯初期的语文教师处于生存关注时期，对自己能否胜任语文教育教学工作持怀疑和追问态度，其专业成长处于被动阶段。电子档案袋不是简单地进行资料收集的文件包，而是教师真实的个性化成长的写照。初任语文教师要收集能够展示自己成长进步的相关资料，归纳整理，分门别类地放入档案袋里，这就需要他们关注自身专业成长的各个方面，进行资料的遴选、分类。这个过程促使他们对自己的语文教育教学工作进行回忆和梳理，并且选择有意义的方式表达出来，这无疑就会使他们养成有意识地积累资料、叩问自己的教学思想的习惯，使他们努力将自己处在潜意识状态中的教育教学理论清晰化、系统化，走上主动成长之路。

电子档案袋的制作还有助于初任语文教师主动进行反思。初任教师

---

① [美] J. 巴顿、A. 柯林斯主编：《成长记录袋评价》，国家基础教育课程改革"促进教师发展与学生成长的评价研究"项目组译，中国轻工业出版社2005年版，第1页。

成长的电子档案袋中的资料收集过程就是一个主动学习、反思和优化教学的过程。教师对收获的整理、对困惑的追问、对感悟的书面表达无不是对自身专业成长的主动审视。这就是专业成长过程中的一种"停下来的思考",促使初任语文教师思考自己的教育理念与教学实践,教学预设与教学实施,利于培养他们善于反思、勤于发现的良好习惯。这种反思就是初任语文教师的自我对话,使他们在自我叩问中审视其教育教学行为的有效性和合理性,从而逐渐锻炼他们独立思考的能力,激发他们的创造性见解。所以,电子档案袋的建设过程本身就富有意义。

电子档案袋的制作有利于初任语文教师开展行动研究。电子档案袋的全息记录性和反思促进性提供了将研究与行动结合起来的可能,符合教师作为研究者的需要。[①] 初任语文教师把对语文教育教学的思考、实施中遇见的问题、采取的回应方式等用文件的形式进行保存,利于对其思想和行为进行诊断和考查,从而加深对语文教育实践活动及其依赖的背景的理解,提高对语文教育实践的理性认识,使初任语文教师在专业成长的起始阶段就进行反省研究。斯滕豪斯提出"教师即研究者",认为没有教师亲自研究他们自己的实践,教育就不可能发生持续有效的真正意义上的变革。教育如要取得重大改变,就需要形成一种教师可以接受的,并有助于教学的研究传统。[②] 行动研究要求研究者把教育教学的过程及回应方式以实录的形式记录保留,作为对教育教学问题进行诊断和指导的依据。而电子档案袋是真实鲜活的教育教学存在,是作为"局内人"的教师的实践和思考的记录,恰好为语文教师在教育教学行动中展开研究提供了可供分析思考的第一手资料,利于其不断追踪、捕捉在语文教学中的实践智慧,能够支持初任语文教师对自身专业成长过程进行深入的跟踪式研究。

(2) 电子档案袋是促进初任语文教师专业交流的平台

初任语文教师在制作电子档案袋的时候,首先是以文件夹的形式把所选择的相关资料信息存储在计算机里,利用网络信息技术的优势,其呈现方式可以是多种多样的。初任语文教师刚刚从大学走上教师职业岗

---

① 鞠玉翠:《行动研究何以联结教育理论与实践》,《山东教育科研》2002年第7期。
② 杨小微:《教育研究的原理与方法》,华东师范大学出版社2010年版,第246页。

位，他们中不少人在大学期间就有自己的网络空间，如 QQ 空间、个人博客、微博等，走上工作岗位后，可以有效地利用这些平台展示自己收集的相关资料和对语文教育教学的思考，还可以以主题帖的形式在相关的教育网站上建立自己某一方面的电子档案。利用网络所提供的展示电子档案袋的广阔空间，初任语文教师可以进行广泛的交流。

电子档案袋可以促进初任语文教师和学生进行交流。师生之间的有效交流有助于情感沟通，也有利于提高教学效率。生涯研究指出，从初任教师迈向成熟，一个重要的变化就是从关注自己的教学转向关注学生。师生交流有助于初任语文教师的关注转型。在语文课堂教学中师生的交流是围绕着教学目标的实现展开的，学生在教师的引领和帮助下不断探索，切近教学目标，此时的师生交流是有指向性的，有一定教学目标的限定，即使是处理课堂教学的偶发事件，其原则还是要尽快回到教学目标上来。如果初任语文教师利用博客或者 QQ 空间等形式，记录对课堂教学的反思，把教学预设和教学实际进行对比和思考，将自己处理课堂教学偶发事件的出发点和期望效果与实际操作进行比较思考，学生就可以通过阅读更深入地了解教师，学生还可以通过留言的方式把意见建议留下来，这样师生的交流时间就更多了，交流也更深入了。由于网络留言不要求实名，学生可能更容易畅所欲言，吐露心声。初任语文教师可以通过交流了解学生的期望，不断改进教学方法，促使自己不断进步。

电子档案袋有利于初任语文教师和家长进行交流。对学生的教育是学校、社会和家庭的合力完成的，关注孩子的学习和成长需要教师和家长的交流合作。通过家长会和家访可以进行交流，但频繁的家长会和家访却是不现实的。初任语文教师承担班主任工作在初中阶段非常普遍，利用网络环境中的电子档案袋可以使初任语文教师和家长的沟通交流更加便捷。教师可以把班级管理电子档案放在网络平台上，可以开设专门的家校联系主题帖，把自己的班级管理要求展示出来，家长通过上网浏览的方式就很容易了解班级的相关情况，利于和教师共同对学生进行教育。当然，初任语文教师在通过网络平台和家长进行交流的时候要注意把握一定的原则，对班级的普遍情况以及班级活动的情况等内容的规划和思考可以直接展示，一些针对学生个体的思考和交流要采取和家长创设单独交流空间的方式进行,这样更有助于学生的个体成长。

电子档案袋有利于初任语文教师和同行进行交流。初任语文教师和同行之间是学习共同体的关系,由于工作性质相同,工作内容相似,同行交流更利于取长补短。初任语文教师在阅读和学习其他教师的成长档案袋的时候,可以拓展视野,看看其他老师对教育教学的思考是什么,在遇到相关的教学问题时如何处理等,和自己的思考进行对比。由于是同行,因此针对具体问题展开的交流更容易有感而发,基于同一问题的不同观点进行的交流更便于思想的交锋,促使对话走向深入。目前的一些教育网群就是利用了集中式管理,分布式应用的构架方式,将分散的教师个人网站集中起来,形成一种网上家园,达到资源共建共享的目的,促进教师之间更为便捷地交流评价,甚至搭建了和教育专家进行网络交流的广阔空间,更有利于初任语文教师在成长初期就得到有效的指导和帮助。

(3) 电子档案袋为初任语文教师发展性评价提供依据

教师评价是对教师工作现实的或潜在的价值做出判断的活动。[①] 教师评价按目的可分为业绩评价和发展评价两种。业绩评价侧重于在一定的时间段给教师的业绩和能力进行结论性评价,对教学质量的监控有着重要的作用。这类评价往往是通过量化考核的方式,对教师的行为进行量化处理,以数据形式进行评价,属于静态的终结性的评价,常常是用教师的工作量和学生的考试成绩作为量化的主要依据。在教育领域,单纯使用量化评价的方法是较为表面化的,在把复杂的教育现象转化为一组组数量指标的时候,容易忽略教师工作的丰富性、生动性,突出了评价的甄别、监督、管理作用,而忽略了其诊断、调节、激励作用。教师发展评价的目的是改进或完善教师的教育教学工作,明确教师个人的发展需求,提高教师的能力,促进其完成任务或达成目标。这种评价方式更多地需要依据质性评价来展开,如通过现场观察、深度访谈或查阅相关书面材料等方式进行。我国基础教育课程改革要求建立科学的教师评价制度。《基础教育课程改革纲要(试行)》指出:"建立促进教师不断提高的评价体系。强调教师对自己教学行为的分析与反思,建立以教师

---

① 陈玉琨:《教育评价学》,人民教育出版社1999年版,第98页。

自评为主，校长、教师、学生、家长共同参与的评价制度，使教师从多种渠道获得信息，不断提高教学水平。"① 这就需要量化评价和质性评价相结合，并且更注重质性评价。在语文教师职业发展的起始阶段，更应该注重用评价帮助初任语文教师诊断问题，改进教学，为其提供进步的空间和发展的动力。初任语文教师电子档案袋为教师自评提供了翔实充分的资料，有利于进行质性评价。

初任语文教师电子档案袋是在自然条件下对自身成长过程的资料收集，能够显示教师在特定的背景条件下的行为，诸如教师制定的个人专业成长计划、记录的教学事件、所做的教学反思等，这些资料利于语文教师定期的自我反思和自我评价，也有利于其主动改进。作为实质性的文档，电子档案袋也有利于学校对教师的评价，初任语文教师刚刚走上工作岗位，校方的认可对他们的成长起着重要的激励作用，如何客观准确地评价初任语文教师的成长呢？仅仅通过一两节汇报课、公开课是不全面的，用学生成绩的好坏衡量教师也是有局限的，如果能够结合教师的电子档案袋来对教师进行评判，会使评价更为全面深入。校方、教育主管部门等都可以借助电子档案袋，了解初任教师的成长历程，分析他们存在的不足，更加全面、开放、多层面获取评价信息，为他们的发展提供帮助。电子档案袋还使评价的范围得到了广泛的延伸，如果初任语文教师通过一定的网络形式上传了自己的相关资料，那么任何人都可以在网络虚拟空间里对这些资料进行评论，其中蕴含的一些评价观点也许是他们难以从传统的评价方式中得到的。

3. 初任语文教师电子档案袋的构成

初任语文教师成长的电子档案袋是其成长的详细的电子记录，是教师提供的自己工作历程的载体，也是教师对自身成长的描述，它没有固定的模式，每个教师可以根据自己的特点进行设计，体现自己的风格和个性，当然，从成长的角度说，电子档案袋的内容要素还是有其必须存在的要素的。一份关注个人专业成长的电子档案袋可以从以下几个维度进行制作：

---

① 钟启泉：《基础教育课程改革纲要（试行）解读》，华东师范大学出版社2001年版，第10页。

(1) 个人信息档案

教师的个人信息能展示教师的基本情况，可以描述出教师的工作和学习背景，还可以预测其将来专业成长的态势。它包括教师个人的常规信息和教师的个性信息。其中教师个人的常规信息包括姓名、年龄、毕业时间及所学专业、获得的最高学历学位、教师任职资格证书、专业技术资格级别、教学年限、建档时间、工作简历记录（包括任教学年、学期、任课年级、班级、所任学科）等，教师的个性信息包括个人教育理念和教育格言（可以注明不同的时间段）等。初任语文教师随着在成长过程中认识的不断深化，其信奉的教育理念和教育格言也会有一定程度变化和发展，这其实反映的是教师个体教学哲学的发展和变化。电子档案袋的记录会把这一变化真实地呈现出来。

(2) 教学信息档案

教学是教师的主体工作，教学信息档案能够完整地展示初任教师的教学成长历程。初任语文教师可以把教学信息档案进行细致规划分类，如按照时间和内容两个维度进行划分，把教学信息分为教学前档案、教学过程实施档案和教学后档案，把教学过程中的相关信息进行归类。在教学前档案中收集教学计划专题、教案专题、集体备课专题、教学资料库、教学课件库；在教学过程实施档案中收集教学的影像资料（自己、同事、师傅）、个人汇报课公开课专题、教学新尝试专题、与学生的课堂教学交往专题、典型教学事件专题、听课记录与体会专题；在教学实施后收集教后反思专题等。其中有的内容是每次教学中都应该收集的，也有的是根据具体情况进行选择性收集的。如教案专题和教学资料库在初任教师的教学准备中会比较频繁地增加和更新，而公开课资料不是经常都有的，也许一学期只能收集几节课。初任语文教师按照档案的形式多方位多角度地收集自己的教学资料，从教学实施前中后每一个阶段关注自己的教学，教学信息的汇集既是教学资料的累积过程，也是教学能力的提升过程。

(3) 班级管理档案

班级是学生进行学习活动的基本环境和场所，也是教师工作的基本阵地，管理班级的能力对初任语文教师来说也至关重要。初任语文教师如果承担了班主任工作，就可以建立班级管理的电子档案袋，用来收集班级常规管理专题、班级典型事件管理专题、家长交往专题的相关电子档案。其中班级常规管理专题包括班级管理计划、班规班纪、学生常规管理；班级典型事件管理专题包括班级主题活动、个别学生专题等；家长交往专题收集家长会专题以及与个别家长的交流专题。

（4）个人成长档案

有计划地安排个人的专业学习和思考能够促进初任语文教师的专业成长，在这个专题中可以从规划、实施、总结回望三个维度进行档案的归类整理。按照学期顺序在个人专业成长规划中收集拟参加的进修或培训、拟阅读的相关书目、拟计划的听课或研讨安排等资料；在个人学习实施情况记录中收集所读书目、学习笔记、参加的讲座报告记录及心得、个人思考的随笔或杂记等资料；在定期的个人总结中收集教学工作总结、班主任工作总结、个人成长总结的相关资料。

（5）教学业绩档案

教师的教学业绩一般是从自己和学生两个角度呈现出来的。初任语文教师自己的教学成果档案可以收集获奖证书扫描图片、获奖公开课影像及教案、获奖论文等资料；学生的成果中可以收集学生成绩记录、指导学生获奖情况、有代表性的学生作业汇集等资料。初任语文教师个人的教学成果和所教学生的学习成果的结合能够充分说明教师的教学业绩。

（6）教研情况档案

初任教师在走上工作岗位的时候就应该有一定的教学研究意识，使自己成为一名研究型的教师，这也是时代对教师的新要求。初任语文教师由于刚刚走上工作岗位，往往教研意识不够强，创建这个档案类别，收集参与的或申请的课题及研究活动记录、发表的科研论文、相关证明等，有利于提醒其加强教研意识，主动进行教育科学研究。

（7）教学评价档案

关注评价可以使初任语文教师主动审视自己的专业成长，并在专业成长的过程中不断改进自己专业成长各个方面存在的不足。在教学评价档案中可以收集阶段工作的自我评价、学生评价、同行评价、学校管理者的评价及家长评价，不同评价者的评价视角不同，评价内容各有差异，可以从不同角度提醒初任语文教师对自我进行审视和思考。

4. 初任语文教师电子档案袋的开发程序

初任语文教师要掌握电子档案袋开发的相关程序，把电子档案袋的制作分解成一系列可以操作的具体步骤，了解并掌握每一步的具体方法，在教育教学实践过程中构建并不断丰富和充实自己的电子档案袋。初任语文教师的专业实践的展开过程就是电子档案袋的开发构建过程，对电子档案袋的整理充实的过程也就是初任语文教师在成长中积累和回望，从而促进自身专业成长的过程。

（1）确定电子档案袋制作的主要形式

电子档案袋的制作形式可以是在计算机硬盘或者局域网服务器上用电子文件夹的方式存储的 WORD 文档或其他格式的文件，也可以是在互联网环境下利用网站提供的空间传输的资料，还可以是利用专门的电子档案袋系统传输存储的资料。初任语文教师应该结合实际情况确定其成长电子档案袋制作的具体形式。一般说来，除非初任语文教师的任职学校已经开发使用了专门的电子档案袋系统，否则凭教师个人，是不可能开发或者购买这种专门的电子档案袋系统的。相比之下，前两种制作形式就更利于操作了。初任语文教师可以以计算机硬盘上的电子文件夹为成长档案袋的主要形式依托，承载自己成长档案袋的所有内容，使之成为自身成长的资料包和助推器，然后有选择地选取其中一些内容利用网络空间的形式如 QQ 空间、个人博客、网站主题帖等方式展示出来，通过网络平台进行交流和沟通，获取更为广泛的评价和帮助。当然，在确定电子档案袋的制作形式的时候，就应该思考其展示形式，并根据展示形式来确定相关档案的存储方式。

（2）构建电子档案袋的主要内容模块

电子档案袋的模块对档案袋的开发过程起着一定的引导作用，电子档案袋在模块设置上的不同会影响电子档案袋的具体构建。美国课程评价专家安·艾德斯布鲁克和皮·帕玛里·豪柯将档案袋分为过程型档案袋、作品型档案袋和展示型档案袋。[①] 初任语文教师电子档案袋主要侧重于过程型档案袋，因此，其模块设置也应该涉及其成长过程中的各个

---

① 谢安邦、李晓：《电子档案袋在教师评价中的应用》，《全球教育展望》2005 年第 11 期。

环节。模块的设计增强了电子档案袋的归类功能和管理功能，各个内容模块以一个个电子文件夹的形式构成袋子，各个袋子构成一个有内在结构的电子档案库。初任语文教师可以在计算机硬盘上创建一个总的文件夹，为之命名，如"我的成长足迹""我成长，我关注"等，命名能够显现初任语文教师对自己成长的思考，然后在总文件夹内创设子文件夹，进行大的维度划分，如个人信息和成长规划、在教学中成长、和班级一起成长、在科研中成长等，教师还可以根据自己的风格对文件夹进行个性化的命名，彰显语文学科的文学性和教师的教育性相结合的特色，然后在每一个子文件夹下增设更为具体的文件袋，把相关的资料分门别类的存放起来，并在成长过程中随时丰富它。

初任语文教师确定了一种归档形式之后，其中的栏目格式是相对固定的，而具体的内容和数据却是动态的，它随着教师的成长不断地生成，全方位地展示初任语文教师成长的各个方面，而抽取其中的一部分也可以形成一份专题性档案。如，初任语文教师可随时记录自己的教学反思，一学期末便可以形成一份完整的反思集锦。此外，随着初任教师的成长历程的跟进，电子档案袋的类别也会有一定的增设，如初任语文教师在任职初期，也许没有担任班主任工作，任职一段时间以后，如果学校给教师安排了班主任工作，那么，电子档案袋中就应该增设相应的内容。

（3）收集各内容模块中的具体作品

电子档案袋各内容模块的确立相当于为初任语文教师成长的电子档案袋的建立搭起了骨骼结构，具体作品的收集就是其中的血肉，显现着初任语文教师成长的足迹。它不是材料的堆砌，初任语文教师必须思考收集资料的目的及意义。电子档案袋中的作品有的可以直接归入档案，有的则需要初任语文教师的审视和判断。如教师的个人成长信息和成长规划中，常规信息是无须筛选的，而个性信息则需要教师思考。随着初任语文教师在教学实践中的不断成长，其个体教学哲学处于建构和调试状态，需要初任语文教师定期或不定期地进行自我教育理念的梳理，并把它整理归纳后放入档案袋中。这个过程恰恰就能够反映出初任语文教师教育理念的成长变化过程。

（4）选择各内容模块的呈现方式

为了更好地展示所收集的具体作品，初任语文教师在存储资料的时候就应该思考将来成长资料的呈现方式。教师可以为电子档案袋建立一个呈现的序列，或者采用一种超链接的方式来组织整理构架，使之呈现时可以一目了然，然后对相关作品的呈现方式进行思考选择。如个人常规信息的呈现方式可以是表格形式，个人教学格言则可以采用 WORD 或者 PPT 格式，教学设计则可以采用 WORD 为教案的主板，用 PPT 做教学的多媒体设计，还可以采用影像的方式对自己的教学实践进行定期的收集，以供课后进行回望反思。

电子档案袋提供了一种技术，这仅仅是一种潜力，需要靠具体实施去激活它。初任语文教师应该在电子档案袋的结构初步确定之后，就先运用起来，在创建的过程中不断丰富、完善内容，争取能够多角度、多层次地反映自己鲜活的发展情态。校方或教育管理部门也可以在初任语文教师岗前培训中进行一定的指导和培训，引导他们学会创建电子档案袋，学习如何对电子档案袋进行分类、选材、归档，使电子档案袋真正为初任语文教师的专业成长提供有效的帮助。电子档案袋呈现的是一个历时性的、不断展开的故事，它真实地呈现了初任语文教师成长过程中的疑惑与追问，思考与探询，初任语文教师主动建构电子档案袋的过程就是积累经验的过程，这使他们更为清晰的感知自我的成长，逐渐学会规划职业生涯，从被动适应转为主动成长，从而把专业成长引向一条有目的、有系统的、持续的良性发展之路。

（二）思考二：结合语文特点——学做教育叙事研究

初中初任语文教师是在日常的教育生活不断成长的，他们每天面对的是有着无限发展可能的，富有感情和思想的学生，其教学过程就是和学生对话交流的过程，"课堂就是讲述故事的地方，教师每天都在向他的学生讲述教科书中前人留下来的故事，讲述自己的人生故事，倾听每个学生独特而丰富的故事"。[①] 对于语文教师来说，具备较强的语言表达能力是其学科专业的要求。研究发现，有的初中初任语文教师对自己入职后的一些难忘的经历有一些零散的记录，而在和他们的交流中，他们所经历的那些教育教学故事在他们的述说中真实而鲜活。那么，结合

---

① 杨小微：《教育研究的原理与方法》，华东师范大学出版社 2010 年版，第 275 页。

语文教师的学科特点，如果在入职初期就学会教育叙事研究的方法，有意识地用教育叙事研究的方法来叙述、思考自己经历的教育教学事件，一定会有益于其专业成长的。

1. 教育叙事研究是适合初任语文教师专业成长的一种可能的选择

（1）教育叙事研究是教师专业成长的途径之一

教师的专业成长是一个长期的、复杂的、动态的发展过程。在 20 世纪中期，教师的专业成长问题已经引起了国内外研究者的普遍关注。进入 20 世纪 90 年代以来，教师的专业成长逐渐被提升为教育教学改革的核心要素，成为教育可持续发展的关键，甚至被认为是"学校与教学革新的心脏，它能最大程度重建和振兴一个国家的教育希望"。[①] 许多教师在其教育教学实践中不断实践着、探索着，也有不少研究者通过调查、分析，提出了教师专业成长的途径，诸如教师的教学反思、读书学习、校本研究、行动研究等，为教师的专业成长出谋划策。目前对教师专业成长的探索已经从外显的行为标准探究转向对内在的专业自主成长探究，在真实的教育现场寻找教师专业成长的有效路径已经成为一种趋势，学做教育叙事研究恰好符合教师专业成长的内在要求。

教育叙事研究是研究者通过描述个体教育生活，收集和讲述个体教育故事，在解构和重构教育叙事材料过程中对个体行为和经验建构获得解释性理解的一种活动。[②] 教育叙事研究的主体既可以是独立于叙事情境之外的研究者，也可以是教师本人。前者通过走进教师，倾听教师的声音，叙述教师的故事来进行研究，探寻教师成长故事中的教育意义。后者是指教师在个体成长历程中，收集和讲述、记述自己在教育教学生活中的有意义的故事，并对这些故事进行分析、反思，挖掘和阐释故事背后蕴含的教育意义。初任语文教师在专业成长中所采用的是后一种叙事研究。初任语文教师的专业成长融注于日常教育实践中那些看似简单、平凡又富含意义的教育活动之中，他们在教育叙事研究中讲述自己经历的教育故事，并在此基础上进行研究，有利于使初任语文教师的专业成长从感性走向理性，从被动走向主动，符合初任教师专业成长的实

---

① 姜勇：《论教师专业发展的后现代转向》，《比较教育研究》2005 年第 5 期。
② 傅敏、田慧生：《教育叙事研究：本质、特征与方法》，《教育研究》2008 年第 5 期。

际。有研究指出,"教师专业发展的动力来源主要有三个方面:一是教师在日常专业生活中所遇到的必须解决的问题或者说关键情境;二是在自我专业发展意识引导下教师自身对专业发展的主观追求;三是外界的各种教师教育的支持"。① 在这三者之中,教师的自我专业发展意识至关重要,它是教师专业成长的根本,是将外在动力转化为内在动力的关键所在。教育叙事研究要求教师对自己的成长过程进行及时的记述,回顾、反思,这一过程有助于唤醒教师对个体专业发展的内在注意。初任语文教师在记述其成长经历的过程中要对已经发生的教育教学故事进行梳理,就需要关注故事的细节,关注自己在故事中的主观感受,并对当时所做的判断和处理进行思考和审视,在这个过程中,初任语文教师会逐渐形成敏锐观察和随时记录的习惯,而这种习惯会使他们既能投入教育生活之中去参与,又能抽身教育生活之外来审视,让作为实践主体的自己和作为理性主体的自己进行不断的专业对话,这种自我有意识的专业对话恰好能够促进初任语文教师的专业成长。

(2) 初任语文教师有从事教育叙事研究的独有条件

初任语文教师具备从事教育叙事研究的客观条件。教育叙事研究中的叙事不仅仅是一种言说方式,更是一种生存方式。每个教师都拥有关于自己生活的各种叙事,在教师的身边每天都在发生着各种各样的故事,这些故事能够说明教师正在以一种什么样的方式成长着。故事不是教师成长的背景,教师就在故事之中,按照故事所呈现的方式生活着。叙事研究认为,人类的经验基本上是故事经验,指出"研究人的最佳方式是抓住人类经验的故事性特征,在记录有关教育经验故事的同时,撰写有关教育经验的其他阐释性故事"。② 初任语文教师是在日常的教育教学生活之中不断成长起来的,而初任语文教师每天的日常生活都是与叙事交织在一起的,其个人经验和经历都是由一个个的故事构成的,每个教师都不缺乏故事。初任语文教师在日常生活、课堂教学实践、课外师生活动中曾经经历过的或者正在发生着的事件,都是可以进行叙说的故事的来源。更重要的是,叙事研究所关注的不仅仅是重大的典型的事

---

① 叶澜等:《教师角色与教师发展新探》,教育科学出版社 2001 年版,第 313 页。
② 杨小微:《教育研究的原理与方法》,华东师范大学出版社 2010 年版,第 268 页。

件,那些微观层面的细小事件背后,也存在着研究的价值,也是值得思考和挖掘的。故事是教师的生存方式和成长方式,这些大量的丰富鲜活的教育生活故事,恰好为初任语文教师提供了深入研究的第一手材料,使其在客观上具备了开展教育叙事研究的可能。

初任语文教师具备从事教育叙事研究的主观条件。教育叙事研究打破了原有的理论探讨的格局,关注教师的生活世界,注重教师的内心体验,关注课堂细节和学生的实际需要。"教育变革的真正'秘密'也许正隐藏在日常教育实践之中,并且教师们的日常教学实践也在不断地赋予教育变革以真实的意义"。[①] 教师是教育故事的经历者和体验者,他们有属于自己的最为真切的对故事理解和判断,把这些思考和判断叙说出来,进行交流,是教师专业成长的一种主观诉求。此外,教育叙事研究呈现故事是为了重现教育生活,故事的呈现方式可以是多种多样的,初任教师不需要拘泥于一种固定的形式,日记、自传、教学日志、博客、个人空间等方式都可以展示叙事内容。教师在教育叙事中整理自己经历的教育故事,就是对自己成长轨迹的一次回眸,这个过程使初任教师从经历故事走向研究故事,能促使初任教师从经历者成长为研究者。语文教师本身就是从事与语言文学相关的教学工作的,用语言和文字进行表达也应该是语文教师必须具备的一种能力,因此语文教师有可能也有能力使教育叙事研究成为自己的一种专业生活方式,使它提升教师的专业生活质量,成为"教师在专业工作中自主性和自主能力的最高表现形式"。[②]

2. 教育叙事研究是一条适合初任语文教师成长的路径

(1) 走进叙事,让叙事伴随成长

走进教育叙事研究,初任语文教师应该具有叙说意识,养成撰写故事的习惯。人类生活在故事之中,叙事是便于交流的一种形式,甚至被认为是一种"元代码"(meta-code)。[③] 讲述者通过讲故事回望过去,理清思路,倾听者在聆听中获取故事的启示意义。当然,除了面对面的讲

[①] 丁钢:《声音与经验:教育叙事探究》,教育科学出版社2008年版,第48页。
[②] 叶澜:《新世纪教师专业素养初探》,《教育研究与实验》1998年第1期。
[③] [美]海登·怀特:《形式的内容:叙事话语与历史再现》,董立河译,北京出版社、文津出版社2005年版,第1—2页。

故事交流，撰写故事和阅读故事也能达到这样的效果。初任语文教师每天经历的看似简单、普通的生活就是由许许多多的故事构成的，他们就在这些故事的累积中不断地前进着、成长着。故事中有不少值得品味的教育经验，对经验的琢磨可以加快教师的专业成长。初任语文教师要想使这些故事在其专业成长中发挥作用，就应该有叙说故事的意识。因为初任语文教师是经历教育故事的主体，只有他们意识到这些故事是值得叙说的，故事才会被呈现出来，才能够成为研究的资料。而且初任语文教师在叙说的时候，常常会寻找可以产生共鸣的倾听者，倾听者可能是朋友、同行、专家等，在诉说和倾听的交流场中，能够深化诉说者对故事的认识。此外，不少经历过的事情会随着时间的流逝被经历者遗忘，用话语进行叙说能使故事呈现出来，但不能使之有效保存，如果把它撰写出来，就能使所经历的故事通过书面的形式留存下来，可以供以后需要的时候随时提取，进行研究。不同的初任语文教师处于教师生涯的同一个时期，他们经历的教育故事有其相似之处，初任语文教师也可以把撰写的同类的教育故事放在一起进行比较研究，从而加强自省意识，提高反思能力。

走进教育叙事研究，初任语文教师应该善于捕捉故事，锻炼描述故事的能力。初任语文教师所经历的教育故事中存在着有代表性的典型事件，但更多的可能是司空见惯的普通小事。初任语文教师在进行叙说或撰写的时候如果只是希望呈现那些"动人心弦""惊心动魄"的典型事件，就会觉得比较失望。因为教育生活也是日常生活的一部分，不可能天天都在"惊天动地"，大多数教师的教育生活都是波澜不惊的。可正是一件件不起眼的小事，构成了教师生活的主要部分，教师就是在常见的教育生活的小事中不断成长着。因此，要走进教育叙事，教师就要练就一双慧眼，能够发现平凡琐事之中蕴含的意义，善于捕捉教育生活中的小事，并能够把故事生动准确地描写出来。如在课堂教学中的新尝试、和学生的一次交流，和家长的一次谈话，外出的一次听课，甚至对教育教学的情绪上的小变化等。教育生活是由教育的日常琐事构成的，如何处理、如何应对、如何总结都包含着教师对教育教学的理解，显现着教师的默会知识。初任语文教师在具体真实的、情境性的经验世界中发现故事，深描故事，就会使叙事研究成为可能。

（2）深入研究，让研究促进成长

教育叙事研究是以教育叙事为依托的，但叙事并不是教育叙事研究的全部，而是研究的载体，最重要的是教师要进行研究，开展研究活动。叙事是为了"叙事地理解这个世界"，"叙事地研究这个世界"，[①]"叙事不仅仅是记录和叙述故事，更在于一种不断反思自身教育生活与实践的专业精神，以及对教师和学生在日常教学情境中教与学的交往、追问的过程"，[②] 因此，在叙事中思考故事，追问故事，探究故事背后蕴含的意义，提供意义诠释的过程，才是叙事研究的主旨所在。

走进教育叙事研究，初任语文教师要在故事背后停留思考。教育叙事研究中的所叙之事是在故事发生之后进行的叙说或者撰写，初任语文教师对其经历故事的记录文本不应该是事无巨细的，而应该是有所选择的，对所选择的内容在记录中则需要有丰富的细节。初任语文教师选择哪些事件进行叙说撰写，如何在自己经历的各种事件中进行筛选，这种筛选就隐含着一种思考："我为什么要记录这个故事，这个故事在哪一方面影响了我，我想表达什么，我应该选择什么样的方式进行叙说，说给谁听？"……在教师亲历故事之后，进行教育叙事研究就要求初任语文教师从故事中后退，审视自己所叙述的故事，从完全投入转向保持距离，在两者的张力之中冷静观察思考。这种思考培养了初任语文教师对其经历的教育实践的敏感意识，提升了他们的自我意识和反省能力，使他们在故事表达的过程中获得教育的体验，主动关注个体成长的各个方面。思考也使深入描述成为可能，初任语文教师在思考其教育行动时，就会更加注重故事的来龙去脉，注重对故事发生的背景和心理因素的分析，使教育故事不仅仅成为一种经历，而且成为一种探究的资源。

走进教育叙事研究，初任语文教师要在叙事之中追问探寻。教育叙事研究的主旨不是简单地分析教师所描述的教育故事，而是要探究故事背后所体现的教师的教育教学思想，以及教师经历的教育教学活动所具有的价值和意义。只有教师对故事进行追问和探寻，并且把它诠释出来，其内在的意义才会被领会和把握。事实上，初任语文教师在描述教

[①] ［加］克兰迪宁、康纳利：《叙事探究——质的研究中的经验和故事》，张园译，北京大学出版社 2008 年版，第 19 页。

[②] 丁钢：《声音与经验：教育叙事探究》，教育科学出版社 2008 年版，第 80 页。

育故事的过程之中总会包含着一定的诠释，表达自己对教育活动的理解。而叙事教育研究要求教师在现场文本的叙述之后形成研究文本，这就需要初任语文教师进行深度诠释。在追问探寻中，初任语文教师要把故事按照一定的关联性来分组，使相关的故事组成一定的意义单元，再对它们进行提炼诠释，寻找研究的主线。在这样的探索过程中，初任语文教师对自己专业成长的因素分析就会有指向性，意义探寻也就更有价值。因此，教育叙事研究就"不仅是一种研究方法和经验意义的表达方式，更是一种思维方式"，①而且是一种适合教师自身专业成长的思维方式，在叙事探究中，初任语文教师会使自己不断地走向一名"研究者"，不断明确自己的专业成长方向。

3. 教育叙事研究是初任语文教师专业成长中的冷静思考

人的成长是在时间的延续中随着主体经历有意义的事件而走向成熟和完善的历程，教师的专业成长也不例外。教育叙事研究能够展现教师专业成长历程所具有的丰富性与原生性，把"教育问题的学术研究回归到鲜活的现实中，使理论研究回归思想的故里，使教育研究融入实践的滋养"，②用叙事的话语方式和思维方式搭建了理论和实践沟通的桥梁，它取材便利，能够得到教师的认同，是教师专业成长的一条可行之路。初任语文教师要做出高质量的叙事研究，真正用教育叙事研究来促进自身的专业成长，仅仅有热情是不够的，如何把握这一方法，让它成为自己专业发展的一条可行之路，需要冷静思考，深入认识。

初任语文教师在进行教育叙事研究过程中，既是故事的经历者，又是故事的研究者，要使叙事研究真正促进教师专业成长，教师可以借鉴马林诺夫斯基所倡导的三阶段研究方法，即采用"在这里""到过那里""回到家里"的研究路线。在进行叙事研究之前，教师"在这里"，这是进行研究的准备阶段，初任语文教师应该有意识地进行一定的经验叙事研究的理论的学习和研究方法的训练；进入叙事研究的时候，教师"去那里"，在真实的教育场境中获取鲜活的第一手研究资料；"回到家里"的教师，要在梳理审视、分析思考中赋予故事教育意义，并且用一

---

① 丁钢：《教育叙事的理论探究》，《高等教育研究》2008年第1期。
② 程方生：《质的研究方法与教师的叙事研究》，《江西教育科研》2003年第8期。

定的研究文本的形式把它呈现出来。马林诺夫斯基的研究方法是指向研究者和经历者不是同一主体的情况而言的,作为既是研究者又是经历者的初任语文教师,从走向工作岗位开始,在形式上就一直处于这三个阶段中的"去那里"的阶段,他们被鲜活却又看似重复的教育生活包围着,并不存在形式分明的三个阶段。但要真正让教育叙事研究促进初任语文教师的专业成长,教师本人就应该有意识地进行相关的理论学习和研究方法的训练,以提升研究意识,增强研究能力。这种学习和训练既可以在进行研究之前,也可以贯穿于研究之中。初任语文教师在投入教育生活的同时,要养成敏锐的洞察力,学会捕捉教育生活中的故事,养成记录现场文本的习惯,同时,要学会思考和追问其中蕴含的教育意义。虽然初任语文教师生活在教育场景之中,教育教学生活就是教师生命的主要状态,但是从专业发展的角度看,初任语文教师还要学会用审视的眼光观察,用思辨的精神探究。所以在研究的过程中,初任语文教师还是在经历这样三个阶段,虽然在形式上是隐性的,但实际上却是必需的。只有这样,叙事研究才能冲破故事描绘这一层面,走向对故事的意义建构和解释性理解,也只有这样,叙事才有借鉴意义,才有研究价值,才能提升初任语文教师的专业素养,成为其专业成长的有效路径之一。

(三) 思考三：聚焦语文课堂——提高教学生成能力

初任语文教师专业成长的显性表现是其驾驭语文课堂能力的提高。在研究中许多初中初任语文教师都谈到自己在实际的语文课堂中出现的一些教学状况,如教案和教学实际的区别,教学时间的把握,师生交往的安排等。如何站稳讲台,胜任语文课堂教学,是初任语文教师极为关注的问题之一。因此重视课堂的生成性,提高初任语文教师的语文教学生成能力至关重要。

"生成性"是课程改革所倡导的新理念之一,在教学研究中,"生成性思维"成为"当代教学论研究的思维走向","生成性""生成性教学"等相关的理论研究和实践探索也在不断地深入。[①] 在教学实践中,

---

① 辛继湘:《生成性思维:当代教学论研究的思维走向》,《教育评论》2003年第5期。

"生成"成了人们耳熟能详的词语。钟启泉先生曾指出，"课堂教学应该关注在生长、成长中的人的整个生命。对智慧没有挑战性的课堂教学是不具有生成性的；没有生命气息的课堂也不具有生成性。从生命的高度来看，每一节课都是不可重复的激情与智慧的综合生成过程"，[①] 把生成性提升到课堂的生命所在的高度。生成性教学强调学习的自主建构，强调教学的动态生成，要真正使课堂具有有效的生成性，需要教师具备一定的教学生成能力，对于初任语文教师来说，在教学实践中锻炼和提高其教学生成能力不仅是生成性教学的要求，也是其专业成长的必然诉求。

1. 生成性教学与教师的教学生成能力

（1）生成性教学

"生成"表示某种事物或现象发生、发展的动态过程，用来解释事物的演化过程和发展机制。它可以指事物或现象从无到有突现的过程，也可以指事物或现象从弱到强生长的过程，还可以指事物或现象从一种状态到另一种状态转换的过程。从哲学意义上看，生成是一种思维方式，是对"本质先定、一切既成"思维逻辑的否定。从教育意义上看，生成以遗传和潜能为基础，与发展和成长相呼应；从心理学意义上看，生成与接受相对；从教学意义上说，生成与预成相对。生成注重用运动变化的眼光来看待事物，强调世界从本质上讲是过程性的。

1970年，美国太平洋橡树学院的贝蒂·琼斯（Betty Jones）在《课程就是发生的事》（*Curriculum is What Happens*）一书中提出了"生成课程"（emergent curriculum）一词，阐明了生成课程应该是以真正的对话情境为依托，在教师、学生、教材、环境等多种因素的持续相互作用过程中动态生长的建构性课程。1974年，美国心理学家维特罗克在《作为生成过程的学习》一文中提出"生成学习"的概念，指出"人的大脑不是简单的消费器，被动地学习和记录信息的工具，而是主动地建构知识的意义、生成自己的经验的加工厂"，[②] 强调了学习是学习者主动构建知识的意义，并进行加工和理解的过程。这些都是生成性教学的重

---

① 董绍才、宋玲：《生产性课堂教学实施策略》，《当代教育科学》2006年第18期。
② 马兰、项海刚：《生成学习方式及其在小学教学中的探索》，《全球教育展望》2004年第5期。

要理论基础。此后,英国课程专家斯滕豪斯的"过程开发模式"、意大利幼儿教育家瑞吉欧·艾米利亚(Reggio Emilia)的"项目活动"课程、澳大利亚学者布莫(Boomer)等提出的"协商课程"(Negotiation curriculum)以及后现代教育理论都蕴含着生成教学、生成课程的思想。多尔把后现代课程描述为:"它是生成的,而非预先界定的"。① 并坦言:"今日主导教育领域的线性的、序列性的、易于量化的秩序系统——侧重于清晰的起点和明确的终点——将让位于更加复杂的、不可预测的系统或网络。这一复杂的网络,像生活本身一样,永远处在转化与过程之中"。② 我国早期的课堂教学实践中包含着一些生成性教学的思想,如"不愤不启,不悱不发"的启发式教学,陶行知所倡导并践行的生活教育理论等。1997 年,叶澜在《让课堂焕发出生命活力》一文中指出要"从生命的高度用动态生成的观点看课堂教学",③ 1999 年她倡导成立了上海新基础教育研究所与新基础教育实验学校,并领衔在闵行区 27 所中小学先后展开了"新基础教育"推广性、拓展性研究与实践,此后,生成教学的理论逐渐被大家认可和接受。2005 年郑金洲主编的《生成教学》,对生成教学的理论和实践进行了一定的探索和研究,余文森对"教学中的预设与生成"做了深刻的系统研究,2007 年刘济远所倡导创建的本色课堂实质上体现了课堂生成性理论。由此,生成性教学成为理论研究者和广大教师普遍接受的一种教学理念。生成性教学引起了普遍关注,不少专家学者对生成性教学作了阐释,有的认为它是生成性思维视角下的一种教学形态,④ 有的认为它包含教学的动态生成和学习的自主建构两个方面。⑤ 这些界定并不完全相同,切入点也有所区别,但是都注重教师在课堂教学中,要根据教学环境的复杂性和学生活动的多样性来展开教学活动,在师生互动中根据教学的实际情况对教学行为做出相应地调整,使课堂教学成为一个动态的不断生成的过程。

---

① 张华、石伟平、马庆发:《课程流派研究》,山东教育出版社 2001 年版,第 373 页。
② [美]小威廉姆·E. 多尔:《后现代课程观》,王红宇译,教育科学出版社 2000 年版,第 4 页。
③ 叶澜:《让课堂焕发出生命活力》,《教育研究》1997 年第 9 期。
④ 罗祖兵:《生成性教学及其基本理念》,《课程教材教法》2006 年第 10 期。
⑤ 李祎、涂荣豹:《生成性教学的基本特征与设计》,《教育研究》2007 年第 1 期。

(2) 教师的教学生成能力

能力是主体能够胜任某项任务所必需的主观条件。它与人的知识经验、个性特征等共同构成人的素质。教师需要具备的能力既包括完成一般性活动所需要的基本能力，如观察能力、思考能力等；还包括解决教育教学领域中的问题所需要的特殊能力，即教师的专业能力。一般能力是教师从事教育教学活动的基础，而专业能力则是教师能力的关键。教师的专业能力是一个复杂的动态的结构体系，不同的研究者对教师的专业能力内在结构的建构和分析也有所不同，但教师的教学能力在教师专业能力结构中的重要地位却是得到研究者的普遍认同的。

教学能力是教师具体实施教学活动的能力的总和，它直接关系到教师教学的有效性。教师要在教学实施前分析教材，了解学生的认知水平，思考所要采用的教学策略，进行课前的教学设计；在教学实施中要根据实际情况进行教学操作，对教学进行监控和适度调整，这些都是作为教师应该具备的教学能力。日本学者把教师的"教学能力"界定为：教学能力＝教材把握力×儿童把握力×指导技术力×精神能量。指出其中各个要素是相辅相成的，彼此是互补的关系，并强调连接公式之中四个要素的关键是教师的 CR 能力，即 Catch & Response 能力，即教师准确的捕捉和应对学生的反应的能力。[①] 教师的教学能力的核心在于教师课堂教学过程中实施教学的实际能力，无论是操作能力还是 CR 能力，都不是在课前可以完全设定的，而是要根据课堂教学的实际情况在预先设计的基础上灵活生成的。在生成性教学实践中，教师的教学设计能力、教学生成能力、教学监控能力、教学评价能力共同构成了教学能力的核心要素。其中，教学生成能力是指教师在课堂教学中与学生平等对话，并根据学生的感受、兴趣、行为表现等对教学行为进行相应的调整，使师生的教学交往深入下去的能力，这是实现生成性教学的核心要素，也是教师教学能力中最具灵动性的要素。生成性教学既遵循规则又重视创新，既重视教师的教也重视学生的学，注重教师在课堂教学中能动性的发挥，注重学生能够获得生动活泼的个性发展，要想真正实现教

---

① 钟启泉：《对话教育 国际视野与本土行动》，华东师范大学出版社 2006 年版，第 201 页。

学的有效生成，就需要教师具备一定的教学生成能力。

2. 初任语文教师的教学生成能力的养成

教学生成能力的养成是教师职业生涯的每个阶段都应该重视的，语文教学过程实际上就是语文教学内容的生成并完成的过程。① 而教师的初任阶段是教学生成能力养成的关键期，初任语文教师既具有初任教师的共性特点，也具有作为语文教师的学科个性特点，如何把职业生涯初期的阶段要求和语文学科特点对教师的要求结合起来，培养并不断形成其教学生成能力，是一个值得关注的重要问题。

（1）初任语文教师养成教学生成能力的重要性

初任语文教师走上工作岗位，面临着一个全新的职业生涯阶段，他们首先把关注点集中于职业生存上，对自我的教学能力持怀疑态度，具有强烈的忧患意识。如果初任语文教师职前教育是在师范院校完成的，那么就相应地接受过作为语文教师的条件性知识的学习，并且经历过教学试讲、教育见习、教育实习等相关的语文教育教学实践培养环节。如果初任语文教师并不是毕业于师范类学校，那么，他们接受的则主要是学科类专业知识的学习和通识性知识的学习，对做语文教师的条件性知识的学习以及语文教学的实践经验就更缺乏了。无论哪种情况，初任语文教师在职前教育中的教学能力的锻炼都是比较有限的，大都是在虚拟环境中的教学演练，教育实习时期师范生走进了学校，走上了讲台，在一定时间内尝试了语文教学实践，但教育实习时的师范生还处于职业生涯的虚拟关注时期，处于"学生"和"实习教师"的双重身份之中，主要是把教育教学实习作为"学习"来完成的。其语文教学设计要经过指导老师的具体指导，语文教学实践的时间也是有限的，所以得到的语文教学能力的锻炼也是有限的，对教学生成的关注则更少了。

处于生存关注时期的初任语文教师，面临的最大的挑战就是能否胜任工作，胜任教学工作是其中的重中之重。而教学生成能力的提高则是初任教师教学能力增长的显著标志，也反映着语文教师在初任阶段专业成长的程度。初任语文教师在教学中大都首先关注自己教学任务是否完成，看自己能否在课堂教学限定的时间内完成教学任务，而这一教学任

---

① 王荣生：《语文教学内容重构》，上海教育出版社 2007 年版，第 19 页。

务的显性表现则是教师课前的教学设计方案，即设置好的教案。初任语文教师往往会非常在意自己在课堂教学中是否把课前准备好的教学内容讲授给学生。"关注"框架研究的代表弗勒借助"教师关注问卷"进行了大量的调查与分析后指出，初任教师更多的是关注教学情境，即关注在当前的教学情境下，如何正常的完成教学任务，如何掌握相应的教学技能。而教师专业水平层次的提高是把学生作为关注的核心。[①] 教学的实际过程是一个动态的生成过程，学生不是被动的接受者，他们有着自己的性格爱好和特点，有一定的认知能力，教师不能够满足于按部就班地完成教学前准备的内容，做一个知识的灌输者。初任语文教师具备一定的教学生成能力，就会在教学过程中结合教学目标、教学内容和学生实际情况以及教学的具体进程来及时调整教学的方式方法，使课前准备和课中实施有机结合起来，真正调动学生的积极性和能动性，增强课堂教学的有效性，同时也能够促进初任语文教师自身的专业发展。

（2）初任语文教师养成教学生成能力的可能性

语文学科本身的性质为初任语文教师养成教学生成能力提供了内在可能性。从语文学科设科以来，众多的研究者对语文学科的性质做了多种阐释，如工具性、人文性、基础性、文学性、综合性、实践性等，《语文课程标准》明确规定语文课程的性质为"语文是最重要的交际工具，是人类文化的重要组成部分。工具性与人文性的统一，是语文课程的基本特点"。[②] 虽然目前对语文学科性质的争论仍在继续，但不可否认，工具性和人文性属于语文学科的主要性质。通过语文教学，一方面要培养学生的语言文字能力，提高他们的听说读写水平，发展其智力水平，另一方面还要注重对学生的人格、个性、精神世界的关怀，注重培养学生积极健康的情感、正确的价值观、高尚的审美情趣。正因为这样，语文学科呈现出于其他学科迥异的鲜明特点。语文学科教学内容的呈现方式一般是以单元为单位，每一单元按照一定的主题选择相应的文章。在教学中，语文教师带领学生解读、领会文章，从字词句段到篇章

---

① Fuller, F. & Brown, O., *Becoming a Teacher*, In K. Ryan (Ed.), Teacher Education (The 74th Yearbook of the Study of Education), Chicago, IL: University of Chicago Press, 1975.

② 教育部：《义务教育语文课程标准》（2011 年版），北京师范大学出版社 2012 年版，第 2 页。

结构到思想内涵到情感韵味，都是语文教学应该涉及的。对于语文识记方面的教学是语文教学的基础，对文章的领会理解赏析则是语文教学的重点，而文章，尤其是文学类作品本身的解读就有多元性，不同的读者有不同的理解，因此，对于同一篇文章，学生的理解可能是不同的，学生从中得到的收获也会相异。所以在语文教学中，语文教师具备一定的教学生成能力，能够根据教学目标，结合学生的理解和课文的内涵特点教学，注重教学的生成，尊重学生在学习中的独特体验，是符合语文学科本身的要求的。

语文课程改革的要求为初任语文教师养成教学生成能力提供了外在必然性。2001年，我国颁布《国家基础教育课程改革纲要（试行）》，并于同年9月开始实施各学科《全日制义务教育课程标准》（实验稿）；2003年颁布各学科《普通高中课程标准（实验）》，并于2004年秋季在山东、广东、海南、宁夏四个省首批开始实验，于2007年在全国范围内展开。2011年，结合前期的课程改革情况对课程标准进行了修订，而今我国的基础教育课程改革从全面展开走向不断深入。本次课程改革对语文课程的目标、理念、设计思路都提出了新的要求，这些要求需要语文教师具备一定的教学生成能力。如在《义务教育语文课程标准》中要求注重学生对语文材料的多元反应，注重学生的个性体验，关注学生的个体差异和不同的学习需求，爱护学生的好奇心、求知欲，充分激发学生的主动意识和进取精神，创建开放而有活力的语文课程，并在教学建议中提出教师要"认真钻研教材，正确理解、把握教材内容，创造性地使用教材；积极开发、合理使用课程资源，灵活运用多种教学策略和现代教育技术"。[①] 这些要求需要语文教师能够灵活地进行课堂教学，注重学生语文学习的动态生成性，没有一定的教学生成能力是无法胜任的。而高中语文课程标准首先是把整个高中语文课程分解为必修和选修两大部分，每部分的内容按照模块组织教学。这一改变既面向全体学生的基本语文学习要求，又增强了语文课程的多样选择性，利于学生的个性化发展和差异性发展的要求，包含了对学生语文学习兴趣和爱好的尊

---

① 教育部：《义务教育语文课程标准》（2011年版），北京师范大学出版社2012年版，第19页。

重。在学生具有一定的阅读兴趣和爱好的选修课程中，学生带着自己的解读来学习文本。无论是必修课还是选修课的学习，语文教师的教学生成能力都是引导学生的语文学习走向深入的重要能力之一。

（3）初任语文教师养成教学生成能力的具体方法

教学生成能力的获得不是一蹴而就的，初任语文教师可以通过关注教学预设，注重教学实施和课后反思等环节来不断地积累和锻炼，逐渐养成其教学生成能力。

第一，教学预设要有理念，为生成留白。

教学预设要有生成意识，在预设时保证生成的张力。教师在进行课堂教学之前需要进行教学预设，在研读教材、分析学情的基础上，制定教学目标和教学重点难点，对即将实施的课堂教学进行系统化的设计，做出规划和设想。初任教师处于职业生涯的初期，为了能更好地实施课堂教学，在教学过程中关注学生，就要做到课前对教学内容了然于心。因而他们往往会在教学预设上多下功夫，并把它以详细教案的形式呈现出来，作为教学实施的主要依据，甚至在课前进行教学的演练。因此初任语文教师教学预设的观点态度和具体方式在很大程度上决定着其生成性教学能力的养成。初任语文教师要有生成性教学预设的理念，要认识到课前预设不是设定一个刚性的、丝丝入扣的教学流程，而是要注重预设的灵活性，教学思路要灵活，要设计具有弹性的教学流程，只有这样才有可能做好生成性教学的课前预设。对于语文的文本来说，解读的角度和思路可以是多样的，同样是《再别康桥》，可以预设为通过徐志摩诗歌的"三美"来解析，带领学生体会其音乐美、绘画美、建筑美；也可以预设为以诵读来贯穿，通过反复吟诵引导学生体会诗中的韵味；还可以预设为以体味"徐志摩的康桥情结"作为主旨，通过徐志摩的《康桥，再会罢》《我所知道的康桥》《再别康桥》这三篇三别康桥的诗文为阅读内容，通过比较阅读的方法来学习，而这三种预设都可以完成单元目标中所要求的"分析意象、品味语言、发挥想象、感受真情"的教学目的，如何取舍就要结合教学实际和学生情况定夺，当然，具体的教学方案也要用生成的理念来关照，对课堂教学中可能出现的情况进行多种预测，进而为生成做好准备。

教学预设要巧留生成点，给教学活动留下拓展、发挥的时空。在教学流程的设计中,要有灵活性,要进行开放性的教学设计,为教学生成留有余地。初任语文教师可以把教学环节设计成可以调整的板块组合,根据课堂教学活动中学生语文学习的实际情况进行教学的选择性实施。预设的灵活会使教师在教学过程中放得开,收得拢,为教学的动态推进提供条件,使教学的有效生成成为可能。如教师在引导学生感知文章的时候往往会设置一些问题,例如在学习《春》的时候,可以设计"你最喜欢春天的什么景象?"或者"文中这些描写春天的画面中,哪一幅画面你最喜欢?"这时候,教师就应该预设到学生的在学习中的回答可能是多样的,那么,从哪里切入,又如何衔接,这些在预设中就应该考虑进去,才会使课堂实施游刃有余。在进行教学预设时,教师对课堂教学各环节需要的时间也要有一定的考虑,要为教学的生成留有余地,教师不要把讲授时间安排的过于饱满,按部就班的教学只能是一种知识的单项传递,要安排留给学生思考和发问的时间,为学生提供参与的机会,有学生参与的课堂才可能生成。当然,教师还可以在教学预设时设置一个可以补充拓展也可以布置为课下练习的教学板块,根据教学实际灵活处理,为教学的生成提供时间保证。

第二,教学实施要有方法,为生成留心。

教学"是一个教育环境中实际发生的事情——不是理性上计划了要发生的事,而是真正发生的事情"。[①] 教学生成依托于教学而存在,真正的生成是发生在课堂教学中的事情。教师的课前预设为生成做好了准备,而初任语文教师要掌握生成的方法,在教学中处处留心,巧妙生成。

初任语文教师应该注意营造和谐的课堂教学氛围,为教学生成提供客观环境。语文学习是一个极具个人体悟的过程,只有学生放松心情,投入文中去感受,再学会跳出文章去思考,才会使思维既具有活跃性又具有深刻性,死气沉沉的学习氛围或者过于兴奋的学习心态都不利于激发学生的思维。教师要和学生建立亲和的关系,并及时调节课堂教学的氛围,为教学生成提供良好的环境。

---

① [美] 伊丽莎白·琼斯、约翰·尼莫:《生成课程》,周欣等译,华东师范大学出版社 2004 年版,第 20 页。

初任语文教师应该采用适当的教学方法，为教学生成提供主观可能。教学生成看似是教师在教学中对教学预设的离开或超越，实际上表现为学生能够获得预期以外的发展。有时候，教学的生成是教师根据教学情况所作的调整变化，更多的时候，往往是学生的问题、感受、分析等激发了教师的生成，教师根据学生具体的学习情况，把教学中的各种因素有机结合起来，在师生的对话中，生成了教学资源、建构了教学流程并且为教学附加了一定的价值。适当的教学方法可以促使教学的生成，一般说来，那些能够调动学生思维，让学生参与其中的教学方法比教师教授规则的学习更容易更有效，也更有利于教学的生成[1]，如讨论法、探究法、情境法等。语文教材是以一篇篇选文组合起来的单元构成的，初任语文教师应该根据文章的具体情况以及学生的实际选用不同的教学方法，尽可能地激发学生的思维，开拓他们的视野，让他们在语文学习中有所思考、有所感悟、有所体味、有所发掘，学生思维的灵动性是教学生成的关键所在。

初任语文教师还应该在教学过程中处处留心，抓住生成的机会，使教学生成得以实现。教学过程是一个不断改组、不断改造、不断转化的过程，学生的语文知识基础不同、认知特点各异，在语文学习中具有自己的个性特点，语文教师在教学中根据学生情况要采用灵活的教学手段，教与学的双方在动态交往中完成教学。在这个交往过程中蕴含着教学生成的契机，教师要善于发现并巧妙生成。在作品品读中，学生的质疑、学生的错误、学生之间的分歧等都可能蕴藏着教学的生成点，教师要善于利用这些资源来促使教学的生成。例如一位教师在执教《呐喊》自序时，一位学生质疑说，他在王朔的《我看鲁迅》一文中读到这样几句话：我认为鲁迅光靠一堆杂文，几个短篇是立不住的，没听说有世界文豪只写过这些东西的。教师敏锐地发现这个问题有利于引导学生深入挖掘鲁迅的思想深度和文章价值，和文章学习的主旨有契合之处，于是及时调整了教学计划，把带领大家分析转变成以学生的探究讨论为主的教学，使学生去深层次地追问鲁迅的思想和文章的价值，取得了较好

---

[1] ［捷］夸美纽斯：《大教学论·教学法解析》，任钟印译，人民教育出版社2009年版，第186页。

的教学效果。

第三，教学回望要有思考，理性评判教学生成。

教学生成是在教学过程中随机发生的，有着强烈的个性化特征，由于教师的视角不同、引导方式不同、生成能力不同，教学生成的程度和效果就会不同。初任语文教师要想提高教学生成能力，就不能满足于仅仅在课堂中抓住生成点，还要在课后的教学回望中对自己的教学生成进行思考和评价，分析和总结，提高自己的教学生成判断能力和操作能力。

评价预设是否实现，思考生成是否恰当。初任语文教师在每一次课堂教学后，应该回望自己的教学过程，对教学实施进行审视，从教学中是否有生成，教学生成是否围绕语文教学展开，教学生成是否有效等方面来进行追问。具体说来，教师可以思考以下问题：这节课的教学实施和课前预设是否完全一致，有没有地方做了调整和变化；为什么会做出这样的调整和变化；改变后的教学效果如何；是否有利于教学目标的实现；是否激发了学生的思考；是否使学生更有收获；教学生成的内容是否是围绕着语文教学进行的；还存在哪些被忽略的生成点；在以后的教学预设还应该注意到哪些内容以利于课堂的生成；在以后的教学过程中还应该关注哪些方面以便于有效的教学生成？……这样的追问和思考会使教师站在一个较高的评判角度来审视其教学行为，从中总结经验寻找不足，使教学生成不是盲目的、随意的任性而为，而是有准备的、有意识的主动创设。例如在"鹬蚌相争"的解读中，随着学生质疑"蚌的壳是不是蚌的嘴，鹬的嘴被夹住了怎么说话"，而把教学转向讨论此类问题，是不是有效地语文教学生成？[①] 又如在课堂教学进行中，由于遇见大雨或者大雪突降，把课文学习调整为习作练习是否是巧妙生成等。教师的每一次教学回望都是对其教学生成能力的反思评判，而正是这样的反思会促使初任语文教师实际教学生成能力的养成。

生成性教学体现了教学的开放性、丰富性和复杂性，"教师只要思想上真正顾及了学生多方面成长、顾及了生命活动的多面性和师生共同

---

① 周益民：《无法预约的精彩》，《人民教育》2004年第1期。

活动中多种组合和发展方式的可能，就能发现课堂教学具有生成性的特征"。① 把"生成"作为一种价值追求，作为一种彰显课堂生命活力的教学常态是新课程的要求，初任语文教师要想促进自己的专业成长，提升教学能力，就应该关注教学生成，用生成性教学的理念指导教学实践，不断提升自己的教学生成能力。

（四）思考四：提供有效支持——构建多元指导体系

在初任语文教师专业成长的过程中，有不少学校采用了给初任语文教师指派指导教师的形式来促进其专业成长，也就是将有经验的教师与初任教师结为"师徒"，指导教师对初任教师进行帮扶带教，使其尽快适应教育教学活动，促进其入职适应。不少相关研究都指出这一制度对初任教师和经验教师的专业成长都有促进作用。② 上海市的一项调研表明，在上海市，有97.5%的新教师有"师傅"带教，其中有74.3%的被带教老师的教龄在0—3年左右。③ 在本研究中所访谈的初任语文教师有45名有明确的指导教师，占总人数的65.2%，而其余的初任语文教师在校方没有明确指派指导教师的情况下，也会主动寻求有经验的教师指导和帮助，由此可见，"师傅"已经成为初任语文教师专业成长中的"重要他人"。目前这种初任教师专业成长较为常见的支持形式，在不同地区不同学校，它的具体指导要求和规定各异，收效也有差别。如果能够对目前的师徒带教制度进行完善和创新，同时开辟并推进校外指导教师渠道，构建初任语文教师专业成长的双向路径，将成为初任语文教师专业成长的有效支持。

1. 完善和创新校内指导教师制度

校内指导教师制度是目前绝大多数学校对初任语文教师提供的指导形式，不同学校对指导教师的委派形式、培训状态，指导内容要求以及指导效果评价都各有差别，完善和创新校内指导教师制度有利于指导的有效展开。

---

① 叶澜：《让课堂焕发出生命活力——论中小学教学改革的深化》，《教育研究》1997年第9期。
② 王枬：《教师印迹：课堂生活的叙事研究》，教育科学出版社2009年版，第247页。
③ 王洁：《从"师徒带教"到"团队成长"》，《教育发展研究》2009年第24期。

（1）有效培训，提升指导教师的指导能力

"有经验"常常是校方为初任语文教师指派指导教师的主要标准。其经验又往往指向指导教师的语文教学经验和班务工作经验。当然，也包括是否担任过指导教师这样的"带教"经验。研究中发现，绝大多数指导教师在承担指导任务前并没有经过相关的指导培训，他们往往是根据个人的语文教学经验和班级管理经验对初任语文教师进行指导，具有较强的个人化色彩，因此指导教师个人的性格特点和其自身的内在专业素质结构状态都对其指导有着重要的影响。初任语文教师在教学初期如果通过个人单干形式的试误而获得的经验容易形成对教育教学的窄化理解，指导教师也一样，如果没有相关培训，仅仅经过个人摸索尝试而获得的指导经验，也可能存在偏颇。

校方在确定指导教师的时候，应该进行一定的筛选。除了考察其语文教育教学能力以外，还应该考虑指导教师的年龄、性别、个性、所带年级等与初任语文教师的匹配性和相容性。注重选择那些比较有亲和力、善于交流沟通的语文教师，以利于师徒之间的交往，从而带给初任语文教师入职后的归属感和人际关系上的稳定感，以利于他们尽快融入教师集体。在指导教师承担指导任务之前，学校应该对他们进行一定的指导培训。事实上，并非所有胜任教育教学工作的教师就一定能够胜任指导初任教师的工作。指导教师在其语文教学过程中积累了大量的实践性知识，逐渐生发出教学智慧，他们可以在教育教学中得心应手。但是指导初任语文教师和指导学生是有区别的，重要的是要使初任语文教师尽快度过入职适应期并且得到一定的专业成长。作为指导教师，虽然自身也经历了从入职到胜任的阶段，有一定的感性认识，能够结合自身已有的体验和感受的思考以及对所指导的初任语文教师现状的观察思考来琢磨指导方法，但是这种个人体悟式的指导毕竟不是最科学的。因此，学校应该对指导教师进行一些有目的、有系统的相关培训，如初任教师的入职心理分析、初任教师常见问题举隅，初任教师的指导方法分析等，让指导教师对目前的初任教师整体现状有一个基本了解，得到理论认识并学习相关的指导技巧，再结合其认识思考，使指导更为科学有效。学校对指导教师的培训其方式方法应该灵活多样，可以请研究者进行授课或者作相关的专题报告，如教师职业生涯中初任阶段的专题研究，目前师范生的专业素养现状分析等问题，有针对性地讲解阐述；可以组织教师们进行指导经验的探讨和交流，把曾经在指导初任教师中所遇见的问题和总结的经验进行交流，互相探讨，启发思维。当然，如果一个学校的指导教师人数有限，学校在开设培训课程中资源不足的话，这样的培训也可以以教育局或者以区县语文教研室为组织单位，加强学科内的横向交流和探讨，从而增强培训的有效性。

(2) 恰当安排，保障指导教师的指导时间

学校在指派指导教师对初任教师进行指导的时候，要注意保障指导教师的指导时间。在研究中发现，绝大多数指导教师在教学中要承担两个班的语文课教学任务并担任一个班的班主任工作。研究中没有学校因为指导教师有指导任务而减轻其正常的工作任务，指导教师们也认为这样的教学任务属于正常的教学任务量，不会因为承担了指导初任教师的工作而要求校方酌情减轻其工作任务。从大多数学校教师人员的实际情况看，要减轻指导教师的教学任务量也是不现实的。那么，指导教师在完成教学工作的同时承担指导工作，就应该对其指导时间进行恰当的安排。

首先，在教学时间的安排上，要尽可能把指导教师和他所指导的初任语文教师的教学时间交错开，确保师徒之间能够相互听课。课堂教学是教师教学水平高低的综合反映，初任语文教师从模拟课堂走上教学真实情境以后，胜任语文教学工作是他们在工作开始的重中之重。研究表明，新手教师和专家教师在教学效能感、教学的监控能力和实际教学行为上存在着较大差异，专家教师具有大量的个人实践性知识，这种缄默性知识无法通过单纯的知识培训获得，需要在教学实践中去观察体悟。① 因此，初任语文教师应该走进指导教师的课堂教学中去，通过听课去体会，获得真实的感性材料，作为比较、思考的素材。同时，指导教师也要有时间走进初任语文教师的课堂中去，通过听课去观察分析初任语文教师在教学中的优点和不足，根据其教学的实际情况进行有目标、有具体内容的分析指导，提高指导的针对性。

其次，还要保证指导教师和初任语文教师有共同的交流时间。校方

---

① 傅道春：《教师的成长与发展》，教育科学出版社 2001 年版，第 19—31 页。

可以要求师徒两人结合各自的教学具体安排确定每周至少一次的固定交流时间，并鼓励在交流时间外经常进行随机的指导与交流。因为教师的工作是烦琐的，除了课堂教学以外，备课、批改作业、课外对学生的帮扶等都会占用大量的时间，如果没有一定的刚性要求，交流时间过于随机，就可能导致无法保证，使指导过于形式化。在交流时间内，师徒可以就一周以来初任教师的语文教学情况进行总结，分析优点和存在问题，探讨解决方案；还可以在交流时共同去听学校相关教师的语文课，甚至去听其他学科教师的授课，再进行探讨，使指导的视野更为广阔。当然，在交流过程中，指导教师也可以和初任语文教师谈谈心聊聊天，关心其初任阶段的心理适应和工作适应情况，从而增强师徒之间的感情，也能使初任语文教师感受到温暖，获得一种归属感。当师徒间的交流探讨逐渐形成一种习惯以后，不定时的随机交流就更为自然可行了。

（3）翔实要求，规范指导教师的指导内容

在研究中发现，很多学校对指导老师的具体指导内容并没有体系化的要求，而指导老师也是结合教学经验和判断进行指导，对初任语文教师的适应性指导比较明显，发展性指导显得不足。这就要求校方对指导内容能够进行一定的规范，要求指导老师在指导过程中把适应性指导和发展性指导结合起来，使指导内容有章可循，以利于促进初任语文教师的专业成长。如何通过指导使初任语文教师尽快适应教学工作，胜任语文教学是学校、指导老师、初任教师都密切关注的问题。校方应该规定师徒双方互相听课的时数和讨论交流的时数，确保师徒双方能够有充足的互相听课的机会，才能够有交流研讨的鲜活案例。指导教师在指导中应该注重的是观察、分析、反馈、建议，结合初任语文教师的教学实际进行指导。在听课的时候，应该注重发现初任教师在语文教学中的独特之处，引导他们逐渐形成自己的教学特色，而不是单纯地模仿指导教师的教学风格。语文教师的教学特色可以是多种多样的，入情入境的情感型教师、鞭辟入里的思考型教师、缜密细致的推理型教师，以及复合型教师都是可以胜任语文教学的。指导教师应该指导初任语文教师学会对其工作进行批判性思考，指导他们理性的判断自身的成长需要，促使他们逐渐发现并不断构建适合自己的语文教学风格。指导教师还可以指导并帮助初任语文教师建立初任成长档案，记录初任阶段专业成长过程。

前文提出了构建初任语文教师的专业成长电子档案袋有利于促使初任语文教师的主动成长，如果校方能够把构建初任语文教师专业成长的电子档案袋作为指导教师帮助完成的一项任务，就更有利于初任教师专业成长档案的创建。而创建成长档案这一内容也有利于初任教师专业意识的觉醒。此外，推动、激励初任语文教师进行学习，推荐相关的学习书籍等也可以列为指导内容。校方可以根据初任语文教师专业素质结构的四个维度规定指导内容，规定应该有具体的量化部分，也有指导教师灵活安排的部分，设置一个有张力的内容规范，使指导内容不仅有章可循，还能够尽可能地发挥指导教师的主观能动性。

（4）合理考核，评价指导教师的指导效果

评价内容和评价方式在很大程度上影响着指导教师的指导积极性和指导效果。研究发现有的学校虽然给初任语文教师指定了指导教师，但却缺乏有效的监督和评价，仅仅把这种指导与被指导当作两个人之间的一种互动关系。督促和检查的缺失，使指导效果与指导教师个体的责任意识和能力水平有着紧密联系。有的学校采用捆绑式的评价方式，把初任教师的教学状态和指导教师的指导考核紧密联系起来，无论是物质奖惩还是精神上的褒贬都相对进行，在很大程度上提升了指导教师的指导积极性，也给指导教师带来了一定的压力。因为徒弟的成功就是师傅的成功，徒弟的失败就是师傅的失败。然而指导老师所指导的是具有主观能动性的个人，这种指导与接受的关系具有向双向性，因此这种评价方式也存在一定的偏颇，同时，还会滋生出一些不良现象，例如越俎代庖地替徒弟来设计公开课的教案，多次的课下演练等。虽然徒弟在公开课等考核中可能会表现突出，但是个人所得到的成长却是有限的。很多学校对指导效果的考核，其内容也多集中于初任教师的公开课汇报课的授课情况以及所带班级学生的语文考试成绩这两个层面。徒弟的公开课上得好，所带的班级语文成绩好，就说明师傅指导得好。这种评价是不够全面的。

对指导教师指导情况的考核评价，应该从指导态度、指导内容、指导效果三个方面进行评价。第一，初任语文教师处于职业生涯的初始阶段，他们渴望得到引领和帮助，指导教师作为师徒关系中的师傅，是否具有指导帮助的责任感，积极主动地指导帮助初任语文教师，是师徒关系是否密切，指导是否能够深入的关键所在。在研究中发现，有的指导教师对指导工作推诿拖延，初任语文教师提出要进班听课的时候，指导教师就说要上的是习题课或者作文课，婉言拒绝。几次以后，初任语文教师感受到实际上指导教师是不愿意自己去听课的，于是心里觉得委屈，对师傅产生了疏离，使一方的不愿意变成了两方的不愿意，从而使指导无法有效进行。因此，对指导教师的指导态度的考核评价是非常重要的。第二，要分析指导内容是否涉及初任语文教师专业成长的四个维度：是否关注所指导的初任语文教师在入职后的职业认同；他们在工作中遇到波折的时候能否引导他们冷静分析、正确归因、提出建议；是否结合初任语文教师的具体情况提出其职业规划的要求和建议；是否了解他们的职业理想；能否从其教学的常规活动中分析其语文教育观、学生观，并进行剖析；能否对其专业知识的丰富提出相关的指导意见；如何关注其专业能力的有效提升。不仅考核其指导所展示的显性效果，还要关注隐形内容。第三，对于指导效果的考核，一方面要继续关注所指导的初任语文教师的教学效果，如汇报公开课以及各类竞赛中的表现，所带学生的语文学习成绩等，还要关注所指导的初任语文教师的入职适应情况、教学状态、反应能力等，把初任语文教师的专业自觉意识的提升纳入评价之中。

在评价方式上，要把量化评价和质性评价结合起来，不仅要看经过指导后初任语文教师展现出来的成绩，还要重视其对初任语文教师成长过程中的关注和引导帮助。既关注指导双方交流的时数，也关注其指导内容的深浅度；既关注初任语文教师取得的成绩，也关注初任语文教师的变化过程。在通过汇报性竞赛性教学和学生语文考试成绩的排名等方式考核指导效果的基础上，增设指导教师的指导效果自评、初任语文教师的评价等方式，使对指导效果的考核更全面。要重视过程性评价，把指导效果的考核贯穿于指导过程之中，使指导教师能够结合考核反馈意见，及时修改完善指导内容，提升指导的有效性。

（5）创新形式，构建校内指导教师共同体

传统的师徒型指导形式往往是一名指导教师与一名初任教师结对"一对一"的指导形式。这种指导形式对初任教师的入职成长有好处，但是也存在着一定的局限。首先，指导效果与指导教师个体情况关系密切。指导教师的性格特点和亲和程度,指导教师的指导意愿、指导能力以及其本人的教育教学观念和实际教学能力等都影响着指导效果[1]。其次,"一对一"的指导形式会带来一定程度的视野局限。如果指导教师有强烈的责任感和热心扶持新教师的奉献精神,自身的教学水平和能力也很高超,一方面利于其有效指导,另一方面又容易造成初任教师对指导教师的依赖。研究中不少初任语文教师谈到,自己的指导教师教学能力强,每次自己都会在上新课前去听指导教师的课,然后模仿着进行教学,可是往往只是学了皮毛,并不能得心应手。此外,还有的初任语文老师说自己很想听听其他老师的语文课,可是由于有固定的指导老师,担心别的老师不愿意自己去听课,也担心因此会影响和指导老师的关系,所以只好作罢。创新指导形式、构建指导教师共同体能够很好地弥补目前的指导形式存在的问题,更有利于初任语文教师的专业成长。

校方可以按照年级组教师和语文教研组教师两个团体来构建初任语文教师的指导教师团体。首先,由于初任语文教师入职后的工作安排是限定在一个固定的年级里的,学校可以选择该年级富有教学经验和带班经验的教师形成指导团队,指导教师既各司其职又团结协作,共同承担指导任务。除了语文教师承担语文教学和班务工作的指导任务外,承担班主任工作的其他学科教师也可以承担初任语文教师的班务工作指导任务。这样既减轻了指导教师的指导压力,又能够使初任语文教师汲取不同指导教师优点,在比较分析中探寻适合自己的专业成长之路。这种形式还利于促进同年级教师们围绕本年级学生特点共同探索教育教学问题,有利于促进指导教师和初任语文教师共同的专业成长。其次,学校的语文教研组是语文教师的团体组,教研组本身就承担着研究语文教育教学问题、组织校内语文教学活动的职责,发挥教研组的团队精神,形成指导团队,共同帮扶初任语文教师,是教研组义不容辞的责任。在传统的师徒结对的指导形式中,教研组的作用没有得到充足的发挥,常见的就是在初任语文教师的汇报课竞赛课中,老师们进行听课和评课活动,除此之外,不少语文教师对新来者还是比较陌生的,更谈不上指导

---

[1] 赵昌木:《创建合作教师文化:师徒教师教育模式的运作与实施》,《教师教育研究》2004年第7期。

和帮助了。初中的语文教学以三年为一个周期，依次完成7—9年级段的语文教学目标，提升学生的语文素养。它既是对小学六年学生语文学习的继续和深化，也是高中语文学习的基础；既有阶段性又有连续性。初中初任语文教师所在的学校至少包括一个完整的初中教育教学阶段，有的还是小学初中高中俱备的完全学校，如果能够打破指导教师的年级局限，至少让初中各年级的优秀语文教师都参与到初任语文教师的指导团队中来，就可以引领初任语文教师尽快熟悉初中语文教学中各年级语文教学的重点难点以及中学生的语文认知特点，站在初中语文教育教学的整体高度上来思考分析，促进初任语文教师的专业成长。同时，这种跨年级的指导教师团队的构建，可以为初任语文教师提供在入职初期就走进毕业年级的语文课堂教学中去听课学习的机会，使他们从综合复习的角度反观学生曾经出现的语文学习中的疏漏，使其教学更有针对性，也能提高初任语文教师的语文考试研究的意识。指导教师团体的构建有利于更广泛地展开教学指导，有利于初任教师的观察、反思和咨询活动的开展，从而拓宽对初任教师的指导范围。[1] 指导教师的团队建设其实就扩大了初任语文教师的专业成长圈，把他们放在一个更广阔的成长天地里去接收各种风格教师的指导，既有利于他们兼容吸收，又有利于他们思辨意识的培养和专业能力的提升。[2]

2. 开辟并推进校外指导教师渠道

关注和促进初任教师专业成长不仅是学校的责任，相关的教育主管部门也应该予以重视。在完善和创新校内指导教师制度的基础上，吸取校外的优秀资源，共同承担对初任语文教师的指导，有利于初任语文教师专业成长。

（1）人员选择，构建校外指导教师团队

校外指导教师团队的搭建应该选择熟悉并关注初中语文教育教学工作的，有参与意识，有指导意愿和指导能力的校外语文教师、语文教育教学的研究者。第一，可以选择本区域的语文教学名师，也可以和其他地区的语文教学名师取得一定的联系，邀请他们参与到初任语文教师的

---

[1] Lohrnan MC, "Environmental Inhibitors to Informal Learning in the Workplace: A Case Study of Public Schoolteachers", *Adult Education Quarterly*, 2000, 50, pp. 83 – 101.

[2] 魏建培编著：《教师学基础》，清华大学出版社2011年版，第289—290页。

指导团队中来。这些语文教学专家们在长期的语文教育教学中积累了不少宝贵的教学经验，如果能够得到他们的指导对初任语文教师的专业成长是非常有帮助的。第二，可以和师范院校的语文教学论课程的专业教师建立指导关系。研究中发现目前普遍情况是，师范生毕业后，师范院校的职责就算是完成了，教师职后的培训主要是由教育主管部门以及学校进行组织的，大学教师不会再参加到初任教师的培养培训中来。而语文教学论课程的教师承担初任语文教师的指导任务实际上是一种双向的共同成长。很多时候，初任语文教师在校内指导中寻求帮助担心被视为"不够胜任"，影响校方对自己的评价，他们往往会把一些困惑内容有意识地隐藏起来，而对自己的大学老师倾诉则可以不保留，无须担心会对自己的职业带来不利影响，因此是放松的、倾心的。而作为学科教学论教师，由于学科的特点决定了其给予的指导很有可能会站在教学理念的角度去引导，从教学方法上去支招，使学生在教育现实中审视其专业成长的各个维度，使其成长不至于被应试教育的惯性拖拽。同时语文学科教学论课程的教师从此可以获得师范生职后成长的真实困惑，一方面给初任语文教师提供相应的指导；另一方面，可以针对这些鲜活的现实问题和困惑探寻对策，改进语文教学论课程的教学，提升教学的有效性，提升职前培养的有效性，而且这些来自于教学实践现场的问题往往也是科研的关注点，甚至是热点问题。因此这种指导实际上是一种双赢。第三，教师进修学校的教师和省市语文教研室的老师也是校外指导教师团队中的重要组成部分。教师进修学校是目前教师职后培训的主体力量，省市语文教研室的教师是语文教学的引导者和研究者。邀请他们承担初任语文教师的指导教师，既符合其职业的内在需要，又能够使初任语文教师和相关培训部门、领导部门建立较为紧密的联系，从而获得有效的成长指导和支持。

（2）路径开拓，打通校外指导的多种渠道

由于时间和空间距离的限制，校外指导教师不可能经常性地对初任语文教师进行面对面的指导和帮助，因此必须开辟适合的指导路径，使指导能够真正得到保障。校方可以和校外指导教师们一起商讨，根据指导教师们自身的工作情况商定其指导的时间、频次和指导方式。第一，校外指导教师可以设定固定的电话答疑时间，在约定的时间内接听初任语文教师的咨询电话，对其提出的问题和困惑进行答疑疏导，提出相关的意见建议等。第二，通过网络进行指导也是一种有效地方式。校外指导教师通过建立指导教师博客，上传相关的资料，例如语文教育教学的研究文章、案例分析、网络资源等，为初任语文教师创建网络资源库，并通过网络中的互动空间进行交流，答疑解惑。当然，还可以通过 QQ、电子邮件等网络交流方式对初任语文教师进行指导。这就打破了电话指导的局限，不需要共时性的进行指导，使指导更为及时、随机，同时也就灵活了指导方式。[①] 通过网络进行指导咨询时，初任语文教师还可以用匿名的形式进行，交流就更为自由。比如有的初任教师对所在学校的某些管理方法不满，或者对校内指导教师有意见，出于个人心理的趋利避害，就不愿意直接进行咨询，这样会造成其内在的心理冲突，不利于其专业成长，通过网络咨询能够使初任语文教师得到一种安全感，所得到的指导和帮助也有利于初任语文教师正确分析、正确归因，探寻解决方法。第三，根据指导的需要，校外指导教师也可以走进初任语文教师的工作学校，现场进行交流研讨，面对面地答疑解惑。也能与校内的指导教师团体进行交流，共同研究探讨指导策略，让校内指导和校外指导形成一种合力。第四，校外指导教师的团队的搭建可以由学校来组织，聘请相关的指导教师，还可以以市区教育局等相关教育主管部门来组织，因为一个学校每年的新进语文教师人数不会很多，有的年份甚至会没有新进语文教师，而以教育主管部门来组织，初任语文教师的人数就会有一定的保障，利于指导工作安排的连续性。一位指导教师可以指导一名或几名初任语文教师，这样不同学校的初任语文教师们也可以形成一个学习共同体，针对初任阶段所面临的问题和困惑互相交流，探索应对方法，共同进步。

（3）内容取舍，成为校内指导的有效补充

校外指导教师在对初任语文教师进行指导的时候，其指导内容必须区别于校内指导教师的指导内容，这样才能够起到互补的作用。一般说来，因为校内指导教师和初任语文教师接触较为频繁，能够互相进行备

---

① 焦中明、赖晓云：《电子导师制：师徒带教是新教师培养的一种有效策略》，《电化教育研究》2005 年第 10 期。

课研讨、听课评析，而且所带班级也常常是同一年级的不同班级，参与学校的各项活动和各种考核比较同步，所以更有利于从语文教学以及班务管理工作方面给予具体的指导，如备课建议、听课后对课堂教学实际的评价和建议、针对不同学生交流方式的指点等。校外指导教师就无法如此及时细致地予以指导。校外指导教师可以结合自己的实际，选择指导的重点。语文教学名师有自己的教学风格，在长期的语文教学中探索出不少有效的教学方法，因此可以侧重于语文教学艺术方面的指导，让初任语文教师在入职初期就对其语文教学提出高标准，以逐渐形成自己的教学风格为成长目标。语文学科教学论教师可以侧重于对初任语文教师教学理念的指导和心理波折的疏导。教师的教育教学理念需要在实际教学中去构建，师范生所习得的信奉理论和走向工作岗位后的使用理论是否一致，语文教育教学现状中存在的问题，都会冲击着初任语文教师教育理念的构建。无论是作为教学者和研究者，语文学科教学论课程的教师都适合担此责任。从理论角度出发，帮助初任语文教师将教学实践和已有的知识基础联系起来，指导他们学会运用教育理论分析自己的教学情境，有利于初任语文教师形成关于语文教育教学的认知图式。[①] 而且由于他们和初任语文教师是曾经的师生关系，倾听他们的心声、感知他们的困惑，为他们排解烦忧也是比较适合的。教育专管部门的指导教师们可以从教师职后成长的要求和相关政策方面进行指导，让初任语文教师了解该地区对教师的整体要求，提出成长建议，增强初任语文教师的角色意识和归属感，使他们能够从纵向发展的角度来规划自己的专业成长。

(4) 作用分析，明确校外指导教师职责

校外指导教师团队的构建是对校内指导教师指导的一种有益的补充。通过校外指导教师团队的构建，打破了原有的校园壁垒，扩大了学习共同体的范围，拓展了初任语文教师的视野，使指导呈现出多主体多角度的多元格局。校外指导教师的首要职责是指导者，校外指导教师可以从专业意识、专业理念、专业知识、专业能力四个维度对初任语文教师提供有效的指导，引导他们在入职初期进行专业成长的理性规划、不

[①] 皮连生：《学与教的心理学》，华东师范大学出版社1997年版，第22—23页。

断构建和完善语文教育教学理念，丰富专业知识，提升专业能力，从而促进其专业成长。校外指导教师还应该成为一名心理咨询者，网络指导的超空间性和匿名性使初任语文教师可以放下顾忌，坦言自己在成长过程中所经历的心理波折或者困惑，甚至提出对一些教育现状的抨击质疑，校外指导教师可以为他们提供一定的感情支持，进行答疑疏导，引导初任语文教师理性分析问题，正确归因，使他们顺利度过适应期。校外指导教师还应该是一名研究者。无论是校外指导教师团队中的哪一种力量，其本职工作都是与中学语文教学的研究紧密相连的，在指导初任语文教师的过程中，指导教师们获得了大量的感性资料，这些都是来自于语文教学第一线的真实案例，对这些问题的探究分析是指导教师们的职责所在。一方面，研究可以提高指导效果，仅仅从问题出发给出解决建议，初任语文教师的收获远不及指导教师和他们一起研究探析，分析原因，寻找对策并进行理论总结。另一方面，指导教师的研究性思考和研究能力的展现，对初任语文教师会起到了一种言传身教的作用，能够触动初任语文教师的研究意识。此外，校外指导教师在指导过程中所从事的研究对其自身的工作也能够起到促进作用，有利于其自我的专业成长。

指导教师的指导帮助是初任教师入职培养中比较常见的一种支持方式，不断完善和创新校内指导教师制度，为初任语文教师的专业成长提供横向的帮助支持；开辟和推进校外指导教师渠道，则是为初任语文教师的专业成长提供纵向的成长引领。这种帮助形式的搭建，有利于为初任语文教师开辟立体的多元的指导帮助路径，从而有效地促进初任语文教师的专业成长。

结　语

　　教育活动是人类生活和个体生命成长历程中不可缺少的组成部分，教师是从事教育活动的专职人员。教师个体需要经过一定的系统训练才能达到相应的专业水平，并需要在从事该职业的过程中不断成长才能够胜任这一职业的要求。目前，教师专业成长研究已经由关注群体专业化转向关注教师个体的专业成长，由关注教师专业发展的外部环境支持转向关注教师个体的主动发展。教师的专业成长是一个长期、复杂、动态的发展过程，成长的各阶段具有一脉相承的共性和各阶段不同的个性。初任阶段是教师专业成长中的一个至关重要的环节，初任阶段的研究是对教师专业成长的阶段性关注，符合目前深化教师专业成长研究的需要。

　　初任教师处于教师专业成长的起始阶段，这一阶段是教师职业生涯发展过程中最具可塑性的阶段，也是教师专业成长的"内在关键期"。教师初任阶段的专业成长会深刻地影响其整个职业生涯的专业发展品质。许多国家都非常关注初任教师的专业发展，重视对初任教师的培训和指导。在我国基础教育课程改革不断的推进和深化的当下，教师成为决定改革成效的关键因素之一，初任教师的发展态势决定着课程改革的未来走向。初中阶段是学生成长的关键期，语文教师作为从事母语教学的教师，承担着双重使命。目前语文教学面临着种种责难，作为其承担者的语文教师尤其是初任语文教师，同时背负着改革和发展教学与自我成长的双重压力，其使命高远，责任重大。因此，初中初任语文教师的专业成长研究更显其必要性和迫切性。

　　教育学本身是具有实践性特征的，教师专业成长历程具有的丰富性与原生性与教育叙事研究的方法适切，初任教师是在教育教学生活中不断成长起来的，他们的日常生活是与叙事交织在一起的，故事是他们的生存方式和成长方式。语文教师从事的是与语言文学相关的教学工作，学科自身的特点也使语文教师必须具备较强的语言文字表达的能力，而且把自己的经历叙说出来，进行交流，引发思考也是语文教师的主观诉求。研究者走进初任语文教师的教育生活世界，倾听他们的声音，是教育理论与实践走向融合的一种内在需求，是教育研究向纵深发展的新趋势。为此，本研究采用教育叙事的研究方法展开对初中初任语文教师专业成长的研究。

在教育叙事研究过程中，本研究在研究初期首先与六位初中初任语文教师进行了前期合作，在充分考虑到学校类别、教师意愿、教师个性特点等因素后，选择了三所学校的三位初中初任语文教师进行了为期一年的跟踪研究。三所学校分别属于省级重点学校、市级重点学校和普通中学，三位教师分别处于初任成长的0—1年、1—2年、2—3年。在一年的跟踪研究中，进行了多次交流访谈；收集了三位语文教师的教案、语文教学反思札记以及学生语文作业等实物进行分析；走进初任语文教师的教学现场听课；在课外与中学生及学生家长进行交流；和合作教师的同行进行沟通：从不同角度获取了三位合作教师大量的真实的成长故事。文中选取了27个成长故事，通过展示（showing）的叙事方式直接呈现在读者眼前，用实然的故事逼近经验和事件本身，邀请读者参与进来，用自己的方式来理解和诠释，从而获得推论性意义。同时通过讲述（telling）的叙事方式展开对成长故事的理性思考，着力探究成长故事背后的意义。在这个过程中，大量一手资料的堆积曾经让我茫然而焦灼，初中初任语文教师叙说的其成长故事让我深受触动，"进场"和"出场"的更迭曾使我常有困惑，"局内人"与"局外人"的角色变换曾使我无所适从。随着研究的深入，观察、亲历、感受、阅读、思考、分析，思路逐渐变得清晰。三位初中初任语文教师在其专业成长过程中所经历的故事远远不止文中叙述的这些，但这些故事却在研究过程中凸显出来，引起了我的思考和追问。不是我选择了陈述的故事，而是故事跃动而出，召唤我去展示，去叙说，去思考。文中三位合作教师都是独立的个体，每个人的成长历程不具备可迁移性和可复制性，但一定具备可探索性和可思考性，这些故事可以唤起读者的思考和共鸣，而读者的参与和解读也会使故事的启示更为丰富。

随着研究的推进，我开始思考，能否在对三位初中初任语文教师所做的叙事研究的基础上，关注初任语文教师群体的故事和经历，以扩大研究的范围呢？于是我开始着手制作了调查问卷。原本的思考是用质性研究和量化研究相结合的方式展开，也发放并回收了一定量的调查问卷，可是在整理的过程中感觉到这种思路和整个质性研究不够契合。于是再次对质性研究方法进行学习思考，最终决定舍去量化的调查问卷，在对三个初中初任语文教师个体以时间历程为着眼点展开的教育叙事研究的基础上，展开对更多的初中初任语文教师组成的群体进行的教育叙事研究。通过更多初中初任语文教师个体对其专业成长的叙说，提供多角度的成长经验和体悟，期望获知初任语文教师专业成长中所面临的更为丰富的问题，思考其解决方式。为此，研究从专业发展的四个维度展开对初中初任语文教师及其指导教师两个群体的访谈，扩大倾听和探寻的范围。一是通过众多初中初任语文教师对自身成长经历的述说，了解他们在现实中面临的问题和困惑及其成长需求，同时了解校方提供的相关支持的具体方式和有效程度。二是通过其指导教师对指导经历的评说，了解指导教师的指导感受以及在指导中发现的相关问题，倾听他们对初任语文教师专业成长提出的意见建议。基于此，本研究对初中初任语文教师专业成长的关键点进行了思考探究，指出应该重视增强初任语文教师的专业认同意识，培养其专业发展意识；理解初任阶段教师专业理想客观存在的不明晰性的现状，重视促使其信奉理念与使用理念不断切近；优化初任语文教师专业知识的内在结构，不断丰富其实践性知识；注重其语文教学生成能力的养成以及研究能力的提升。

作为教师职业生涯的起点阶段，教师初任阶段的成长现状是对其职前培养情况的一个综合反馈，初任语文教师的成长故事本身就展示了其职前培养的效果，揭示着其职前培养中可能存在的问题。同时，教师在初任阶段所面临的困惑，又是其职后成长中必须应对的。为此，本研究从初中初任语文教师的职前培养和职后培训两个方面展开思考，探究这些成长故事带给我们的思考和启示，展现对研究中所获知的初中初任语文教师成长故事的反思。

在初中初任语文教师的职前培养中，第一，应该增强师范生的职业认同感，重视其专业知识的习得，锻炼其专业能力，为其搭建就业平台，来促进和提升师范生的幸福感，从而增强其作为职前语文教师的成长意愿。第二，应该通过优化课程结构，使师范生在职前成长阶段获得必要的成长储备，同时重视教学实施，使其在职前成长阶段获得一定的成长能力，从而给予其成长的动力。第三，应该加大实践性课程的教学比例，改革实践类课程的教学方法，促使其实践性知识的有效生成，从而完善其专业知识的内在结构。第四，应该在其职前的教育教学实习中唤醒其反思意识，教他们掌握一定的反思方法，从而提升其实践锻炼的质量。这些培养措施有利于师范生作为职前教师获得一定的专业成长，为其职后发展打下坚实的基础。

初入职的初中语文教师面临着来自生活和专业两个方面的压力，作为成长的主体，其自身的成长意愿、成长努力和所采取的成长措施至关重要，客观上给予有益支持也是必不可少的。第一，构建初中初任语文教师的电子档案袋有利于唤醒其专业自觉，初中初任语文教师构建和开发电子档案袋的过程实际上就是主动的专业成长过程。第二，结合语文学科的特点，初中初任语文教师可以学做教育叙事研究，用对自己的成长历程的关注来提升其成长主动性，使其逐渐走向研究型教师的行列。第三，注重初任语文教师教学生成能力的养成，初中初任语文教师可以通过关注教学预设，注重教学实施和课后反思等环节来不断积累和锻炼，逐渐养成其语文教学生成能力。第四，用双导师制为初任语文教师专业成长提供有效支持，通过完善和创新校内指导教师制度为其提供横向的帮助支持，开辟和推进校外指导教师渠道为其提供纵向的成长引领，从而构建立体的多元的指导帮助形式，有效地促进初中初任语文教师的专业成长。

作为教育叙事研究，本研究无意于探寻普适性的结构化的理论，而是注重于从故事中得到的感悟与体会，寻求情景化的教育意义。因此，本研究走进初中初任语文教师的成长现场，倾听他们的声音，讲述他们经历的教育故事，并以此为基础展开对初中初任语文教师的职前培养和职后成长的思考，思考注重于点的深入而不是面的构架，侧重于从故事中获得的反思与体味，期望为读者提供一定的理论思考空间，也邀请读者在研读故事中进行思考，获得更为丰富的意义诠释。虽然我在研究中不断地探索学习，思考追问，对初中初任语文教师的专业成长问题做了一些思考分析，并探索了一些可供借鉴的专业成长路径，但是还存在着许多不足之处。由于研究时间所限，研究中对三位初中初任语文教师进行了一年的叙事探究，而要全面探究初中初任语文教师的专业成长状况，最好是对其进行三年的全程合作探究，感受他们作为鲜活的成长个体的实际存在状态和成长历程，分析研究他们在专业成长初期面临的具体问题和困难，倾听故事，解读意义，思考探究。虽然在叙事研究中对入职两年、三年的两位合作教师进行了成长回望，但仍然有别于实际的跟踪合作研究，这应该在进一步研究中继续予以关注。由于研究者理论水平和自身的经验的局限，研究中对合作教师教育故事的深入解读的程度也存在着不足之处。此外，随着教育教学理论研究的深入和实践情境的变化，对教师的专业成长的阶段性研究和学科性研究也会发生相应的变化，在后续研究中还应该加以关注。

参考文献

专著

[1] [美] J. 巴顿，A. 柯林斯主编：《成长记录袋评价》，国家基础教育课程改革"促进教师发展与学生成长的评价研究"项目组译，中国轻工业出版社2005年版。

[2] 陈向明等：《搭建实践与理论之桥》，教育科学出版社2011年版。

[3] 陈向明：《质的研究方法与社会科学研究》，教育科学出版社2002年版。

[4] 陈晓端：《当代教学理论与实践问题研究》，中国社会科学出版社2007年版。

[5] 陈玉琨：《教育评价学》，人民教育出版社1999年版。

[6] 丁钢：《声音与经验：教育叙事探究》，教育科学出版社2008年版。

[7] 窦桂梅：《玫瑰与教育》，华东师范大学出版社2006年版。

[8] 傅道春：《教师的成长与发展》，教育科学出版社2001年版。

[9] 教育部：《国家中长期教育改革和发展规划纲要（2010—2020年）》，人民教育出版社2010年版。

[10] [美] 海登·怀特：《形式的内容：叙事话语与历史再现》，董立河译，北京出版社、文津出版社2005年版。

[11] 郝文武：《教育哲学研究》，教育科学出版社2009年版。

[12] 扈永进：《走向批评的行动研究》，华东师范大学出版社2012年版。

[13] 康德：《实践理性批判》，韩水法译，商务印书馆1960年版。

[14] [加] 克兰迪宁，康纳利：《叙事探究——质的研究中的经验和故

事》，张园译，北京大学出版社 2008 年版。

[15] [捷] 夸美纽斯：《大教学论·教学法解析》，任钟印译，人民教育出版社 2009 年版。

[16] 李镇西：《与青春同行》，高等教育出版社 2005 年版。

[17] 联合国教科文组织国际教育发展委员会编著：《学会生存——教育世界的今天和明天》，教育科学出版社 2009 年版。

[18] 联合国教科文组织总部中文科译：《教育——财富蕴藏其中》，教育科学出版社 2004 年版。

[19] 刘次林：《幸福教育论》，人民教育出版社 2003 年版。

[20] [美] 罗伯特·C. 波格丹，萨莉·诺普·比克伦：《教育研究方法：定性研究的视角》，钟周等译，中国人民大学出版社 2008 年第 4 版。

[21] [美] 马斯洛：《马斯洛人本哲学》，成明译，九州出版社 2003 年版。

[22] [美] 梅雷迪斯·D. 高尔，沃尔特·R. 博格，乔伊斯·P. 高尔：《教育研究方法导论》，许庆豫等译，江苏教育出版社 2002 年第 6 版。

[23] 区培民：《语文课程与教学论》，浙江教育出版社 2003 年版。

[24] 裴娣娜主编：《教学论》，教育科学出版社 2007 年版。

[25] 皮连生：《教育心理学》，上海教育出版社 2004 年版。

[26] 皮连生：《学与教的心理学》，华东师范大学出版社 1997 年版。

[27] [英] 苏·里奇：《如何成为优秀教师》，王亦兵译，中国青年出版社 2012 年版。

[28] 苏真：《比较师范教育》，北京师范大学出版社 1990 年版。

[29] 孙正聿：《哲学修养十五讲》，北京大学出版社 2004 年版。

[30] 王枬：《教师印迹：课堂生活的叙事研究》，教育科学出版社 2009 年版。

[31] 王荣生：《语文教学内容重构》，上海教育出版社 2007 年版。

[32] 魏建培编著：《教师学基础》，清华大学出版社 2011 年版。

[33] [美] 小威廉姆·E. 多尔：《后现代课程观》，王红宇译，教育科学出版社 2000 年版。

［34］肖川：《教师的幸福人生与专业成长》，新华出版社 2008 年版。

［35］阳利平：《传承与嬗变：语文教师专业素质研究》，浙江大学出版社 2010 年版。

［36］杨小微：《教育研究的原理与方法》，华东师范大学出版社 2010 年版。

［37］叶澜等：《教师角色与教师发展新探》，教育科学出版社 2001 年版。

［38］［美］伊丽莎白·琼斯、约翰·尼莫：《生成课程》，周欣等译，华东师范大学出版社 2004 年版。

［39］［英］约翰·洛克：《教育漫话》，杨汉麟译，人民教育出版社 2008 年版。

［40］张彬福：《怎样成为一名优秀语文教师》，华东师范大学出版社 2011 年版。

［41］张华等：《课程流派研究》，山东教育出版社 2001 年版。

［42］张华：《课程与教学论》，上海教育出版社 2000 年版。

［43］赵昌木：《教师成长论》，甘肃教育出版社 2004 年版。

［44］赵中建：《全球教育发展的历史轨迹：国际教育大会 60 年建议书》，教育科学出版社 1999 年版。

［45］教育部：《义务教育语文课程标准》（2011 年版），北京师范大学出版社 2012 年版。

［46］钟启泉：《基础教育课程改革纲要（试行）解读》，华东师范大学出版社 2001 年版。

［47］钟启泉：《对话教育 国际视野与本土行动》，华东师范大学出版社 2006 年版。

［48］钟启泉等编著：《课程与教学论》，华东师范大学出版社 2008 年版。

［49］朱旭东、李琼：《教师教育标准体系研究》，北京师范大学出版社 2011 年版。

［50］佐藤学：《课程与教师》，钟启泉译，教育科学出版社 2008 年版。

期刊

［1］程方生：《质的研究方法与教师的叙事研究》，《江西教育科研》

2003年第8期。
[2] 丁钢：《教育叙事的理论探究》，《高等教育研究》2008年第1期。
[3] 董绍才、宋玲：《生产性课堂教学实施策略》，《当代教育科学》2006年第18期。
[4] 傅敏、田慧生：《教育叙事研究：本质、特征与方法》，《教育研究》2008年第5期。
[5] 韩军：《四十回首》，《中学语文教学》2003年第3期。
[6] 韩淑萍：《我国教师专业发展影响因素研究述评》，《现代教育科学》2009年第9期。
[7] 黄秀琼：《论师范生教育实习中的角色定位》，《四川师范大学学报》（社会科学版）2009年第6期。
[8] 姜勇：《论教师专业发展的后现代转向》，《比较教育研究》2005年第5期。
[9] 焦中明、赖晓云：《电子导师制：师徒带教是新教师培养的一种有效策略》，《电化教育研究》2005年第10期。
[10] 鞠玉翠：《行动研究何以联结教育理论与实践》，《山东教育科研》2002年第7期。
[11] 李秀：《语文教育要以"立人"为中心——浅谈钱理群的语文教育观》，《基础教育》2012年第3期。
[12] 李祎、涂荣豹：《生成性教学的基本特征与设计》，《教育研究》2007年第1期。
[13] 林沛生：《关于促进青年教师职业成熟的思考》，《天津师范大学学报》1993年第1期。
[14] 吕春辉、孙可平：《教师专业发展新视角：师范教育中的实践性知识》，《当代教育论坛》2009年（上半月刊）第9期。
[15] 罗祖兵：《生成性教学及其基本理念》，《课程教材教法》2006年第10期。
[16] 马兰、项海刚：《生成学习方式及其在小学教学中的探索》，《全球教育展望》2004年第5期。
[17] 彭云：《促进师范生实践性知识生成的探索》，《现代教育科学》2011年第2期。

[18] 邵光华、顾泠沅：《中学教师教学反思现状的调查分析与研究》，《教师教育研究》2010 年第 2 期。

[19] 宋祥、马云鹏：《中学语文教师专业知识素养的调查与思考》，《现代教育管理》2010 年第 12 期。

[20] 王洁：《从"师徒带教"到"团队成长"》，《教育发展研究》2009 年第 24 期。

[21] 王晓琴：《乐在教后，想想写写》，《新课程》2009 年第 7 期。

[22] 谢安邦，李晓：《电子档案袋在教师评价中的应用》，《全球教育展望》2005 年第 11 期。

[23] 辛继湘：《生成性思维：当代教学论研究的思维走向》，《教育评论》2003 年第 5 期。

[24] 邢占军：《心理体验与幸福指数》，《人民论坛》2005 年第 1 期。

[25] 叶澜：《新世纪教师专业素养初探》，《教育研究与实验》1998 年第 1 期。

[26] 叶澜：《让课堂焕发出生命活力》，《教育研究》1997 年第 9 期。

[27] 张红霞、王同顺：《电子档案袋——外语写作测评的新理念和新方法》，《外语电化教学》2004 年第 2 期。

[28] 张立昌：《自我实践反思是教师成长的重要途径》，《教育实践与研究》2001 年第 7 期。

[29] 赵昌木：《创建合作教师文化：师徒教师教育模式的运作与实施》，《教师教育研究》2004 年第 7 期。

[30] 赵中建：《国际教育大会第 45 届会议的建议》，《外国教育资料》1997 年第 6 期。

[31] 钟启泉：《"实践性知识"问答录》，《全球教育展望》2001 年第 4 期。

[32] 周益民：《无法预约的精彩》，《人民教育》2004 年第 1 期。

后　记

　　本书是在我的博士论文的基础上修改而成的。

　　去年，也是在这样清冷而明亮的冬日里，通过了博士论文答辩，办理完毕业离校手续的我，静静地站在陕西师范大学图书馆楼前，回想着三年多的学习生活，感叹着时间飞逝，自己已然从学生变成了校友。日子总是这样，过程中觉得漫长，一转身又觉得如此匆匆。又过了一个春一个秋，在这个冬日已至的日子里，无论回首还是展望，在行进的路上，有许多感谢充溢心间……

　　我要感谢我的导师张立昌教授。2010年秋，承蒙先生不弃，我进入陕西师范大学教育学院师从先生攻读博士学位。三年多来，从课程学习的指导，到专业书籍文献的导读，再到论文的选题、开题论证、结构设计、研究方法的选用、行文直至定稿，都离不开导师的精心指导。导师深厚的学养，严谨的治学风格，豁达的生活态度，亲和的指导点拨滋养了我对为学为人的思考，使我求学以来丝毫不敢懈怠，又常感"仰之弥高，钻之弥坚"，"虽欲从之，末由也已"。导师不仅指导我完成学业，还鼓励我将论文进行修改后正式出版，并拨冗亲自作序予以推荐，拙作能够付梓出版，离不开恩师的殷殷期望，谆谆教诲，时时鞭策。

　　我要感谢陕西师范大学的陈晓端教授、郝文武教授、田建荣教授、胡卫平教授、南纪稳教授、黄秦安教授、周青教授、李延平教授。在论文的写作过程中，老师们给予了我不少鼓励和帮助，提出了许多修改完善的意见建议，使我在写作过程中不断思考，不断成长。感谢我的论文评审老师们，虽然未曾谋面，虽然不知方家大名，但是那些宝贵的意见建议却谨记在心。

　　我要感谢以首都师范大学石鸥教授为主席的答辩委员会的所有老师

们。答辩过程中，老师们的肯定是对我莫大的支持和鼓励，老师们的意见建议促使我深入思考，使我受益匪浅。

我要感谢陕西理工学院的张义明教授。本科毕业后，阔别母校二十载，这些年来多少关切多少帮助多少提点，先生总是在我最需要帮助的时候给予我最大的支持。很多艰难路途的坚持，都离不开先生的鼓励和指引。

我要感谢我的合作教师们。研究中一年多来的交往，合作教师们的积极参与和真诚合作为我提供了丰富翔实的资料，他们在职业起跑线上的努力打拼和不懈坚持常常令我震撼，是他们让我感受到了初任语文教师心底里涌动的职业热情，他们的故事带给我感动，促使我思考，召唤着我去探寻。我还要感谢合作教师所在的学校及老师们对我的支持与帮助，要感谢我众多的已经走上语文教师岗位的学生们，在大家的参与和帮助下，关于初中初任语文教师的教育叙事研究才能够顺利进行、深入展开，那些个倾心相谈的日子，我会深深铭记。

我要感谢中国社会科学出版社的曲弘梅老师。和曲老师素昧平生，通过出版社网站提供的联系方式冒昧打扰，却得到了曲老师的鼎力帮助，她为本书的出版付出了辛勤的劳动。

我要感谢西安文理学院为我的教学和研究提供了必要的条件，感谢西安文理学院文学院领导对本书出版所给予的大力支持。

感谢我的博士同窗刘鹂、吴耀武、马志颖，感谢我的硕士好友马莹、李小冬，求学和研究的过程中，他们给予我默默的支持，无私的帮助。

感谢我的家人，感谢我的父母为我的求学之路提供了从精神到物质的全方位的支持；感谢我的丈夫和孩子在我求学与研究过程中对我的理解关心和体谅。家是温暖的港湾，也是我前进的动力源泉。

感谢未来阅读拙作的每一位读者。作为教育叙事研究的文本，会因为有了大家的解读而丰富其故事意义，会因为大家的睿智而增添思考的深度和广度。由于本人的个人学识水平有限，书中难免有不足之处，也恳请大家提出宝贵的意见建议，督促我在学术之路上不断审视，不断思考，不断前进。

感谢一路走来所有帮助过我的人们：老师、家人、亲人、朋友，和那些并不熟识却热情地给予我支持的朋友们,让我在行进路上收获知识,收获真情,收获友谊,收获感动,这是我终生的财富,我将收藏,铭记,并深深感恩!

李 莉

2014 年 12 月 22 日